코민테른

사회주의 전략·전술의 보고에서
소련 외교정책의 도구로

The Comintern by Duncan Hallas
First published in Great Britain in 1985 by Bookmarks
© Bookmarks Publication Ltd
This edition published in 2008 by Haymarket Books

Korean translation edition © 2022 by Chaekgalpi Publishing Co
Bookmarks와 맺은 협약에 따라 이 책의 한국어 판권은 도서출판 책갈피에 있습니다.

코민테른

사회주의 전략·전술의 보고에서 소련 외교정책의 도구로

지은이 던컨 핼러스
옮긴이 최일봉

펴낸이 김태훈 | 편집 최재필
펴낸곳 도서출판 책갈피 | 등록 1992년 2월 14일(제2014-000019호)
주소 서울 성동구 무학봉15길 12 2층
전화 02) 2265-6354 | 팩스 02) 2265-6395
이메일 bookmarx@naver.com | 홈페이지 chaekgalpi.com
페이스북 facebook.com/chaekgalpi
인스타그램 instagram.com/chaekgalpi_books

첫 번째 찍은 날 2022년 12월 5일

값 15,000원
ISBN 978-89-7966-237-5
잘못된 책은 바꿔 드립니다.

코민테른

사회주의 전략·전술의 보고에서
소련 외교정책의 도구로

던컨 핼러스 지음 | 최일붕 옮김

책갈피

차례

일러두기

1. 인명과 지명 등의 외래어는 최대한 외래어 표기법에 맞춰 표기했다.

2. 《 》부호는 책과 잡지를 나타내고, 〈 〉부호는 신문과 주간지를 나타낸다. 논문은 " "
   로 나타냈다.

3. 본문에서 [ ]는 옮긴이나 편집자가 독자의 이해를 돕거나 문맥을 매끄럽게 하려고 덧
   붙인 것이다. 인용문에서 지은이가 덧붙인 것은 [— 지은이]로 표기했다.

4. 본문의 각주는 옮긴이나 편집자가 넣은 것이다.

5. 원문에서 이탤릭체로 강조한 부분은 고딕체로 나타냈다.

머리말

1918년 1월 레닌은 다음과 같이 말했다. "우리는 자본주의에서 사회주의로 넘어가는 이행기조차 아직 끝내지 못했습니다. 우리는 국제 프롤레타리아의 도움 없이도 이행기를 끝낼 수 있다는 희망을 품은 적이 없습니다. 그 점에 관해 우리는 어떤 환상도 없었습니다. … 한 나라에서 사회주의가 최종 승리하는 것은 당연히 불가능합니다."[1] 그해 7월에도 다음과 같이 되풀이했다.

우리는 한 나라의 프롤레타리아와 혁명적 민중이 아무리 영웅적이고 잘 조직되고 단련됐을지라도 그들의 힘만으로 세계 제국주의를 전복할 수 있다는 환상을 품은 적이 없습니다. 그런 일은 오직 전 세계 노동자들의 공동 노력으로만 가능합니다.[2]

1919년 3월에도 다음과 같이 썼다.

[사회주의의] 완전한 최종 승리는 … 러시아 한 나라에서는 성취될 수 없다. 그런 승리는 적어도 모든 선진국이나 어쨌든 가장 큰 일부 선진국에서 프롤레타리아가 승리할 때만 가능하다. 그럴 때만 우리는 프롤레타리아의 대의가 승리했다고, 우리의 첫째 목표(자본주의 전복)가 달성됐다고 아주 자신 있게 말할 수 있다.[3]

국제주의는 사회주의의 근본 원칙이다. 단지 감상적 이유 때문이 아니라, 자본주의가 만들어 낸 세계경제는 오직 세계 수준에서만 변혁될 수 있기 때문이다. 국제주의를 부정하는 사회주의는 공상일 뿐이다. 1917년 10월 러시아 혁명으로 생겨난 공산주의인터내셔널[국제공산당]은 러시아 혁명의 추가 선택 사항이 아니라 러시아 혁명의 본질적이고 필수적인 일부였다. 러시아 혁명 자체가 국제적인 혁명적 대격변의 일부였기 때문이다.

그런데 10년 뒤에 일어난 사건들 때문에 코민테른(공산주의인터내셔널의 약칭)은 소련의 외교정책 도구로 전락해 버렸다. 이것은 스탈린 치하에서 성장한 관료 집단이 소련 내에서 노동자 권력을 목 졸라 죽이는 과정의 일부였다.

코민테른·제3인터내셔널·공산주의인터내셔널을 다룬 문헌은 굉장히 많다. 일부는 스탈린주의 관점에서 쓰였고, 그보다 많은 문헌은 사회민주주의 관점에서 쓰였으며, 대다수는 미국 외교정책의 이익을 도모하려는 중앙정보국CIA의 부추김을 받아 여러 미국 대학에서 출판된 것들이다(분명히 그중 많은 것은 중앙정보국의 자금 지원도 받았을 것이다). 물론 진지한 학술적 저작은 일부 있다. 그러나 혁명적 사회주의 관점에서 코민테른을 연구한 영어 저작은 없다.

좀 더 정확히 말하면, 쉽게 구할 수 있는 코민테른 연구서가 없다. 1936년 출판된 C L R 제임스의 《세계혁명》과 1947년 출판된 K 틸라크[스리랑카 트로츠키주의자 레슬리 구네와르데네의 필명]의 《코민테른의 흥망》이 처음으로 혁명적 사회주의 관점에서 코민테른을 다룬 책들인데, 둘 다 불충분하고 사실상 구할 수도 없다. 페르난도 클라우딘이 지은 《공산주의 운동》은 유용한 정보가 많지만 정치적 약점이 있다(그래도 아주 나쁘지는 않다). 나는 혁명적 사회주의 관점에서 코민테른의 역사를 쉽게 설명하려고 이 책을 썼다. 즉, 1919년 창립 대회부터 1943년 스탈린이 해체시킬 때까지 코민테른이 어떻게 변했는지를 알려 주는 것이 이 책의 목적이다.

트로츠키는 소련에서 추방돼 힘없고 박해받는 망명객 처지이던 1932년에 스탈린 치하 각국 공산당을 비판하는 국제 좌익반대파의 정치적 토대를 놓기 위해 쓴 글에서 다음과 같이 주장했다.

국제 좌익반대파는 코민테른 1~4차 세계 대회의 기반 위에 서 있다. 그렇다고 해서 국제 좌익반대파가 코민테른의 결정 사항을 문구 그대로 따른다는 말은 아니다. 왜냐하면 코민테른의 많은 결정은 순전히 국면적 성격이 있었고 이후의 사건들로 반박됐기 때문이다. 그러나 모든 근본 원칙들(제국주의와 부르주아 국가, 민주주의와 개혁주의, 무장 봉기 문제, 프롤레타리아 독재, 농민이나 피억압 민족과의 관계, 소비에트, 노동조합 활동, 의회주의, 공동전선 정책 등과 관련한 원칙들)은 자본주의가 일반적 위기에 빠진 시대인 오늘날에도 여전히 프롤레타리

아의 전략을 가장 잘 보여 준다.[4]

영국 사회주의노동자당swp도 이런 전통 위에 서 있다. 바로 이 때문에 이 책은 코민테른이 혁명적이던 시기, 즉 1~4차 세계 대회와 그 직후 시기를 강조하고 있는 것이다.

이 책을 쓰라고 설득한 나이절 해리스와, 초고를 읽고 엄정하고 유익한 비판을 해 준 토니 클리프에게 깊이 감사한다. 알렉스 켈리니코스, 피터 굿윈, 피터 마스든, 스티브 페퍼, 데이브 셰리, 아메드 세로위, 스티브 라이트에게도 감사한다. 그들은 이 책이 완성되는 데 많은 도움을 줬다. 물론 내가 항상 그들의 조언을 따르지는 않았다는 점도 밝혀 둔다.

던컨 핼러스

1985년 4월

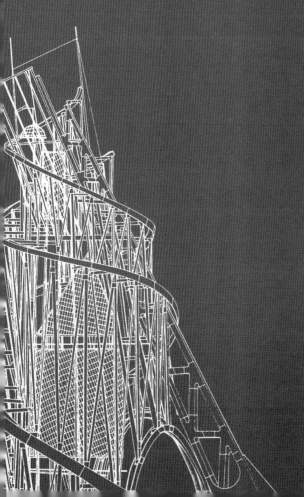

1장
결성 초기

아직 죽지 않고 남아 있는 공식 사회주의 정당들의 무성의, 거짓말, 부패를 거부하면서 제3인터내셔널로 뭉친 우리 공산주의자들은 바뵈프부터 카를 리프크네히트와 로자 룩셈부르크까지 면면히 이어진 혁명 세대들의 영웅적 헌신과 희생을 바로 우리가 계승하고 있다고 자부한다. … 우리의 임무는 노동계급의 혁명 경험을 일반화해서, 운동을 좀먹는 기회주의와 사회(주의적) 애국주의를 쓸어버리고, 진정으로 혁명적인 국제 노동계급 정당들의 힘을 모두 동원해 전 세계 공산주의 혁명의 승리를 앞당기는 것이다.

"제3인터내셔널 1차 대회 선언", 1919년

1919년 3월 4일 각국 대표 35명이 [러시아 모스크바의] 크렘린에서 회의를 열어 기권 1표, 찬성 34표로 제3인터내셔널(코민테른) 창립을 결정했다. 이 회의가 특별히 비중 있거나 대표성을 띤 것은 아니었다. 대중조직이면서도 진정한 혁명적 정당을 대표하는 사람은 러시아공산당 대표 5명(부하린·치체린·레닌·트로츠키·지노비예프)뿐이었다.

노르웨이노동당DNA의 에밀 스탕은 대중정당을 대표하는 사람이었지만, 나중의 사건들에서 드러났듯이 노르웨이노동당은 실천에서는 결코 혁명적이지 않았다. 신생 독일공산당KPD의 후고 에벌라인은 진정한 혁명적 조직을 대표했지만, 당시 독일공산당은 아직 수천 명짜리 조직이었을 뿐이다. 다른 대표들은 대부분 이렇다 할 조직의 대표가 아니었고, 심지어 우연히 모스크바에 머물고 있던 덕분에 단순히 개인 자격으로 참석한 사람들도 있었다.

이런 이유로, 독일공산당 중앙위원회의 지시에 따라 행동하던 에벌라인은 이 회의의 성격을 준비 모임으로 제한해서 임시 강령 채택 등만을 하기를 원했다. 그는 서유럽 나라들의 대표조차 모두 참석하지 않았다고 지적했다. 독일인들이 진짜로 우려한 것은 러시아의 지나친 우세였다는 일반적 견해는 십중팔구 옳지만, 그런 주장이 공공연히 나오지는 않았다.

회의에 참석한 대표들은 여러 나라에서 어느 정도 실질적인 대중의 지지를 받지 못하는 '인터내셔널'은 속 빈 강정에 불과하다는 것을 당연하게 여겼다. 러시아를 대표한 지노비예프는 [제3인터내셔널이] 실제로 대중의 지지를 받고 있다고 주장했다. 그는 많은 대표단에 약점이 있는 것은 우연일 뿐이라며 다음과 같이 말했다. "우리는 [러시아라는] 큰 나라에서 노동자 혁명의 승리를 경험했습니다. … 지금 독일에는 권력 장악을 향해 진군하는 정당이 있습니다. 그 정당은 몇 달만 지나면 노동계급의 정부를 세울 것입니다. 그런데도 우리가 계속 지체하고 있어야 합니까? 아무도 그렇게 생각하지 않을 것입니다."[1]

중부 유럽, 특히 독일에서 사회주의 혁명이 임박했다는 전망을 의심하는 대표는 아무도 없었다. 에벌라인 자신도 다음과 같이 말했다. "모든 조짐이 거짓이 아니라면, 독일 프롤레타리아는 최후의 결정적 투쟁을 앞두고 있습니다. 이 투쟁이 아무리 어려울지라도, 공산주의의 전망은 매우 밝습니다."[2] 가장 냉철하고 빈틈없는 혁명가인 레닌도 개막 연설에서 다음과 같이 말했다. "러시아뿐 아니라 유럽에서 자본주의가 가장 발전한 나라들, 예컨대 독일에서도 내전[계급 전쟁]은 이미 기정사실이 돼 있습니다. … 모든 곳에서 세계혁명이 시작돼 갈수록 기세가 오르고 있습니다."[3]

이것은 착각이 아니었다. 1918년 11월 당시 유럽 최강대국이던 독일제국이 대중 혁명의 충격으로 붕괴했다. 독일사회민주당SPD 대표 3명과 독일독립사회민주당USPD 대표 3명으로 구성된 인민위원협의회가 카이저(황제) 정부를 대체해 권력을 장악했다. 독일 전역에서 노동자·병사 평의회가 우후죽순처럼 생겨나 실질적 권력을 행사했다. 사실, 노동자·병사 평의회들을 장악하고 있던 사회민주당 지도자들은 새로운 '공화국'의 외피 아래 낡은 자본주의 국가권력을 재건하려고 온 힘을 다했다. 바로 그 때문에, (러시아어로 노동자 평의회를 뜻하는 '소비에트'가 권력을 장악하게 될) '소비에트 독일'을 건설하기 위한 투쟁을 이끌고 지원할 강력한 중앙집중적 지도부가 있는 사회주의 조직들의 혁명적 인터내셔널을 서둘러 창건해야 했다.

또 그 투쟁은 1919년 1월 스파르타쿠스단의* 봉기가 유혈 진압됐는데도 계속 전진하는 듯했다. "1919년 1월부터 5월까지 독일에서는 유

---

* 스파르타쿠스단 독일사회민주당 내에서 로자 룩셈부르크와 카를 리프크네히트가 이끈 분파로, 제1차세계대전에 반대했고 전후 독일공산당의 중핵이 됐다. 스파르타쿠스단 봉기에 대해서는 이 책의 57~58쪽 참조.

혈 낭자한 내전이 벌어졌고, 그해 한여름까지 산발적 투쟁이 계속됐다."[4] 모스크바 회의 한 달 뒤에 바이에른소비에트공화국이 선포됐다.

중부 유럽의 다른 강대국, 즉 오스트리아·헝가리제국도 붕괴했다. 1918년 말의 혁명적 봉기들로 말미암아 제국이 와해된 것이다. 제국 해체 후 생겨난 국가들도 정도 차이는 있었지만 저마다 혁명의 소용돌이에 휘말렸다. 독일어권 오스트리아에서 유일한 실질적 무력은 사회민주당이 통제하는 '국민군'뿐이었다. 헝가리에서는 3월 21일 소비에트공화국이 수립됐다. 신생국가나 재편된 국가 모두, 즉 체코슬로바키아와 유고슬라비아, 심지어 폴란드조차 불안정에 시달렸다.

이 모든 나라에서 사회주의 정당의 지도자들이 결정적 구실을 했다. 이 정당들은 '사회민주주의 정당'을* 자처했다. 러시아의 볼셰비키도 원래는 러시아사회민주[노동]당에서 일관되게 혁명적인 분파였다. 그러나 유럽의 다른 사회민주주의 정당들은 이제 결코 혁명적이지 않았다. 사실 대다수 사회민주주의 정당은 '민주주의'라는 미명 아래 반反혁명을 지지했다. 그러면서도 대부분 마르크스주의와 국제주의를 표방했다(전에 그들은 실제로 혁명적 사회주의 정당이었다). 그러나 이제 그들은 자본주의를 떠받치는 중요한 버팀목 구실을 하고 있었다. 즉, 사회주의적 미사여구를 사용하고 오랜 선동으로 얻은 신뢰를 이용해 노동자 권력 수립을 방해했다. 노동자 권력이 일시적으로 수립된 곳에서는 노동자 권력을 약화시키려 했다.

그들이 [1919년 2월 초] 스위스 베른에 모여 제2인터내셔널을 재건하

---

* 제1차세계대전 이전에 사회민주주의라는 말은 혁명적 사회주의를 뜻했다.

려 한 것도 제3인터내셔널을 서둘러 선포해야 할 또 다른 이유였다. 레닌은 이미 1914년에 다음과 같이 썼다. "제2인터내셔널은 기회주의에 짓눌려 죽었다. … 제3인터내셔널 만세!"[5] 이제 러시아에서 10월 혁명이 일어난 지 18개월 만에 새로운 인터내셔널 건설 요구가 현실이 될 수 있었다. 진정한 혁명적 인터내셔널 창건에 필요한 조건들이 마련되기까지 5년이 걸린 것이다(그 5년은 전쟁, 사회적 위기 심화, 대규모 노동자 투쟁과 혁명으로 점철된 기간이었다).

1914년의 사회민주주의

전쟁 발발의 조짐이 보이면 관련국의 노동자들과 노동자들을 대표하는 국회의원들은 국제사회주의사무국[제2인터내셔널 본부]의 도움을 받아 가장 효과적이라고 생각되는 수단을 총동원해서 전쟁을 막기 위해 온 힘을 다해야 한다. 그래도 기어코 전쟁이 일어나면, 전쟁을 빨리 끝내기 위해 노력하고 전쟁이 낳은 경제적·정치적 위기를 이용해 대중을 분기시켜 한시라도 빨리 자본가계급의 지배를 전복하기 위해 온 힘을 다해야 한다.

"제2인터내셔널 슈투트가르트 대회 결의안", 1907년

제2인터내셔널은 1889년 7월 14일 파리에서 창립 대회를 열었다. 그날은 프랑스 대혁명의 도화선이 된 바스티유 감옥 습격 100주년이 되는 상징적인 날이었다. 제2인터내셔널은 국제노동자협회[제1인터내셔

널](1864~1872)를 계승했다고 자처했는데, 국제노동자협회는 카를 마르크스가 지도적 구실을 한 조직이었다.

[제2인터내셔널 창립] 대회가 열린 페트렐 회관은 붉은 천으로 장식됐고 온통 붉은 깃발들로 뒤덮여 있었다. 연단 위에는 《공산당 선언》의 마지막 문장인 "만국의 노동자여, 단결하라!"는 문구가 번쩍이는 황금색 글자로 쓰여 있었다. 눈에 잘 띄는 곳에 걸린 깃발에는 노동계급 해방 투쟁의 핵심 목표인 "자본가계급의 정치적·경제적 수단을 몰수하[고 생산수단을 사회화하]라"는 문구가 적혀 있었다. [대회 주최 측인 — 지은이] 프랑스인들의 정신은 연단에 부착된 포스터에 잘 나타나 있었다. "1848년 6월의 파리, 1871년 3·4·5월의 파리[코뮌]의 이름으로, 바뵈프·블랑키·바를랭의 프랑스의 이름으로 신구 세계의 모든 사회주의 노동자를 환영합니다." 대회가 끝나자, 각국 대표들은 혁명의 선구자들을 기리며 가두 행진을 벌였다.[6]

이렇게 혁명적 조직처럼 보이며 출범한 제2인터내셔널을 중심으로 꽤나 큰 노동자 정당들이 성장했는데, 그들은 흔히 '사회민주주의 정당'이라는 명칭을 사용했다(마르크스 자신은 '사회민주주의'라는 용어를 싫어하고 '공산주의'를 선호했다). 이 정당들은 결코 유일한 노동자 정당이 아니었지만, 제1차세계대전이 일어날 때까지 노동자 운동을 쥐락펴락했다.

고전적 의미의 사회민주주의는 꽤 단명했다. 각국 사회민주주의 정당의 모델, 즉 "기둥이자 본보기" 구실을 한 독일사회민주당은

1875년에 만들어졌다. 사회민주당이 1891년에 채택한 강령(이른바 에르푸르트 강령)은 당시 마르크스주의 강령[의 모범]으로 여겨졌다. 1878년부터 1890년까지 사회민주당은 비스마르크의 사회주의자단속법에 따라 금지된 불법 조직이었다. "망명지(1880년 스위스 비덴)에서 열린 첫 당대회에서 사회민주당은 '모든 합법 수단'으로 당의 목적을 추구한다는 조항을 강령에서 삭제하기로 만장일치로 결정했다. 이 고난의 시기에 [독일의] 도시 노동계급은 갈수록 국가에서 밀어져 갔다."[7]

이 점은 사회민주당의 선거 결과에서 드러났다. 당 자체는 법으로 금지됐지만, 사회주의자 후보들(실제로는 사회민주당이 지명한 사람들)은 선거에 출마할 수 있었다. 투표권이 제한된 선거였는데도 사회주의자 후보들은 1881년에 모두 합쳐 약 30만 표를 얻었고 1890년에는 150만 표를 얻었다. 1912년에 사회민주당은 이제 법적으로는 허용됐지만 사회적으로는 불법 조직 취급을 받는 상황에서 425만 표(총 투표수의 34퍼센트)를 얻어 110명이 제국의회 의원으로 당선했다. 1914년에 사회민주당은 진성 당원이 108만 6000명이나 됐다.

프랑스에서는 1905년 통합 창당한 사회당(공식 명칭은 노동자인터내셔널프랑스지부SFIO였다)이 1914년 초에 실시된 선거에서 102석을 얻었다. 이보다 1년 전에 이탈리아사회당PSI은 25퍼센트를 득표해 78석을 확보했다. 오스트리아·헝가리제국의 사회민주당은 100만 표이상을 득표해 82명의 국회의원을 얻었다. 스칸디나비아반도에서 발칸반도까지 마르크스주의를 표방하는 사회민주주의 정당들의 당원과 득표수, 국회의원이 갈수록 늘어났다. 심지어 미국에서도 (1901년에 창당한) 미국사회당SPA이 1912년에 당원 12만 5000명을 거느리고 80만 표를 얻었다. 미국사회당은 "시장 56명과 시의원 160명과 군의원 145명이 있었고 … 외국어 일간지 8종과 영어 일간지 5종을 발행했다. … 또 영어 주간지 262종과 외국어 주간지 36종도 발행했다."[8] 더 약하지만 그래도 무시할 수 없는 중요한 [사회민주주의] 운동들이 영국과 칠레부터 스페인과 스위스와 우루과이까지 세계 곳곳에서 성장하고 있었다. 그들은 모두 제2인터내셔널에 가입해 있었고, 사회를 사회주의적으로 개조하는 활동이나 '민족 단결'과 전쟁에 비타협적으로 반대하는 활동에 헌신하는 듯했다.

그러나 그것은 환상이었다. 다양한 사회민주주의 정당 사이에 상당한 차이가 있었지만, 그들은 기본적으로 사이비 혁명 정당이었다 (호주와 영국의 노동당, 미국의 사회당은 마르크스주의적 미사여구도 쓰지 않고 혁명을 내세우지도 않았다는 점에서 예외적이었다). 이 정당들은 입으로는 자본주의에 비타협적으로 반대한다고 떠들면서도 실천에서는 본질적으로 당원과 득표수를 늘리는 데 몰두했다. 그들은 국가권력에서 완전히 배제된 데다가 공식 사회의 가치들을 모두 거부하는 이데올로기를 갖고 있었기 때문에, 어느 정도 독자적인 세계를 만들어 냈다. "독일의 도시치고 사회민주당이 운영하는 일간지와 소비조합과 노동자 스포츠·문화 단체가 없는 곳은 없었다."[9]

이런 인상적 기구 자체가 이제 목적이 됐다. 사회주의를 성취하려면 권력 장악을 위한 투쟁이 필요할 것이라는 현실적 전망은 전혀 없었다. 자본주의의 모순 때문에 사회주의는 필연적으로 도래할 것이라는 점만이 끊임없이 강조됐다. 국가권력과 충돌하거나 심지어 사용자와 충돌하는 일도 최대한 회피했다. 하나의 정치 세력으로서 사회민주주의는 본질적으로 수동적이었다. 일부 사회민주주의 정당, 특히 벨기에와 오스트리아의 사회민주당은 대중적 정치 파업을 기꺼이 활용하려 했(고 실제로 활용했)지만, 이것도 어디까지나 투표권 획득이나 확대라는 매우 제한된 목적을 위한 것이었다. 대다수 사회민주주의 정당은 그조차 하려 들지 않았다.

1914년 8월 마침내 환상이 깨졌다. 사회민주주의가 붕괴한 것이다. 교전국 대중정당들은 이제 입으로는 엄청나게 급진적인 주장을 하면서도 실천에서는 정치적 수동성으로 일관하던 상태를 더는 유지할 수 없었다. 사회민주주의 정당의 지도자들은 단순한 선택에 직면했다. 즉, 기존의 정치적 입장, 곧 전쟁을 반대하는 국제주의를 고수해서 다시 불법 조직이 돼 탄압받고 투옥되고 그동안 축적한 막대한 자산을 몰수당하든지, 아니면 그들이 원칙적으로 지지하던 것을 모두 버리고 '자국'의 제국주의 국가를 지지해서 자본주의 사회에서 명예롭고 점점 더 중요한 임무를 떠맡든지 선택해야 했다. 결국 그들은 [자본주의 국가에] 투항해서 제1차세계대전의 모병관 구실을 했다. 이런 붕괴는 대단히 중요하다. 1914년 8월 4일* 이후 사회민주주의 정당들은 노동자 운동 안에서 지배계급의 앞잡이 노릇을 하게 됐다.

몇몇 예외도 있었다. 이탈리아와 미국의 사회민주주의 정당은 즉각적 선택을 강요받지 않았다. 그들의 지배계급이 전쟁 개시 후에도

---

* 1914년 8월 4일, 독일 제국의회에서 사회민주당 의원들은 전쟁공채 발행에 찬성 표를 던지며 자국의 지배계급을 지지했다.

한동안 중립을 지켰기 때문이다. 그리고 스칸디나비아반도와 네덜란드의 사회민주주의 정당도 1919년까지 그런 태도를 유지할 수 있었다. 반면에 세르비아사회민주당은 자신의 입장을 영웅적으로 고수해 살인적 박해를 받았다. 1903년 불가리아사회민주노동당이 분열할 때 소수파인 우파와 결별한 다수파 정당도* 전쟁에 반대했다. 러시아에서는 볼셰비키가, 심지어 일부 멘셰비키도 차르 정부의 전쟁 노력을 지지하기를 거부했다. 그 밖의 모든 곳에서 전쟁에 반대한 사람들은 소수파였다.

독일 제국의회에서 처음으로 혼자 전쟁에 반대한 사회민주당 국회의원 카를 리프크네히트는 다음과 같이 썼다. "모든 국민의 주적은 자국 안에 있다! 독일 국민의 주적도 독일 안에 있다. 독일 제국주의, 독일의 전쟁 도당, 독일의 비밀외교, 즉 독일 국민이 맞서 싸워야 하는 적은 바로 여기 우리나라 안에 있다. 우리는 이 정치투쟁을 다른 나라 프롤레타리아와 함께 벌여야 한다. 왜냐하면 그들도 자국의 제국주의자들에 맞서 투쟁하고 있기 때문이다. … 국경 양쪽에 있는 전쟁광들을 타도하라. … 주적은 바로 국내에 있다."[10]

그러나 '사회(주의) 애국자들'(전쟁을 지지한 사회민주주의자들)은 1914년에 자신들이 정치의식 있는 노동자 대중의 지지를 받고 있다고 주장할 수 있었다. 그것은 사실이었다. 트로츠키는 빈에서 목격한 "오스트리아·헝가리제국 대중의 열렬한 애국심은 특히 놀라워 보였다"고 말했다.

---

* 1919년 코민테른에 가입하고 불가리아공산당이 됐다.

그는 도대체 무엇이 대중을 그토록 열광에 빠지게 만들었을까 하고 물었다.

어떤 종류의 사상일까? 민족[주의] 사상일까? 그러나 [다민족 국가인] 오스트리아·헝가리제국 자체가 민족 사상을 부정하는 것이었다. 그렇다. 그들을 움직이는 힘은 뭔가 다른 것이었다. 세상에는 날마다 아무 희망도 없이 무미건조하게 살아가는 사람이 많다 … [그런 상황에서] 비상 동원령이 갑자기 성공을 보증하는 약속처럼 그들의 삶에 파고든다. … 놀라운 변화들이 그들을 기다리고 있을 것이다. … 미래는 더 나아질까 아니면 더 나빠질까? 물론 더 나아지겠지. 설마 [전쟁 전의] '정상적' 상황보다 더 나쁜 상황이 있을까? … 전쟁은 모든 사람에게 영향을 미친다. 그래서 억압받고 삶에 배신당한 사람들은 이제 자신이 부자나 권력자와 대등하다고 느끼게 된다.[11]

런던과 파리와 베를린에서도 사정은 마찬가지였다. 대중이 전쟁에 열광한 것이다.

그러나 국가의 탄압도 대중의 일시적 증오도 견뎌 낼 수 없는 혁명가들은 쓸모가 없다. 사회민주주의의 선구자들은 당대에 그 두 시련을 모두 견뎌 냈다. 그렇다면 사회민주주의자들이 자신의 과거를 배신한 이유는 무엇일까?

한 가지 설명은 그들이 배신하지 않았다는 것, 즉 1907년 슈투트가르트 대회 이후 주요 사회민주주의 정당들이 빠르게 우경화해 '자국'의 제국주의 지배계급을 지지하는 쪽으로 [이미] 기울었다고 보는 것이다. 물론 사회민주주의 정당들 안에서 기회주의 경향이 성장하고 있었고, 능동적 우파 경향이 세기의 전환기에 '진보적' 부르주아 정당들과 협력하는 문제나 '진보적' 부르주아 정부에 참여하는 문제에서 패배한 경험을 극복하고 다시 고개를 쳐들고 있었다는 것은 사실이다.

그러나 이 중에서 어떤 것도 그들의 배신을 비난하는 주장을 약화시킬 수 없고 그들이 배신했다는 사실 자체도 바꿀 수 없다. 왜냐하면 제국주의 전쟁의 위험이 증대하는 문제를 다루려고 1912년 스위스 바젤에서 열린 특별 대회에서 그들은 슈투트가르트 대회의 반전 결의를 만장일치로 거듭 확인하고 강조했기 때문이다.

당시 레닌의 가장 가까운 협력자였던 지노비예프는 1916년에 다음과 같이 썼다.

바젤 선언은 지금 유럽에서 벌어지고 있는 바로 이 전쟁을 예상하고 작성된 것이었다. … 바젤 선언은 모든 나라의 사회주의자들에게 행동 강령을 제공했다. 어떤 종류의 강령이었는가? 전쟁에 휘말릴 나라의 사회주의자들이 '조국을 방어해야' 한다거나 '방어 전쟁'이라는 잣대를 적용해야 할 것이라고 해석할 소지가 바젤 선언에 조금이라도 있었는가? 아니다. 그런 얘기는 단 한마디도 없었고, 그렇게 들릴 만한 말도 전혀 없었다! 바젤 선언에서는 내전[계급 전쟁]을 준비해야 한다는 호소, 파리코뮌과 1905년 혁명에 관한 언급 등을 찾을 수 있지만 '방어' 전쟁에 관한 얘기는 한마디도 찾을 수 없을 것이다. 바젤 대회의 반전 결의안은 슈투트가르트 대회의 결의안보다 더 약한 것이 아니라 더 강한 것이었다. 바젤 선언의 단어 하나하나는 모두 제2인터내셔널의 '지도적' 정당들이 현재 사용하는 전술을 정면으로 반박한다.[12]

이 지적은 대체로 사실이다. 실제로 그다음 대회들에서 전쟁 반대를 강력하게 주장한 사람들은 영국 노동당의 [평화주의자] 제임스 키어 하디 같은 자들이었는데, 그들은 제2인터내셔널 소속 정당들이 전쟁 발발 즉시 총파업을 선언하기를 원했다![*]

또 다른 설명은 사회민주주의 이론의 숙명론적 성격을 강조한다. 이른바 '마르크스주의의 교황'이자 독일사회민주당의 최고 이론가이던 카를 카우츠키는 다음과 같이 말했다. "사회주의 정당은 혁명적 정당이지만 혁명을 일으키는 정당은 아니다. 우리는 혁명을 통해서만 우리 목표를 달성할 수 있다는 사실을 안다. 또, 우리의 적들이 이 혁명을 막을 힘이 없듯이 우리도 이 혁명을 일으킬 힘이 없다는 사실을 안다."[13] 수동성을 이론적으로 정당화하는 정말 멋진 말이다! 사회주의자들이 투쟁 속에서 노동자들을 설득해 자기편으로 만들어야 한다는 생각은 전혀 찾아볼 수 없다. 이것은 결코 우연이 아니다.

마르크스는 실천이 이론에 앞선다고 주장했다. "태초에 행동이 있었다." 대중운동의 이론은 사상적 뿌리뿐 아니라 물질적 뿌리도 있다. 감리교 창시자 존 웨슬리[1703~1791]는 생애 말년에 다음과 같이 유물론적 역사관의 출현을 예고하는 놀라운 말을 남겼다. "감리교인들

---

[*] 키어 하디는 "파업 위협만으로도 전쟁을 막을 수 있다"고 생각했기 때문에 파업을 계획하거나 실제로 준비하지는 않았다.

은 어디에 있든 간에 근면하고 검소해진다. 그 결과 재산이 불어난다. 이에 비례해 그들의 육욕과 … 속세의 영화도 … 증대한다. 그래서 종교의 형식만 남고 정신은 빠르게 사라져 간다."[14]

사회민주주의도 마찬가지였다. 어디서나 사회민주주의 정당은 성공을 거뒀다. 1913년 무렵 독일사회민주당은 사회민주주의 계열 노조들과 함께 9000만 마르크어치의 재산을 소유했다. 이 재산을 관리하고 통제하기 위해 "사회민주당은 모든 종류의 의원, 그리고 노조와 협동조합과 당 사무국과 당 기관지 편집부에서 일하는 노동계급 관료와 직원을 만들어 냈다. … 이런 사람들은 더는 노동계급 운동을 위해 살지 않았다. 노동계급 운동을 생계 수단으로 삼았을 뿐이다."[15]

그들은 잃을 것이 [착취와 억압의] 쇠사슬보다 훨씬 더 많았다.*

레닌은 또 다른 기본적인 물질적 요인을 강조했다. "수십 년에 걸친 자본주의 발전 과정의 특징들 때문에 기회주의가 발생했다. 이 시기에 특권적 노동자층은 비교적 평화롭고 문화적인 생활을 누리며 '부르주아화'해서 자국 자본가들의 식탁에서 떨어지는 빵 부스러기를 얻어먹었던 것이다."[16] 이 '노동귀족' 이론은 이미 마르크스 자신이 영국의 독특한 경험을 바탕으로 발전시켰는데, 중요한 일말의 진실을 담고 있었다.

그러나 이것은 지나치게 단순한 설명이라는 사실이 드러났다. 숙련 (그리고 '특권') 노동자들은 반전운동에서 중요한 구실을 했다. 사상

---

* 《공산당 선언》에서 마르크스는 프롤레타리아가 혁명에서 잃을 것은 착취와 억압의 쇠사슬뿐이고 얻을 것은 세계 전체라고 말했다.

자가 늘어나고 경제적 곤경이 증대하자 반전운동이 성장하기 시작했고, 1915년 이후 모든 주요 교전국에서 사상자와 경제적 곤경이 크게 증대했다.

그렇지만 혁명적 좌파는(소수의 '초좌파'는 제쳐 두자) 하나의 독립된 사회계층으로서 **노동관료**의 구실을 과소평가했다. 이 문제는 나중에 다시 살펴보겠다.

밀물

제국주의 전쟁은 사회혁명의 시대를 예고하고 있다. 최근의 객관적 조건들은 모두 노동자들의 혁명적 대중투쟁을 일정에 올려놨다. 사회주의자들의 임무는 노동계급의 모든 합법 투쟁 수단을 이용해 … 노동자들의 혁명적 의식을 드높이고 … 모든 혁명적 행동을 촉진하고 장려해서 제국주의 전쟁을 내전[계급 전쟁]으로 전환해 … 노동계급이 정치권력을 장악하고 사회주의를 실현할 수 있도록 온 힘을 다하는 것이다.

"치머발트 좌파 결의안", 1915년

제1차세계대전이 터지자 처음에는, 사회주의 운동이 다수파인 '사회 애국자들'과 [소수파인] '국제주의자들'로 양분된 것처럼 보였다. 그러나 곧 사회주의 운동이 실제로는 삼분됐다는 것이 분명해졌다. 국제주의자들 자체가 일관된 혁명가들과 이른바 '중간주의자들'로 양분된 것이다.

중간주의자들은 평화주의적이거나 반쯤 평화주의적인 태도를 취했다. 그들은 '자국' 정부 지지를 반대하고 평화 협상을 지지했다. 그들은 (필요하다면 불법적으로라도) 사회주의 정당들 간의 국제적 연계를 복원하고 싶어 했지만, 새로운 혁명적 인터내셔널을 건설하기보다는 옛 인터내셔널을 부활시키는 데 연연했다. 그들은 전쟁을 사회주의 혁명의 기회로 보지 않고 '정상적' 정치 생활이 처참하게 중단된 것으로만 여겼다. 왜냐하면 그들에게는 인터내셔널이 '평화 시'의 조직, 노동절 집회 연설용 조직이었지 세계를 변화시키는 혁명적 투쟁을 위한 조직이 아니었기 때문이다.

1915년 9월 이탈리아와 스위스의 정당들은 스위스의 베른 근처에 있는 치머발트에서 반전 사회주의자들의 국제회의를 여는 데 성공했다. 이 두 정당은 '중간주의자들'이 지배하고 있었다. 스위스사회민주당SP은 (당내에 친프랑스 경향과 친독일 경향이 공존했지만) 전쟁에서 중립을 지켰고, 이탈리아사회당 다수파는 1915년 5월 이탈리아가 전쟁에 뛰어든 뒤에도 중간주의적 반전 태도를 고수했다. 치머발트 회의에 참석한 사람은 많지 않았다. "대표들은 제1인터내셔널 창건 후 50년이 지났는데도 모든 국제주의자를 승합마차 4대에 다 태울 수 있다고 농담을 주고받았다."[17]

치머발트에서 중간주의자들과 좌파의 분열이 표면화했다. 회의를 소집한 이탈리아사회당과 스위스사회민주당의 대표들뿐 아니라 독일·프랑스·스웨덴·노르웨이·네덜란드·폴란드·러시아 등의 대표들도 참석하고 있었는데, 레닌이 제출한 결의안 초안("제국주의 전쟁을 내전으로 전환하자"는 요구가 들어 있었다)이 표결 끝에 찬성 12표 대

반대 19표로 부결됐다. 그렇지만 레닌은 치머발트 회의를 '진일보'로 평가했고, 볼셰비키를 포함한 좌파들은 부결된 자신들의 결의안을 출판했을 뿐 아니라 다수파의 선언문에 찬성표를 던지기도 했다. 치머발트 선언은 다음과 같이 분명히 말했다. "모든 나라의 자본가들은 이 전쟁이 조국을 방어하기 위한 것이라고 주장한다. … 그들은 거짓말을 하고 있다."

레닌은 다음과 같이 썼다. "이 선언이 기회주의에 대항하는 진정한 투쟁을 향해 나아가는, 즉 기회주의와 갈라서는 쪽으로 나아가는 진일보라는 것은 사실이다." 또 다음과 같이 말했다. 그 선언이 "비록 일관되지 못하고 소심하지만" 그래도 "이 진일보를 거부하는 것은 종파주의일 것이다."[18] 1915년에도 여전히 광란의 '애국주의' 분위기가 존재하는 상황에서(당시는 '적국'의 국민과 만나기만 해도 무조건 반역죄로 몰렸다) 치머발트 회의는 실제로 사회주의적 국제주의를 향한 진일보였다.

그 뒤 1916년 스위스 키엔탈에서 열린 국제회의에서 좌파들은 더 강경한 노선을 채택했다. 당시 볼셰비키가 제출했다가 부결된 또 다른 결의안은 다음과 같이 선언했다. "치머발트 회의에서 결정한 노선에 따라 국제 노동운동이 한 걸음씩 전진할 때마다 치머발트 다수파가 채택한 입장의 비일관성이 갈수록 뚜렷이 드러나고 있다." 이 결의안은 계속해서 다음과 같이 말했다. 치머발트 다수파는 "국제사회주의사무국[이 제2인터내셔널의 본부는 이제 활동이 완전히 정지된 상태였다 — 지은이]과 갈라서기를 두려워하고 있다. … 파산한 국제사회주의사무국을 되살리는 임무를 떠맡을 사람들은 바로 모든 나라의 사회 애국자들과 카우츠키주의자들이다. 사회주의자들의 임무는 대중에게 사회주의 깃발 아래 부르주아 정책을 추진하는 자들과 갈라서는 것이 불가피하다는 점을 설명해 주는 것이다."[19] 이것은 [사회주의 운동 내] 우파뿐 아니라 가짜 좌파와도 정치적으로 결별하라는 요구였다. 왜냐하면 그 가짜 좌파는 평화주의를 지지하고 참전 열강 사이의 협상을 전쟁 종식 방법으로 여겼기 때문이다.

이때쯤 반전운동은 어느 정도 실질적 지지를 얻고 있었다. 1916년 부활절에 아일랜드 더블린에서 영국 제국주의에 대항하는 봉기가 일어났다. [독일에서는] 국회의원으로 선출된 사회민주당원 카를 리프크네히트와 오토 륄레가 사회민주당과 갈라서고 제국의회에서 전쟁 반대를 선동하고 있었다. 1916년 5월 리프크네히트가 반역 혐의로 체포되자 베를린에서 노동자 5만 명이 항의 파업을 벌이고 경찰과 충돌하는 사태가 일어났다. 영국에서는 현장위원회 운동이 지지를 얻고 있었다.

1917년 2월 러시아 혁명은 독일과 오스트리아·헝가리제국뿐 아니라 영국에서도 대규모 평화 시위의 불길을 댕겼다. 그해 봄 독일사회민주당이 분열했다. 1914년에 사회민주당 의원단 지도자였던 후고 하제와 당의 이론가 카를 카우츠키를 포함한 중간주의자들이 반전 강령을 바탕으로 독일독립사회민주당을 만들었다. 그러나 그 분열은 사회민주당 우파가 강요한 것이었고, 중간주의자들의 반전 강령은 혁명적인 것이 아니라 평화주의적인 것이었다. 독립사회민주당은 개혁주의자와 중간주의자와 일부 혁명가가 뒤죽박죽 섞여 있는 당이었다. 독립사회민주당은 독일 노동자들 사이에서 커져 가는 반전 정서를 반영했지만, 반전운동을 주도하지는 않았다.

러시아 10월 혁명은 유럽 전역에서 훨씬 더 큰 영향을 미쳤다. 1918년 1월 오스트리아·헝가리제국과 독일에서 대중 파업이 일어났다. 이 파업은 임금 인상을 위한 것이 아니라 평화를 요구하는 파업이었다.

파업은 부다페스트 근처 체펠에 있는 헝가리 최대 군수공장인 만프레트바이스 공장에서 시작됐다. … 파업은 들불처럼 확산됐다. … 1월 16일 파업은 오스트리아 북동부[빈을 중심으로 한 지역]의 군수공장들로 확산됐다. 17일에는 빈 전체가 파업에 들어갔다. 며칠 뒤에는 베를린의 군수공장 노동자들이 파업에 들어갔고, 독일제국 전역에서 금속 노동자들을 비롯한 많은 산업 노동자가 그 뒤를 따랐다. 어디서도 공식 지도부는 파업을 주도하지 않았다. … 이 운동은 [독일, 오스트리아·헝가리제국, 오스만제국 등 이른바] 동맹국을 뿌리째 뒤흔들어 놨다.[20]

200만 명 이상의 노동자가 파업에 참가했지만, 운동은 더 발전하지 못했다. 1917년 프랑스 군대에서 일어난 대규모 반란과 마찬가지로 그 파업 운동에도 응집력 있는 혁명적 지도부가 없었던 것이다.

그러나 1918년 11월 4일 독일의 킬 군항에서 대양함대 수병들이 반란을 일으키자 독일제국이 붕괴했다.

킬에는 하나의 정부만 있었다. 그것은 바로 노동자·수병·병사 대표 평의회였다. … 킬에서 시작된 반란은 함부르크로 확산됐고, 하노버·마그데부르크·쾰른·뮌헨·슈투트가르트·프랑크푸르트암마인·브라운슈바이크·올덴부르크·비텐베르크와 그 밖의 도시들에서도 반란이 거의 아무 저항을 받지 않고 승리했다는 소식이 11월 8일 밤 베를린으로 날아들었다.[21]

11월 9일 특별히 '믿을 만한' 근위수발총병연대가 베를린으로 급파 됐지만, 그들도 반란을 일으켰다. 결국 카이저는 네덜란드로 도망쳤 다. 독일 노동자·병사 평의회가 권력을 장악했다.

이 점은 중요하므로 특별히 강조할 필요가 있다. 노동자·병사 평의 회들이 **권력**을 장악했고, 독일의 다른 어떤 권력기관도 실질적 무력을 쓸 수 없었다. 이 승리한 운동을 사회민주당(과 독립사회민주당) 지도 자들이 '민주주의' 이름으로 배신하자, 1914년에 일어난 분열은 이제 훨씬 더 심해졌다. 권력이 노동자 평의회에 있어야 하는지 아니면 의 회에 있어야 하는지가 이제 핵심 문제가 됐다.

민주주의와 독재

고대 그리스 공화국, 중세도시, 선진 자본주의 나라들에서 민주주의의 형태는 다양했고 적용되는 정도도 서로 달랐다. 역사상 가장 심오한 혁명, 즉 세계사에서 최초로 권력이 소수의 착취자한테서 다수의 피착 취자에게 이전되는 사건이 철저한 변화 없이, 새로운 형태의 민주주의 없이, 즉 민주주의가 적용되는 새로운 조건들을 갖춘 새로운 기관들이

창출되지 않고, 낡아 빠진 부르주아 의회 민주주의 틀 안에서도 일어
날 수 있다는 생각은 순전히 몽상일 것이다.

"공산주의인터내셔널 1차 대회 결의안", 1919년

소비에트인가 의회인가? 10월 혁명 이후 러시아공산당은 새로 선
출된 제헌의회를 해산했다. 제헌의회에서는 명목상 농민 정당인 우
파 사회혁명당이 다수를 차지하고 있었다. 그래서 러시아공산당은
권력을 노동자·농민·병사 대표 소비에트로 넘겨주는 쪽을 택한 것
이다. 독일에서는 사회민주당이 1918년 11월 혁명 이후 자신이 다수
를 차지하고 있던 노동자·병사 평의회를 해산하고 자신이 다수파가
아닌 국회를 지지했다. 사회민주당 지도자들이 상비군 폐지와 노동
자 무장을 요구하는 동의안을 (만장일치로) 지지할 수밖에 없었다는
것은 사실이다. 그러나 이것은 사기극이었을 뿐이다.

두 나라 모두에서 정부 형태 문제는 사실상 계급 권력의 문제였다.
러시아공산당의 조치는 노동자 국가를 창출하는 효과를 냈다. 독일
사회민주당의 조치는 재건된 부르주아 국가, 즉 바이마르공화국을 창
출하는 효과를 냈다. 파리코뮌을 겪은 뒤 마르크스는 자본주의에서
사회주의로 넘어가는 이행기에 국가형태는 "프롤레타리아의 혁명적
독재일 수밖에 없다"고 썼다. 독일사회민주당 지도부는 11월 혁명 기
간에 다음과 같이 선언했다. "모든 권력을 노동자·병사 대표 평의회
에 줘야 하는가? 아니다. 우리는 한 계급의 독재라는 사상을 거부한
다. 국민의 다수가 그 계급을 지지하지 않는다면 말이다."[22]

실제로 사회민주주의자들은 마르크스주의 국가론의 핵심, 즉 국

가는 "한 계급이 다른 계급을 억압하려고 조직한 권력일 뿐"이고 모든 국가는 계급국가이므로 '중립적' 국가 따위는 없다는 생각을 부정하기에 이르렀다. 그들은 여기서 그치지 않았다. 자신들의 기존 주장, 즉 사회주의 혁명은 불가피하다는 주장을 부정하고 사회주의로 가는 '평화적' 길, 의회적 길을 추구하는 쪽으로 돌아서 버렸다.

그러나 바이마르공화국은 어느 모로 보나 러시아소비에트공화국과 마찬가지로 기존 국가를 폭력으로 전복한 산물이었다. 유권자들이 아니라 반란을 일으킨 병사들과 무장한 노동자들이 독일제국을 전복한 결과인 것이다. 오스트리아·헝가리제국이 붕괴한 뒤에 생겨난 국가들도 마찬가지였다. 그런 혁명은 사회민주주의자들의 반대에도 불구하고 일어났다. 그러자 이제 그들은 부르주아 국가를 부활시키려고 온갖 노력을 기울였다. 사회민주주의 우파의 주장인즉 더 중대한 변화, 즉 자본주의의 파괴는 부르주아 국가가 군대와 경찰을 정비해 완전히 부활되고 나면 일상적 부르주아 민주주의 기구들을 통해 이뤄질 수 있다는 것이었다!

사실 이것은 사회주의를 포기한다는 뜻이었다. 1919년에 독일사회민주당 지도부가 이것을 인정하기는 정치적·심리적으로 불가능했다. 40년 뒤 1959년 바트고데스베르크 당대회에서 사회민주당 지도부가 마침내 그것을 인정했을 때, 그들은 단지 1914년과 1919년에 한 행동의 논리적 결론을 끌어냈을 뿐이다. 마침내 이론과 실천이 일치하게 된 것이다.

제3인터내셔널은 1919년 '강령'에서 마르크스주의 입장을 분명하게 다시 천명했다. "노동계급이 승리하려면 적의 권력을 해체하고 노동자 권력을 조직해야 한다. 즉, 부르주아 국가기구를 파괴하고 노동자 국가기구를 건설해야 한다."[23] 의회를 통해 사회주의로 나아간다는 것은 불가능했다. 1917년에 레닌은 보통선거가 "노동계급의 성숙도를 나타내는 지표일 뿐 현대 국가에서는 결코 그 이상일 수도 없고 그 이상도 아닐 것"이라고[24] 한 엥겔스의 말을 지지하며 인용했다. 코민테른 창립 대회 직후에는 다음과 같이 썼다. "부르주아 공화국은 아무리 민주적일지라도 자본이 노동 대중을 억압하는 기구이자 부르주아지의 독재 수단, 자본의 정치적 지배였을 뿐 결코 다른 무엇일 수 없었다."[25]

노동자 평의회에 바탕을 둔 노동자 공화국이야말로 진짜 민주적이었다. "소비에트 권력의 본질은 바로 이 점에 있다. 즉, 자본가들에게 억압당하는 바로 그 계급들, 곧 노동자와 반半노동자(다른 사람의 노동을 착취하지 않[고 항상 자기 노동력의 일부라도 판매할 수밖에 없]는 농민)의 대중조직이 모든 국가권력, 모든 국가기구의 영속적이고 유일한 토대라는 사실이다."[26] 이 말은 1919년에조차 러시아를 조금은 이상화한 것이다. 그러나 당시 러시아가 겪은 '일탈'은 러시아의 후진성, 여전히 진행 중이던 내전과 외국의 간섭 때문이었다. 그 뒤 스탈린주의가 승리한 탓에 사회민주주의자들이 진실, 즉 노동자 권력이란 노동자들이 자신들의 조직을 통해 지배하는 체제라는 사실을 흐릴 수 있었다. 노동자 조직들 내부에 민주주의가 없다면 노동자들은 지배할 수 없다. 마찬가지로 노동자 국가를 통해 제도화한 노동자 조직들의 지배가 없다면 노동자들은 지배할 수 없다.

오늘날 사회민주주의자들만이 또는 주로 그들이 이 점에 대해 거짓말을 늘어놓는 것은 아니다(물론 그들이 1920년대에 처음으로 잘 못된 설명을 한 것은 사실이다). 노동자 평의회, 소비에트, 노동자 공화국, 소비에트 공화국이란 우리에게 필요한 모든 것을 실제로 생산하는 사람들이 스스로 노동조건과 생활조건을 집단적·민주적으로 결정하고 이에 따라 사회 전체를 운영하는 체제라는 사상을 은폐하는 데에는, 막강한 권력을 가진 두 지배 집단이 결정적 이해관계를 갖고 있다.

그 두 지배 집단 중 하나는 소련을 지배하는 소수의 고위 관료와 그들의 동맹국·위성국·모방국 지배자고, 다른 하나는 미국 지배계급과 그들의 동맹국·위성국 지배자와 이데올로그다. 이들은 걸핏하면 '소비에트'가 이렇게 했다거나 저렇게 했다고 말한다. 그러나 소련에는 소비에트가 없고, 1920년대 초 이후 아예 사라졌다. 소련에서 소비에트라는 이름을 달고 있는 '최고 소비에트'와 그 밖의 기구들은 1917년에 혁명적 노동자들이 세운 노동자 권력기관이 결코 아니다. 그러나 그런 허구를 유지하는 것은 소련 관료 지배계급의 이익에 부합한다. 그들은 1917년 노동자 혁명을 계승했다고 주장하면서 노동자들에 대한 지배를 정당화한다. 또, 그런 거짓말은 서방 지배계급의 이익에도 부합한다. 그들은 소비에트와 노동자 권력을 그 정반대, 즉 노동계급을 지배하는 관료들의 독재와 동일시한다. 불행히 많은 좌파도 소련과 미국이 똑같이 조장한 이런 이데올로기적 틀을 기꺼이 받아들인다(비록 받아들이는 정도는 다르지만 말이다). 물론 1919년 3월에는 그런 좌파가 없었다.

당시 모스크바에서 열린 회의에 참석한 각국 대표들은 비타협적 국제주의, 1914년의 배신자들과 결정적·최종적으로 갈라서기, 노동자 권력, 노동자 평의회, 러시아소비에트공화국 방어, 중부 유럽과 서유럽에서 혁명이 임박해 있다는 전망 등에 바탕을 두고 새로운 인터내셔널을 건설했다. 이제 문제는 이 모든 것을 현실로 바꿀 수 있는 대중정당을 건설하는 일이었다.

그 수단은 쉽게 구할 수 있었다. 치머발트 회의 소집자들 같은 중간주의 지도자들이 이탈리아사회당을 통제하고 있었고 머지않아 프랑스 사회당도 장악했다. 독일독립사회민주당은 곧 당원이 80만 명으로 늘어났다. 세계대전의 참상을 겪고 급진화한 노동자들이 대거 유입된 결과 유럽 전역에서 대규모 중간주의 운동이 성장하고 있었다. 그런 운동에 참여한 사람들을 설득해서 공산주의 편으로 만들어야 했다.

토대는 이미 놓였다. 이제 중간주의 지도자들에 대항하는 투쟁이 주요 당면 과제였다. 그것은 매우 시급한 과제이기도 했다. 왜냐하면 (소규모 조직들과 달리) 대중적 '중간주의' 조직들은 본래 불안정하기 때문이다. 일관된 개혁주의 정치와 일관된 혁명적 정치 사이를 오락가락하는 그들은 제1차세계대전 이후 나타난 것과 같은 대규모 급진화의 전형적 산물이다. 그러나 중간주의 조직들은 일시적으로 존재할 뿐이다. 트로츠키는 다음과 같이 썼다. "대중은 이런 과도기에 아주 오랫동안 머물지 않는다. 대중은 일시적으로 중간주의자들한테 몰려갔다가 다음에는 (무관심의 나락으로 빠지지 않는다면) 계속 전진해서 공산주의자들한테 합류하거나 아니면 개혁주의자들한테 돌아가기 마련이다."[27]

2장

대중정당들

최근까지도 제2인터내셔널 소속이던 정당과 조직이 점점 더 빈번하게 제3인터내셔널 가입 신청을 하고 있다. 그들이 실제로는 공산주의 정당이 되지 않았는데도 말이다. … 공산주의인터내셔널은 일종의 유행이 되고 있다. … 제2인터내셔널 이데올로기를 버리지 못한 채 오락가락하는 우유부단한 조직들의 유입으로 상황에 따라서는 공산주의인터내셔널이 희석될 위험이 있다.

레닌, "공산주의인터내셔널 가입 조건", 1920년

1919년 3월 이탈리아사회당 집행위원회는 제3인터내셔널 가입 권고 동의안을 통과시켰다. 9월 볼로냐 당대회에서는 압도 다수의 지지로 가입을 결정했다. 이탈리아사회당은 대중정당이었고 한창 성장하고 있었다. 1919년 11월 총선에서 사회당은 총투표수의 3분의 1을 얻어 156석을 차지했[고 제1당이 됐]다. 노르웨이노동당도 [코민테른] 가입을 확정했고, 불가리아·유고슬라비아(옛 세르비아)·루마니아의 정당들도 가입했다.

노르웨이·불가리아·유고슬라비아의 정당들은 중요한 조직이었다. 노르웨이노동당은 영국 노동당과 마찬가지로 노동조합에 기반을 두고 있었고 노르웨이 좌파를 완전히 지배했다. 불가리아공산당은 처음부터 거의 모든 불가리아 노동계급의 지지를 받았다. 유고슬라비아 공산당은 신생국가에서 실시된 최초의 (그리고 한 번뿐인) 자유선거에서 54석을 얻었다.

프랑스 사회당은 1914년 9만 명이던 당원이 1919년 20만 명으로 갑절 이상 늘어나고 급격히 좌경화하면서 모스크바와 가까워지고 있었다. 프랑스 사회당 지도부는 '치머발트 다수파'를 기반으로, 즉 영국 노동당과 독일사회민주당 지도자들 같은 노골적 사회 애국주의자들은 제외하되 자신들처럼 대중의 불만에 반응해 급진 좌파적 언사를 늘어놓는 사람들은 포함해서 국제 운동을 재건하기를 진심으로 원했다.

요컨대 그들은 중간주의 인터내셔널을 원했다. 독일에서 사회민주당의 기반을 잠식하며 급속히 세력을 확장하던 독립사회민주당의 지도자들도 그랬다. 스웨덴 사회민주당 좌파, 체코슬로바키아 사회민주당 좌파, 그 밖의 나라들의 소규모 정당들(영국의 독립노동당ILP 등)도 본질적으로 같은 노선을 취했다. 그러나 평당원들의 압력 때문에 그들은 입발림으로라도 10월 혁명을 지지한다고 말할 수밖에 없었고 공산주의인터내셔널 가입 협상을 하지 않으면 안 됐다.

레닌은 다음과 같이 썼다. "주요 '중간주의' 조직 일부가 제3인터내셔널 가입을 희망하는 것은, 제3인터내셔널이 전 세계 대다수 계급의식적 노동자들의 공감을 얻었고 날이 갈수록 더 강력한 세력이 되고 있다는 간접적 증거다."[1] 그러나 그런 정당들은 혁명적 공산주의 조직이 아니었다. 그들의 전통은 전쟁 전의 사회민주주의 전통, 즉 입으로는 혁명을 얘기하면서도 실천에서는 수동적 태도를 취하는 것이었다. 또 그 지도부는 진정한 혁명적 전략·전술의 채택을 억제하고 저지하기 위해 온갖 기회주의적 책략도 서슴지 않을 사람들이었다.

이런 중간주의 정당의 수많은 당원을 획득하지 못하면 새로운 인터내셔널이 단기간에 유럽에서 결정적 영향을 미치는 세력이 되리라고 기대할 수 없었다. 그들의 중간주의 지도자들과 갈라서지 않으면 새로운 인터내셔널이 **혁명적 영향력을 행사할 수 없을** 터였다. 이미 코민테른에 가입한 대중정당들의 상황도 크게 다르지 않았다. 예컨대, 이탈리아사회당 지도부에는 중간주의자들과 심지어 일부 철저한 개혁주의자들도 있었다.

중간주의에 대항하는 투쟁은 또 다른 요인 때문에 복잡해졌다. 많은 공산주의 조직 안에는 강력한 초좌파주의 경향(부르주아 민주주의 기구에 참여하기를 무조건 거부하는 경향)들이 있었다. 그리고 공산주의 조직 밖에는 자본주의를 전복하기 위한 도구로서 노동자 정당을 거부하고 오히려 노동자 대중을 노동조합으로 조직하는 일에 몰두하는 일부 중요한 신디컬리스트 노조들이 있었다. 그들은 서서히 제3인터내셔널과 가까워졌지만 여전히 공산주의 정당의 필요성을 부정했다.

1919년 12월에 스페인의 신디컬리스트 조직인 전국노동조합총연맹CNT(당시 조합원이 약 100만 명이었다)이 코민테른에 가입하기로 결정했다. 프랑스 노동조합총연맹CGT의 강력한 소수파도 코민테른 가입에 찬성했다. 미국의 세계산업노동자동맹IWW 같은 다른 신디컬리스트 조직들도 의심할 여지없이 혁명적 조직이었고, 따라서 코민테른

편으로 끌어들일 수 있을 것으로 생각됐다. 이 거대한 세력들을 획득하고 통합하는 것은 어렵고 복잡한 일이었다. 그러려면 서로 다른 여러 전선에서 투쟁을 벌여야 했다.

코민테른 2차 세계 대회(1920년 7~8월)에서는 40여 개국의 67개 조직에서 파견된 대표 217명이 이런 문제들을 두고 논쟁을 벌였다. 중간주의자들과 초좌파주의자들도 제대로 대표됐다. 프랑스 사회당과 독일독립사회민주당도 대표들을 보냈지만, 그들에게는 표결권이 허용되지 않았다.* 대회의 결정들은 근본적 중요성이 있었다. 중요성이라는 면에서 볼 때 2차 대회야말로 진정한 창립 대회였다. 2차 대회는 혁명 러시아와 폴란드 사이의 전쟁이 한창 진행되고 있을 때, 그래서 적군赤軍이 바르샤바 근처까지 진격하고 있을 때 열렸다. 독일에서는 바로 얼마 전에 우파가 군사독재를 세우려고 일으킨 카프 쿠데타가 노동계급의 대중행동으로 격퇴당했다. 이탈리아에서는 공장점거가 막 시작될 참이었다. 혁명적 낙관주의 분위기가 그 어느 때보다 강했다.

코민테른 의장 지노비예프는 다음과 같이 선언했다. "저는 공산주의인터내셔널 2차 세계 대회가 또 다른 세계 대회, 즉 소비에트 공화국들의 세계 대회를 준비하는 대회라고 깊이 확신합니다."² 필요한 것은 운동을 승리로 이끌 수 있는 진정한 대중적 공산당뿐이었다.

---

* 독일독립사회민주당은 1919년 12월, 프랑스 사회당은 1920년 2월 당대회에서 제2인터내셔널 탈퇴가 통과됐지만 코민테른 가입은 부결됐다. 코민테른 2차 대회 몇 달 후 열린 당대회에서 가입이 결정됐다.

21개 조건

낙타가 바늘구멍을 통과하기가 어려운 것과 꼭 마찬가지로 중간주의 자들이 21개 조건을 빠져나가기도 어려울 것입니다. 그 조건들은 프롤레타리아 혁명의 국제 참모부가 그들에게 요구하는 것이라는 사실을 독일독립사회민주당과 이탈리아사회당과 프랑스 사회당의 노동자들과 모든 조직 노동자들이 분명히 알 수 있도록 제시됐습니다.

지노비예프, "2차 세계 대회 연설"

제2인터내셔널은 각국 사회주의 정당들이 느슨하게 묶인 연방적 조직이었다. 제3인터내셔널은 각국에 지부를 둔 중앙집중적 세계 정당이어야 했다. 물론 제3인터내셔널은 "각국 정당이 투쟁하고 활동하는 다양한 조건"을 고려해야 하고 "모든 정당에 구속력이 있는 결정은 그런 결정이 가능할 때만 채택해야 한다."[3]

각국 정당의 강령은 코민테른의 강령에 바탕을 둬야 했고 국제적 승인을 받아야 했다. 모든 결정, 즉 세계 대회의 결정들뿐 아니라 세계 대회가 열리지 않는 기간에 코민테른 집행위원회가 내린 결정들도 모든 정당에 구속력이 있어야 했다. 이것이 코민테른 집행위원회가 제시한 제3인터내셔널 가입 조건 21개 가운데 15조와 16조의 내용이었다.

훗날의 사건들에 비춰 볼 때 이 21개 조건에 [코민테른의] 변질의 씨앗이 들어 있었다고 비판하는 사람이 많다. 그들은 21개 조건이 러시아의 지배를 보장하고 러시아인들이 국제 운동을 자신들의 이익에 맞게 조종하려고 제출된 것일 뿐이라고 주장한다. [그러나] 2차 대회에서 21개 조항을 비판한 중간주의자들은 그런 주장을 하지 않았다. 그 이유는 명백하다. 1914~1918년의 전쟁을 경험하고 나서 혁명가들에게 이야기할 때 제2인터내셔널의 방법과 실천을 옹호할 수 있는 사람은 아무도 없었다. 신디컬리스트를 제외한 모든 사람이 국제적 단결과 세계 정당이라는 이상을 입발림으로라도 지지해야 했다.

게다가 모든 사람이, 특히 러시아인들 스스로 러시아공산당이 권력을 장악한 유일한 당이라는 예외적 처지는 매우 일시적일 것이라고 예상했다. 레닌은 2차 대회 직전에 다음과 같이 썼다. "선진국 가운데 적어도 한 나라에서 프롤레타리아 혁명이 승리하면 곧바로 급격한 변화가 일어날 것이다. 그러면 러시아는 더는 모델이 아닐 것이고 ('소비에트'와 사회주의라는 의미에서) 다시 후진국이 될 것이다."[4]

독일독립사회민주당 대표들이 특히 격렬하게 반발한 조건은 "개혁주의나 중간주의 정책과 무조건 완전히 단절해야"[5] 하고 "악명 높은 기회주의자들", 즉 독립사회민주당의 카를 카우츠키와 루돌프 힐퍼딩, (코민테른에 가입한) 이탈리아사회당의 필리포 투라티와 주세페 모딜리아니, 프랑스 사회당의 장 롱게, 나중에 영국 총리가 되는 독립노동당의 제임스 램지 맥도널드 등을 축출해야 한다는 것[7조]이었다. 독일독립사회민주당 대표 아르투어 크리스피엔은 다음과 같이 주장했다. "러시아공산당은 우리가 우파 사회주의자들과 결별했다는 것, 그 결별이 역사적으로 불가피해진 순간 우리가 서슴없이 결별했다는 것을 완전히 간과했습니다. 그러나 이 결별을 가볍게 취급해서는 안 됩니다. 저는 분열이 필요했음을 인정합니다. … 독일에서는 노동자

들을 설득해서 혁명의 편으로 단결시키기보다는 분열시키기가 훨씬
더 쉽습니다."[6] 그는 더 이상의 분열은 지지를 받을 수 없다고 말했다.

중간주의 지도자들은 매우 급진적 주장을 늘어놓을 태세가 돼 있
었다. 크리스피엔은 다음과 같이 말했다. "우리는 3월에 열린 당 협의
회에서 분명한 입장을 취했고 이미 그때 우리 강령에 프롤레타리아
독재를 명시했습니다. … 우리는 의회주의로는 사회주의를 이룰 수
없다고 지적했습니다."[7]

그러나 독일독립사회민주당은 21개 조건을 받아들이려 하지 않았
다. 왜냐하면 그것은 당내 우파와 갈라서야 한다는 것을 의미했기 때
문이다. 1919년 초에 독립사회민주당이 사회민주당과 손잡고 바이마
르공화국을 세웠다는 사실, 두 정당이 협력하지 않았다면 공화국을
세우는 일이 불가능하지는 않았을지라도 훨씬 더 어려웠을 것이라는
사실, 대다수 독립사회민주당 지도자들은 순전히 입으로만 혁명을
얘기하고 있었다는 사실 등을 독립사회민주당은 애써 얼버무렸다.

물론 독립사회민주당은 매우 혼성적인 정당이었다. 심지어 일부
지도자들은 개인적으로는 혁명적 정치사상을 갖고 있었다. 그러나
독립사회민주당 지도부를 판단하려면, 말이나 좋은 의도가 아니라
1918년 11월과 12월의 결정적 시기에 그들이 한 행동을 봐야 한다.

1918년 11월 10일 베를린 노동자·병사 대표 평의회 참가자 3000
명은 인민위원협의회를 독일의 임시정부로 지명했다. 인민위원협의회
는 사회민주당의 프리드리히 에베르트, 필리프 샤이데만, 오토 란츠
베르크와 독립사회민주당의 에밀 바르트, 빌헬름 디트만, 후고 하제
이렇게 6명으로 구성돼 있었다. 독일에 다른 정부는 없었다. 독일제

국의 마지막 총리 막스 폰 바덴 대공은 11월 9일 내각을 해산하고 에베르트를 자신의 후임자로 지명했다. 10일 밤에 새 참모총장 빌헬름 그뢰너 장군은 에베르트에게 전화를 걸어 "군대를 새 정부의 처분에 맡기겠다"고 말했다.

폰 바덴이나 그뢰너의 행동은 모두 베를린 평의회 대표들의 행동과 마찬가지로 완전히 불법적인 행동이었다. 혁명이 일어나 구체제가 붕괴한 것이다. 폰 바덴은 이제 사회민주당만이 독일 부르주아지의 유일한 희망이라고 생각했다. 그뢰너는 사회민주당을 통하지 않고는 군대를 유지할 가망이 없다고 생각했다.

그렇지만 결국 군대는 와해됐다. 이 점은 결정적으로 중요하다. 11월 11일 독일군 수뇌부는 서구 연합국과 휴전협정을 맺고 나서 서부전선에 배치된 군대 전체, 즉 병사 200만 명을 라인강 건너로[본국으로] 후퇴시켰다. 그뢰너 자신의 말을 빌리면, 일단 강을 건너자 "부대들이 그냥 사라져 버렸다." 국가기구의 핵심이 없어진 것이다.

그런데 사회민주당 지도자들은 그 국가기구를 재건하기 시작했다. 그들이 내린 가장 중요한 결정 두 가지는 의회를 소집한다는 것과 우파 장교들이 지휘하는 소규모 자원병 군대를 새로 만든다는 것이었다. 이 자원병 군대는 1919년 1월 혁명적 좌파를 탄압하는 데 이용됐다. 인민위원협의회 정부의 절반을 차지한 독립사회민주당 지도자들은 첫째 결정을 지지했고 둘째 결정에는 반대했지만 맞서 싸우지 않았다.

21개 조건은 바로 이런 중간주의 지도자들을 배제하려 했다. 그들의 그사이 행적을 볼 때, 노동자 권력 등에 관한 그들의 구두 약속은 아무 가치도 없다는 것이 아주 분명했다. 그들과 무조건 갈라서야 했다. 코민테른 2차 대회에 참가한 독립사회민주당의 세 지도자 가운데 둘, 즉 크리스피엔과 디트만이 그런 분열에 공개적으로 반대한 것은 [코민테른 지도부가 보기에] 다행스러운 일이었다. 그 덕분에 날카로운 논쟁이 벌어졌기 때문이다.

프랑스 중간주의자들의 전술은 달랐다. 그들의 주요한 대변인은 악명 높은 기회주의자 마르셀 카생이었다. 카생은 1917년까지도 제1차 세계대전을 열렬히 지지했을 뿐 아니라, 프랑스 정부의 앞잡이 노릇을 하면서 이탈리아사회당 안에 전쟁 지지 분파를 만들어 내려 했고 이를 위해 변절자(이자 미래의 파시스트 독재자)인 베니토 무솔리니와 협력하기도 했다. 코민테른 2차 대회에서 카생은 무엇이든 기꺼이 약속했다. "우리는 완전히 동의합니다. … 우리 친구 롱게가 여기 올 수 있었다면 심사숙고 끝에 우리와 다르지 않은 견해를 갖게 됐을 것이라고 확신합니다[롱게는 볼셰비키를 노골적으로 반대하는 자였다 — 지은이]. 우리는 여러분이 제시한 조건들을 가지고 프랑스로 돌아갈 것입니다."[8]

롱게, 카생, 오스카르 프로사르와 그 친구들이 이끄는 정당은 무슨 약속을 하든 결코 혁명적 정당이 될 수 없었다. 중간주의자들이라는 낙타가 바늘구멍을 통과하지 못하게 막는 일은 지노비예프가 생각한 것만큼 쉽지 않으리라는 것이 분명했다. 이런 이유로 일부 좌파 대표는 어쨌든 코민테른 집행위원회가 중간주의자들의 대회 참가를 허용했다고 날카롭게 비판했다. 레닌은 다음과 같이 반박했다. "카우츠키가 우리를 비판하는 책을 출판하며 공격한다면 우리는 그를 계급의적으로 여기고 그와 논쟁을 벌여야 합니다. 그러나 혁명적 노동자들이 가입해서 크게 성장한 독립사회민주당이 우리와 협상을 하려고 여기 온다면 우리는 그 대표들과 대화해야 합니다. 왜냐하면 그들은 혁명적 노동자들의 일부이기 때문입니다."[9]

그래서 대회가 끝난 후 혁명적 노동자들에게 더 쉽게 다가갈 수 있게 됐다. 독립사회민주당 지도자들은 격렬한 당내 논쟁 끝에 코민테른 가입을 논의하기 위해 10월에 할레에서 당대회를 열 수밖에 없었다. [코민테른 가입을 지지한] 좌파가 236표 대 156표로 이겼다. 그러자 우파는 탈당했다. 1919년에 만들어진 원래의 독일공산당과 통합한 새 공산당은 당원이 약 35만 명이 됐다. 코민테른은 이제 유럽에서 가장 중요한 나라에서 대중정당을 거느리게 됐다. 12월에 프랑스 사회당의 투르 당대회에서는 표결 끝에 3 대 1(찬성 3208표, 반대 1022표)로 21개 조건을 받아들이고 제3인터내셔널에 가입하기로 결정했다. 그 결과 신생 프랑스공산당PCF은 15만 명의 당원으로 출범했다. 그러나 롱게와 레옹 블룸이 이끄는 더 강경한 우파가 분열해 나가서 사회당을 재건했는데도 공산당 자체는 프로사르와 카생 같은 '개조된' 중간주의자들이 이끌었다. 나중에 일어난 사건들을 보면 그런 '개조'가 피상적이었을 뿐임이 드러난다.

1920년 12월 체코슬로바키아 사회민주당도 분열했다. 공산주의 좌파가 당원의 절반을 얻어 10만 명 규모의 공산당을 만들었다. 체코슬로바키아에서 독일어를 사용하는 소수민족 거주 지역(주데텐란트)의 사회민주당에서도 분열이 일어나 공산주의 세력이 늘어났고, 그들이 통합한 후 체코슬로바키아공산당KSČ은 당원이 17만 명이 됐다.

1921년 초가 되자 코민테른 소속 정당들은 유럽의 6개국(프랑스·이탈리아·노르웨이·불가리아·유고슬라비아·체코슬로바키아)에서는 정치의식 있는 노동자들의 다수, 다른 나라들(독일·스웨덴·폴란드)에서는 꽤 의미 있는 소수의 지지를 받았다. 가장 중요한 예외는 영국이었다. 1920년에 만들어진 영국공산당CPGB은 실제 당원이 3000명쯤 됐고(스스로 주장하기로는 1만 명이라고 했다) 아직 만만찮은 세력은 아니었다.

이쯤에서 21개 조건의 다른 내용들을 살펴보는 것이 유익하겠다. 그중 하나는 다음과 같이 명시했다. "공산당의 출판물은 모두 믿을 수 있는 공산주의자가 운영해야 한다. … 정기간행물 등의 출판물과 당의 모든 출판 기구는 특정 순간에 당 전체가 합법이든 비합법이든 관계없이 당에 완전히 종속돼야 한다. 출판 기구가 자율성을 남용해서 당의 정책과 일치하지 않는 정책을 추진하도록 허용해서는 안 된다." 이 조건은 많은 사회민주주의 정당에서 돈 많은 개인이나 부유한 지지자가 운영하는 (당 소속으로 널리 알려진) 출판 기구가 당의 통제를 받지 않고 흔히 프티부르주아적 편견을 받아들이는 악명 높은 상황을 겨냥한 것이었다.

또 다른 조건은 "부르주아적 합법성을 신뢰해서는 안 된다"고 단언했다. "공산주의자들이 모든 활동을 합법적으로 할 수 없는 … 곳에서는 합법 활동과 비합법 활동을 결합하는 것이 필수적이다."

또,

공산주의인터내셔널에 가입하고자 하는 정당은 모두 공공연한 사회

애국주의뿐 아니라 사회 평화주의의 거짓과 위선도 폭로해야 한다. 즉, 자본주의를 혁명으로 전복하지 않고는 어떤 국제중재재판소도 어떤 군축 협정도 국제연맹의 어떤 '민주적' 개조도 새로운 제국주의 전쟁을 막을 수 없다는 것을 노동자들에게 체계적으로 확신시켜야 한다[국제연맹의 후신이 바로 국제연합UN이다 — 지은이].

모든 정당은 … 노동조합, 노동자 평의회와 공장위원회, 협동조합, 그 밖의 노동자 대중조직들 안에서 체계적이고 끈질긴 공산주의 활동을 수행해야 한다. 이런 조직들 안에 공산당 세포들을 조직해서, 지칠 줄 모르는 끈질긴 활동을 통해 노동조합 등을 공산주의의 대의로 설득해서 우리 편으로 만들려고 해야 한다.

물론 이것은 공산당 안의 초좌파들을 겨냥한 것이었다. 그러나 노동자 대중조직 안의 보수적 계층인 노동관료 문제를 분명히 고려하지 않은 점은 지적할 만하다.

공산주의인터내셔널 소속 정당들은 **민주적 중앙집중주의** 원칙에 바탕을 둬야 한다. … 공산당은 최대한 중앙집중적으로 조직되고, 철의 규율이 지켜지고, 당 중앙이 당원들의 신뢰를 받아서 힘과 권위가 있고 광범한 권한을 갖고 있을 때만 자기 임무를 수행할 수 있을 것이다.

여기서 핵심 문구는 "당원들의 신뢰를 받아서"라는 것이다. 왜냐하면 혁명적 정당에서 규율의 90퍼센트는 확신의 문제이기 때문이다. 그 조항은 무엇보다도 당내의 국회의원, 지방의원, 노조 간부, 그 밖의 비교적 특권을 지닌 사람들을 겨냥한 것이었다. 이런 사람들이 당의 규율에 복종하도록 강제하지 않(거나 규율을 어겼을 때 그들을 쫓아내지 않)는 조직은 혁명적 사회주의 조직이 아니다.

당연히 언제 민주주의를 강조하고 언제 중앙집중주의를 강조할지는 상황의 필요에 달려 있다. 이런 필요가 무엇인지는 누가 판단하는가? '무오류'의 지도부에 그저 의존할 수는 없다. 그런 지도부 따위는 없기 때문이다. 경험 많고 판단 능력이 있는 당원층('간부진')을 당내에 양성하는 것이 그래서 중요하다. 그러나 이것은 시간이 걸리는 일이다. 코민테른 소속 정당들은 결정적으로 중요한 초창기에 바로 그런 간부층이 거의 없었다.

21개 조건의 다른 조항들은 군대 안에서 당의 활동, 농민들 사이에서 당의 활동, 식민지[와 피억압 민족의] 문제, 국제 노동조합 조직과 관련한 당의 활동 등을 다뤘다. 이 문제들은 뒤에서 살펴보겠다.

사실 갓 생겨난 대중적 공산당들은 21개 조건을 통해 제시된 모델과 전혀 비슷하지 않았다. 그들은 온갖 결함이 있었다. 그러나 그들의 존재 자체가 엄청난 진보였다.

1920년 여름에는 또 다른 세력들, 즉 프랑스와 스페인의 대규모 신디컬리스트 조직과 그 밖의 나라의 더 작은 조직들도 코민테른의 영향을 받는 듯했다. 문제는 그들에게 혁명적 정당의 필요성을 확신시키는 것이었다. 2차 세계 대회에서 벌어진 중요한 논쟁 하나는 혁명적 정당의 성격과 혁명적 정당[의 필요성]에 반대하는 신디컬리스트들을 대하는 태도에 관한 것이었다.

혁명적 정당의 구실

공산주의인터내셔널은 프롤레타리아가 독자적 정당 없이도 자신의 혁
명을 완수할 수 있다는 견해를 단호히 거부한다. 모든 계급투쟁은 정
치투쟁이다. 내전으로 전환될 수밖에 없는 이 계급투쟁의 목표는 정치
권력 장악이다. 정당을 통하지 않고는 정치권력을 장악하거나 조직하
거나 운용할 수 없다.

"2차 세계 대회 결의안"

트로츠키는 다음과 같이 썼다. "《공산당 선언》 출간 후 75년이 지
났는데도 국제 공산당 대회에서 당이 필요한지 필요하지 않은지를
두고 토론해야 한다는 것은 매우 이상하게 보일 것입니다." 이어서 그
는 사실 최근의 사건들을 보면 "당이 필요한지 필요하지 않은지를 물
을 수밖에 없습니다" 하고 덧붙였다.[10]

혁명적 신디컬리스트들은 정당을 의회주의와 동일시했(고 의회 참
여를 기회주의와 배신으로 여겼)다. 그들의 대안은 직접행동을 바탕
으로 마침내 혁명적 총파업을 벌이는 전투적 노동조합운동이었다.
이런 관점에 따르면 정당은 불필요할 뿐 아니라 노동계급을 방해하
는 분명한 장애물이었다. 1914년의 배신이 바로 그 증거였다.

코민테른 2차 세계 대회에 스페인 전국노동조합총연맹 대표로 참
가한 앙헬 페스타냐는 다음과 같이 말했다. "가장 중요한 점은 정신
이 혁명적이어야 한다는 것입니다. … 노동조합 자체가 혁명적·전투
적 조직이어야 한다는 점이 중요합니다."[11]

장차 영국 금속노조 위원장이 되는 잭 태너도 영국 현장위원회·노동자위원회 운동을 대표해 발언할 때 그렇게 주장했다.

현장위원회 운동에서 적극적으로 활동하는 사람들은 대부분 전에 사회주의 정당의 당원이었다가 자신이 올바른 길을 가고 있다고 생각하지 않아서 탈당한 사람들입니다. … 그런데 이제 와서 회개한 죄인처럼 복당할 수는 없습니다. … 지금 노동자들이 다시 의회에 의존하도록 만들려고들 노력합니다. 의회가 최대한 빨리 폐지돼야 한다는 것에 누구나 동의하는데도 말입니다. 영국 노동자들은 의회 활동에 대한 믿음을 잃어 가고 있습니다. … 여러분은 노동당에 가입하는 문제에서 계급의식적 노동자들의 적대감만 살 것입니다.[12]

러시아 지도자들은 이런 신디컬리스트들을 설득할 수 있기를 간절히 원했다. 오락가락하는 중간주의자들이 코민테른에 슬그머니 들어오는 것에 맞서 신디컬리스트들이 혁명적 견제 세력 구실을 해 주기를 바랐기 때문이다. 그래서 트로츠키는 다음과 같이 단언했다. "저는 정당이 필수적이라는 사실을 알고 있습니다. … 그리고 제가 보기에 한편에는 샤이데만(독일사회민주당 지도자)이 있고 다른 한편에는 미국·스페인·프랑스의 신디컬리스트들이 있습니다. 이 신디컬리스트들은 부르주아지에 맞서 싸우려 할 뿐 아니라, 샤이데만과 달리 정말로 부르주아지의 목을 치고 싶어 합니다. 그래서 저는 이 스페인·미국·프랑스 동지들과 토론하는 것을 더 좋아합니다. 그런 토론을 통해 [부르주아지를 타도하려면 정당이 필수적이라는 사실을] 그들에게 우호적으로 입증하려는 것이지 … 샤이데만의 오랜 경험을 내세워 그들과 맞서거나 이 문제는 다수에게 이미 해결됐다고 말하려는 것이 아닙니다."[13]

지노비예프는 사회민주주의 정당과 공산당의 차이를 강조했다.

우리에게 필요한 정당은 최대한 많은 당원을 가입시킨다는 단순한 원칙에 따라 행동하는 정당, 프티부르주아 정당으로 변질된 정당이 아닙니다. … 우리가 원하는 정당은, 예를 들어 선거운동 기간에 바로 어제 입당한 사람을 후보로 내세우는 그런 정당이 아닙니다. 우리는 46명의 교수와 45명의 변호사 등이 의회에서 우리를 대표하기를 바라지 않습니다. … 왜 훌륭한 노동자들이 "그런 정당이 있는 것보다는 차라리 아무 정당도 없는 편이 낫다"고 말하는지를 충분하게 이해할 수 있습니다.[14]

같은 대회에서 부하린은 다음과 같이 주장했다. "프랑스의 사회주의자 국회의원 68명 가운데 40명은 개혁주의자였고 26명은 중간주의자였고 공산주의자는 겨우 2명이었습니다. … 노르웨이의 사회주의자 국회의원 19명 가운데 공산주의자는 겨우 2명뿐이었습니다."[15]

지노비예프는 코민테른이 제안한 공산주의 조직은 완전히 다르다고 강조했다.

우리 당의 당원들은 모든 산업에서 가장 뛰어난 사람들이어야 합니다. 그들은 처음에는 소수일 것입니다. 그러나 그들은 분명한 강령이 있기 때문에, 가장 뛰어난 사람들이기 때문에, 노동 대중 사이에서 알려져 있기 때문에, 때가 되면 즉시 대중의 지도자가 될 것입니다. 다가오는 투쟁은 거대한 투쟁입니다. …

우리에게 가장 필요한 것은 먹고사는 데 급급한 무정형의 노동조합이 아니라, 노동계급 가운데 가장 뛰어난 사람들로 이뤄진 정당입니다. 그들은 오랫동안 조직되고 중핵을 형성하고 노동계급에게 올바른 길을 제시할 것입니다. 우리의 임무는 이런 투쟁에서 실제로 대중의 선두에 서게 될 노동계급의 전위부대를 조직하는 것입니다. 이런 투쟁에는 참모부가 반드시 있어야 합니다. 우리는 그런 참모부를 만들어 내야 합니다. 다시 말해 우리는 노동계급 가운데 가장 뛰어난 사람들을 당장 조직해야 합니다.[16]

문제의 본질은 대회에서 채택된 정당 문제에 관한 "테제"에 다음과 같이 요약됐다.

당 개념과 계급 개념을 분명히 구분해야 한다. 독일과 영국, 그 밖의 나라의 기독교 계열 노동조합이나 자유주의적 노동조합의 조합원들은 의심할 여지없이 노동계급의 일부다. 샤이데만이나 새뮤얼 곰퍼스[미국 노동총동맹AFL 위원장 — 지은이] 같은 자들을 여전히 추종하는 많은 노동자 단체도 의심할 여지없이 노동계급의 일부다. 특정한 역사적 상황에서는 매우 많은 노동자가 반동적 부류가 될 수도 있다. 공산주의자의 임무는 이런 후진적 부문에 스스로 적응하는 것이 아니라 … 전체 노동계급을 공산주의자 전위의 수준으로 끌어올리는 것이다. …

혁명적 신디컬리스트들은 흔히 단호한 혁명적 소수파가 중대한 구실을 할 수 있다고 말한다. 노동계급 가운데 진정으로 단호한 소수, 즉 공산주의를 지지하고 행동하기를 원하고 강령을 갖고 있고 대중투쟁을 조직하려는 소수, 바로 이것이 공산당이다.[17]

몇몇 중요한 신디컬리스트 지도자, 특히 프랑스인 피에르 모나트와 알프레드 로스메르가 공산당에 가입했다. 그러나 확실히 신디컬리스트 노동조합 자체의 [코민테른] 가입은 현실적 가능성이 아니었다. 나중에 적색노동조합인터내셔널이 만들어진 것도 바로 이런 어려움에 어느 정도 대처하기 위한 조치였다.

"타협 반대, 책략 반대"

모든 경우에 들어맞는 비법이나 일반적 규칙('어떤 타협도 안 된다!')을 만드는 것은 어리석은 짓이다. 우리는 각각의 구체적 경우에 자신의 머리를 써서 해결책을 찾아낼 수 있어야 한다. 사실, 제대로 된 당 조직과 당 지도자들의 임무 하나는 특정 계급의 사려 깊은 대표자들 전체의 끈질기고 다양하고 종합적인 오랜 노력을 통해, 복잡한 정치적 문제를 빠르고 정확하게 해결하는 데 필요한 지식과 경험 그리고 (여기에 덧붙여) 정치적 분별력을 획득하는 것이다.

레닌, 《'좌파' 공산주의 — 유치증》

1918년 12월 말 독일 노동자·병사 평의회 전국 대회는 표결 끝에 344표 대 98표로 의회 선거를 실시하기로 했다. 사실 노동자 평의회의 자살을 뜻하는 이런 노선을 밀어붙인 사회민주당 지도자들은 당시 의심할 여지없이 대다수 노동계급의 지지를 받고 있었다. 거의 직후에 독일공산당 창당 대회가 열렸는데, 공산당은 62표 대 23표로 의회 선거를 보이콧하기로 결정했다.

옛 스파르타쿠스단 지도부 출신으로서 공산당에 합류한 사람들은 이 선거 문제 논쟁에서 거의 만장일치로 선거 참여를 지지했다. 로자 룩셈부르크는 다음과 같이 주장했다. "우리는 모든 가능성에 대비해야 합니다. 따라서 만약 의회가 생긴다면 혁명적 목적을 위해 의회를 이용할 수도 있어야 합니다."[18]

물론 당시 상황에서는 보이콧을 지지하는 주장을 할 수도 있었다. 그 논거로는 노동자·병사 평의회가 여전히 존재하고 계속 유지될 수 있다는 것, 사회민주당이 급속히 기반을 잃고 있다는 것, 평의회의 다수파가 빠르게 뒤집힐 수 있다는 것, 사회민주당·독립사회민주당 정부에 맞서 대중의 지지를 받는 무장봉기가 머지않아 가능하다는 것 등을 들 수 있었을 것이다. 그런 주장은 잘못된 상황 판단에 근거한 것이겠지만 완전히 터무니없는 주장은 아니었을 것이다.

[그러나] 당시 선거 보이콧을 옹호한 대다수 사람들의 주장은 이런 것이 아니었다. 그들이 보기에는 그렇게 따져 보는 것 자체가 부적절했다. 그들은 노동자 평의회를 지지하고 의회에 반대했다. 그러므로 의회와 관계를 맺거나 의회에 관여할 필요가 전혀 없었다. 그러는 것은 오히려 노동자들을 혼란시킬 수 있을 뿐이었다. 보이콧을 옹호한

일부 집단은 얼마 후 다음과 같이 썼다. "정치적·역사적으로 쓸모가 없어진 의회주의적 투쟁 형태로 복귀하는 정책과 일체의 책략·타협 정책은 단호하게 배격돼야 한다."[19]

누구한테 정치적으로 쓸모가 없어졌다는 말인가? 1919년 1월 19일 실시된 총선(독일에서 처음으로 보통선거제에 따라 실시된 선거)에서 사회민주당은 1150만 표를 얻었는데 그중에 압도 다수는 노동계급 여성과 남성의 표였다. 공산당원 수천 명의 관점에서 봤을 때는, 심지어 당시 수십만 명이었을 수도 있는 더 광범한 노동계급 투사들이 보기에는 의회주의가 확실히 쓸모없는 것이었다. 그러나 사회민주당이나 독립사회민주당에 투표한 수많은 노동자의 관점에서 봤을 때 의회주의는 결코 쓸모없는 것이 아니었다.

초좌파들은 선진적 투사에게 명백한 것이 틀림없이 노동자 대중에게도 명백할 것이라고 생각했고, 그렇게 생각하지 않는 사람은 썩어 빠진 사기꾼이거나 아니면 올바른 지도를 받으려고 마냥 기다리는 양 떼라고 여겼다. 소수의 스파르타쿠스단 출신들과 손잡고 독일공산당을 만든 젊은 투사들도 근본적으로 그렇게 생각했다. 그런 생각의 결과는 모험주의와 기권주의를 왔다 갔다 하는 정책이었다.

1919년 1월 5일 여전히 소규모인 독일공산당이 독립사회민주당 지부들의 지지를 받아 베를린에서 권력을 장악하려고 시도했다. 나중에 스파르타쿠스단의 봉기로 알려진 그 투쟁은 세력균형을 냉철하게 평가한 바탕 위에서 미리 치밀하게 계획한 것이 아니었다. 그것은 1918년 11월 혁명 때 베를린 경찰서장이 된 독립사회민주당 좌파 당원 에밀 아이히호른을 정부가 해임하려 하자 공산당과 일부 독립사회민주당 투사들이 이에 반대하며 자발적으로 대응한 것이었다. 아이히호른 해임은 용의주도한 계획적 도발이었다.

룩셈부르크와 리프크네히트를 비롯한 독일공산당 전국 지도부의 다수는 그 봉기에 반대했다. 그런데 리프크네히트가 생각을 바꿨다. 다른 사람들도 사태에 압도돼 마지못해 봉기의 선두에 섰다. 혁명가들은 어느 정도 군사적 지지를 받았다. 특히 킬에서 도착한 무장 수병 약 3000명이 봉기를 지지했다. 그러나 여전히 존재하던 베를린 노동자·병사 대표 평의회에서 혁명가들은 소수파였다.

베를린에서조차 노동계급 다수의 지지를 받지 못했기 때문에 봉기는 곧 분쇄됐다. 사회민주당 지도자들, 즉 에베르트, 샤이데만, 구스타프 노스케는 옛 제국 장교들의 주도로 서둘러 재건된 우파 군대에 '사회주의적'·'공화주의적' 합법성의 외피를 씌워 줬다. 뒤따른 탄압에서 로자 룩셈부르크와 카를 리프크네히트를 비롯한 많은 사람이 살해당했다.

공산당, 아니 정확히 말해 뮌헨 지역의 공산당 지도부는 3개월 뒤 바이에른소비에트공화국이 수립됐다가 곧 붕괴하기까지 아주 짧은 기간에(1919년 4월 7일부터 5월 1일까지) 더 낫게 행동했다. 그들은 소비에트 공화국 수립을 빈약한 지지에 의존하는 모험이라고 옳게 평가해 반대했고, 아나키스트들과 독립사회민주당 당원들과 일부 사회민주당 지지자들의 연합(그들이 '정부'를 구성했다)이 깨진 뒤에야 비로소 지도력을 장악했다. 소비에트 공화국을 수립하기 위한 투쟁이 패배한 결과 "바이에른주州는 끊임없이 계속되는 비상사태 아래서 사회주의 조직을 만들려는 시도가 죄다 가로막히는 지역이 됐다. 독일

공산당은 지하로 숨었다. [반혁명 — 지은이] 초기에 살해당하지 않은 지도자들은 민간 법정에서 장기 징역형을 선고받았다."[20] 이런 결과를 [바이에른] 지역 공산당의 지도자들 탓으로 돌리기는 힘들었다. 그들로서는 할 수 있는 일을 모두 다 했기 때문이다.

그러나 그들이 공산당원의 전형은 아니었다. 레닌이 "초좌파주의 유치증"이라고 부른 것이 널리 퍼져 있었다. 독일공산당의 다수는 선거 참여뿐 아니라 기존 노조 안에서 활동하는 것도 반대했다. 앞에서 인용한 선거 보이콧 옹호 집단은 다음과 같이 선언했다. "새로운 형태의 조직이 만들어져야 한다. … 공장 조직에 바탕을 둔 '노동자 연합'이 모든 혁명적 부류의 집결점이어야 한다. 이 조직은 '노조 탈퇴' 구호를 지지하는 모든 노동자를 단결시켜야 한다. 전투적 프롤레타리아의 투쟁 대열이 모이는 곳이 바로 여기다. 계급투쟁, 소비에트 체제, [프롤레타리아] 독재를 인정하면 얼마든지 이 대열에 합류할 수 있다."[21]

레닌은 이런 "오래되고 낯익은 쓰레기"를 비판하는 소책자 《'좌파' 공산주의 — 유치증》을 썼다. 1920년 코민테른 대회 직전에 쓴 이 책은 그의 가장 강력한 논쟁적 저작들 가운데 하나다. 대회 자체에서도 기권주의를 강력하게 비판하는 노선이 채택됐다. "모든 나라의 공산주의자들은 노동조합에 들어가 노동조합을 자본주의를 전복하기 위한 의식적 투쟁 기구로 변화시켜야 한다. … 노동조합에서 자발적으로 탈퇴하거나 따로 노동조합을 건설하려는 인위적 시도는 모두 … 공산주의 운동에 극히 위험하다."[22]

의회 보이콧에 관해 대회에서 채택된 "테제"는 중간주의에 대항하는 투쟁을 염두에 두고 신중하게 다음과 같은 원칙을 다시 주장했다.

프롤레타리아 독재의 형태는 소비에트 공화국이다. … 프롤레타리아의 임무는 부르주아 국가기구를 산산조각 내고 그와 동시에 의회 체제도 파괴하는 것이다. … 따라서 공산주의는 의회 체제를 미래 사회의 형태나 프롤레타리아의 계급독재 형태로 여기지 않는다. 공산주의는 의회를 상시적으로 획득할 수 있다고 생각하지도 않는다. 공산주의의 목표는 의회 체제를 파괴하는 것이다.[23]

다른 한편으로,

원칙적 '반反의회주의', 즉 선거 참여와 의회 내의 혁명적 활동을 무조건 절대로 거부하는 것은 … 경멸할 가치조차 없는 순진하고 유치한 이론이고, 혁명적 의회 활동의 가능성을 이해하지 못한 … 결과다. … 선거 보이콧이나 의회 보이콧은 권력 장악을 위한 무장투쟁으로 즉시 전환하기 위한 조건들이 마련돼 있을 때만 허용된다.[24]

이런 견해를 반대하는 사람들은 결코 독일에만 있지 않았다. 이탈리아에서도 사회당 내 최대 좌파가 "원칙적 보이콧 노선"을 강력하게 지지했다. 영국·미국·네덜란드 등의 공산당에서도 상당수가 초좌파였다. 그래서 네덜란드공산당CPN 다수파는 정치적으로 교육받고 세련되고 신중하게 선발된 당원들, 다듬어지지 않은 전투적 노동자들에 의해 "희석되지 않은" 당원들로 이뤄진 '엘리트' 조직을 선호했다.

실천에서는 본질적으로 선전주의적인 이런 당 개념은 "노동계급의 가장 뛰어난 대변자들"이라는 코민테른의 관점과 사뭇 다른 것이었다. 1921년 코민테른 3차 대회에서 가장 분명하게 드러난 그들의 기권주의 태도는 바로 여기서 비롯했다.

이와 달리 미국공산당CPUSA은 초혁명적이었다. 다수의 당원은 "비밀 지하활동만"을 지지했다. 공개 '합법' 활동 시도는 모두 '기회주의'라는 비난을 받았다. 영국공산당은 비록 이런 어리석은 짓을 하나도 저지르지 않았는데도 초창기 1~2년 동안 강력한 초좌파적 경향을 보였다. 사실 기권주의로 나타나기도 하고 모험주의로 나타나기도 하는 초좌파주의는 코민테른 초기에 강세를 보였고 1924~1925년에 다시 강력한 영향을 미쳤을 뿐 아니라, 앞으로 보게 되겠지만 1928~1934년의 사뭇 다른 상황에서도 맹위를 떨치게 된다.

초좌파주의 문제가 가장 심각했던 곳인 독일에서는 1919년 10월에 하이델베르크에서 비합법으로 열린 공산당 2차 당대회에서 초좌파들이 제명됐다. 살아남은 스파르타쿠스단 지도자들(파울 레비, 에른스트 마이어 등)은 노동조합 활동을 받아들이고 '원칙적' 선거 보이콧을 거부하는 것을 당원 자격 조건으로 규정한 결의안 통과를 밀어붙였다. 그 조치는 민주적 절차를 거의 무시한 채 이뤄졌고(일부 '좌파' 대의원은 회의 시간과 장소를 연락받지 못했다), 공산당은 한창 증가하던 당원의 거의 절반을 잃었다.[25] 그러나 독일공산당이 현실적 세력이 되려면 초좌파주의에 대항하는 투쟁은 필수적이었고, 특히 1년 뒤 독립사회민주당 좌파와 통합하기 위해서 반드시 필요했다.

[공산당에서 제명된] '좌파들'은 나중에 독일공산주의노동자당KAPD을

만들었다. 독일공산주의노동자당은 처음에 당원이 3만 8000명이라고 주장했지만 그 뒤 몇 년 만에 사분오열했다. 공산주의노동자당은 코민테른 2차 세계 대회에 표결권이 없는 대표를 파견하는 것이 허용됐다.

그러나 '좌파들'을 제명한 뒤에도 독일공산당은 레닌이 말한 "정치적 분별력"을 결코 얻지 못했다. 1920년 3월 13일 재건된 독일 군대의 일부가 (스파르타쿠스단 봉기를 진압한 장군) 발터 폰 뤼트비츠의 지휘 아래 쿠데타를 일으켰다. 그들은 베를린을 장악하고, 의회가 임명한 바이마르공화국의 사회민주당 정부를 전복하려 했다(마치 개가 주인을 물려고 덤빈 격이었다). 에베르트와 그의 동료들은 슈투트가르트로 도망쳤다. 나머지 군대는 '중립'을 지켰다. 그들은 바이마르공화국을 지키기 위해 싸우려 하지 않았다. 바로 이것이 카프 쿠데타였다. 카프 쿠데타라는 말은 뤼트비츠의 얼굴마담 노릇을 한 반동적 민간인[이자 전국 토지금융 조합장]이던 볼프강 카프 박사의 이름을 딴 것이다.

독일노동조합총연맹ADGB은 무기한 총파업을 선언했다. 1200만 명 넘는 노동자가 파업에 나섰다. 쿠데타에 맞선 무장 저항이 전개됐다. 특히 루르와 작센에서 독립사회민주당과 공산당과 공산주의노동자당 당원들이 개인적·집단적으로 무장 저항을 이끌었다. 그러나 공산당 지도부의 첫 반응은 "두 반혁명 도당"의 싸움에 끼어들지 않고 중립을 지키겠다는 선언이었다!

공산당 지도부는 "프롤레타리아는 민주주의 공화국을 위해 손끝하나 까딱하지 않을 것"이라고 단언했다.[26] 도대체 무엇이 중요한지를 모르는 이런 충격적 태도, 즉 군사독재와 부르주아 민주주의 공화정 사이에 아무 차이도 없다는 생각은, 초좌파주의에 반대한다고 선언한 사람들조차 초좌파주의의 영향을 얼마나 많이 받았는지를 잘 보여 주는 증거다.

이런 기권주의적 태도는 재빨리 뒤집혔다. 다행히도 대다수 공산당원은 지도부보다 선진적이어서 처음부터 기권주의적 태도를 거부했다. 카프 쿠데타는 며칠 동안 노동계급이 갈수록 격렬하게 저항하자 결국 실패했다. 그 결과 독일 노동자들이 눈에 띄게 좌경화했다. 이후 [6월] 실시된 총선에서 독립사회민주당은 500만 표를 얻었고, 카프 쿠데타 실패 후 합법 조직이 된 공산당은 50만 표를 얻었다.

카프 쿠데타는 독일 공산주의 운동의 발전에서 결정적 사건이었다. 그 때까지만 해도 스파르타쿠스단은 고립된 소수였다. … 카프 쿠데타는 독립사회민주당에 새로운 자극을 줬다. 2년 동안 뤼트비츠, 폰 제크트, 폰 발터, 에버하르트를 겪은 뒤에 노동자들은 [사회민주당의] 온갖 미사 여구로는 이런 자들을 무장해제할 수 없음을 확신하게 됐다. 또, 사회민주당 정부가 반동 세력의 공공연하고 은밀한 재무장을 막는 구실을 할 것이라는 기대도 버렸다.[27]

공산당과 독립사회민주당의 당원들은 갈수록 가까워졌다. 그들 사이의 공동 행동이 할레 당대회의 승리를 위한 토대가 됐다. 그러나 [공산당과 독립사회민주당 좌파가 합쳐] 새로 만든 대중적 독일통합공산당VKPD에도 강력한 초좌파주의 경향은 살아남아 있었는데, 이 점은

1921년 '3월 행동'으로* 드러나게 된다. 러시아의 볼셰비키가 보유한 그런 경험 많은 간부층은 쉽게 만들어질 수 있는 것이 아니었다.[28]

영국 공산당과 노동당

영국 노동당은 매우 독특한 처지에 놓여 있다는 점을 명심해야 합니다. 노동당은 매우 기이한 정당입니다. 아니, 일반적 의미의 정당이라고 말할 수도 없습니다. 노동당은 모든 노동조합의 조합원들로 이뤄져 있고, 약 400만 명의 당원이 있고, 모든 가맹 정당에 충분한 자유를 허용합니다. 그래서 노동당 안에 있는 수많은 영국 노동자가 따르는 지도자들은 최악의 부르주아적 인물들, 즉 샤이데만과 노스케 같은 사람들보다 훨씬 더 나쁜 작자들입니다. 그러나 동시에 노동당은 영국사회당을 가맹 조직으로 받아들였고, 사회당이 독자적 기관지를 갖도록 허용했습니다. 그 기관지에서는 똑같은 노동당 당원들이 자기 당의 지도자들을 사회주의의 배신자라고 자유롭고 공공연하게 부를 수 있습니다. … 이것은 매우 독특한 상황입니다. 수많은 노동자 대중을 단결시키는 당, 그래서 하나의 정당처럼 보일 수 있지만 당원들에게 완전한 자유를 허용할 수밖에 없는 당입니다. … 그런 상황에서 그 당에 들어가지 않는 것은 잘못입니다.

레닌, "2차 세계 대회 연설"

---

* 독일의 '3월 행동'에 대해서는 이 책의 94~99쪽 참조.

1920년 7월 말에 창당한 영국공산당의 주된 특징은 그 당이 극도로 허약했고 영국 마르크스주의 운동의 종파주의·선전주의 전통이라는 정치적 유산을 물려받았다는 점이다.

영국공산당의 주축을 이룬 세력은 영국사회당BSP 출신들이었는데, 사회당은 헨리 메이어스 하인드먼이 만든 사회민주주의연맹SDF(나중에 사회민주당이 됐고 1912년부터 사회당이 됐다)의 직계 후손이라 할 수 있었다. 엥겔스는 사회민주주의연맹이 가망 없을 만큼 종파주의적이고 수동적이고 선전주의적인 조직이라고 생각했다. 사회민주주의연맹·사회민주당·사회당은 항상 종파였다(비록 가끔은 꽤나 큰 종파였지만 말이다). 공산당에 합류한 다른 세력으로는 사회주의노동당SLP(사회민주주의연맹에서 분리해 나와 여전히 종파주의적이었지만 훨씬 더 행동주의적이고 개입주의적인 조직이었다), 제1차세계대전 당시의 현장위원회 운동과 그 밖의 몇몇 운동 출신들이 있었다. 그러나 신생 공산당은 전부 합쳐도 당원이 약 3000명에 불과했고, 그마저도 많은 당원이 그 뒤 몇 년 사이에 떨어져 나갔다.

물론 이런 허약함은 개인들의 성격이나 사상 때문만은 아니었다. 따지고 보면, 그것은 19세기 거의 내내 영국 자본주의가 압도적 우위를 누린 결과였다. 그래서 영국 노동계급 운동은 19세기 전반부에 역사적 패배를 겪고 나서 매우 협소하고 부문주의적이고 '종속적'인 형태로 발전했다.

이런 이유로 1914년 이전에는 영국에 대중적 사회민주주의 정당이 없었던 것이다. 그런데 이제 상황이 바뀌고 있었다. 집권당인 자유당과 긴밀하게 제휴하는 매우 온건한 소규모 의회 압력 집단이던 노동당이 1918년에 스스로 사회주의 조직을 표방하며 개인 당원들을 받아들여 지구당을 건설하기 시작했다. 그해 총선에서 노동당은 처음으로 자유당과 독립적으로 (또 자유당에 맞서) 싸웠고, 제1차세계대전이 불러일으킨 급진화 물결 덕분에 총투표수의 22퍼센트를 얻었다. 노동당은 여전히 매우 연방적인 조직이었고("일반적 의미의 정당이라고 말할 수 없다"), 영국사회당은 노동당 가맹 단체들 가운데 하나였다. 물론 이런 상황이 오랫동안 지속되리라고 기대할 수는 없었지만 1920년에도 상황은 여전히 어느 정도 유동적이었다.

코민테른 집행위원회, 특히 레닌은 영국공산당이 노동당에 개입해야 한다고 촉구했다. 즉, 노동당에 가입해 노동당원 사이에서 혁명적 정치를 위해 투쟁하라는 것이었다. 레닌은 노동당이 "비록 노동자들로 이뤄져 있지만 그 지도부는 반동적 인물들, 그것도 최악의 반동적 인물들이기 때문에 노동당은 철저히 부르주아적인 정당"이라고[29] 생각하면서도 다음과 같이 주장했다. "만약 영국공산당이 노동당 안에서 혁명적으로 행동하기 시작한다면, 그래서 헨더슨[노동당 사무총장 — 지은이] 같은 자들이 어쩔 수 없이 공산당을 축출하게 된다면, 이는 영국에서 공산주의적·혁명적 노동계급 운동의 커다란 승리일 것이다."[30]

레닌의 생각은 영국공산당의 선전주의적 유산을 떨쳐 버리고, 새롭게 각성한 노동자층을 노동당의 헨더슨과 맥도널드 같은 자들한테서 떼어 내 공산당 편으로 끌어당겨서 어느 정도 규모와 내실이 있는 개입주의적 공산당을 위한 토대를 놓으려는 것이었다.

2차 세계 대회에 참석한 영국 대표 12명은 그 문제에 관해 의견이 엇갈렸지만, 레닌이 위의 연설을 하기 며칠 전에 이미 영국공산당 창당 대회에서는 노동당 가입 신청 방침이 찬성 100표, 반대 85표로 결정된 상태였다.

1920년 8월 노동당 집행위원회가 공산당의 가입 신청을 거부했지만 공산당은 계속해서 가입을 신청했다. 공산당 지도자 토머스 벨은 다음과 같이 썼다. "당시 우리의 전술은 노동당의 거부를 받아들이지 않고 전국적으로 입당 운동을 벌이는 것, 즉 노동당 지구당과 노동조합 지부로 찾아가는 것이었다. … 우리는 다양한 상황에 직면했다. 공산당원을 골칫거리로 여기는 반동적 인물들이 지배하는 일부 지구당은 당연히 이번 기회에 헨더슨과 노동당 집행위원회의 지침에 따라 공산당원들을 지구당에서 축출하려 했다. 다른 지구당들, 즉 공산당원들이 이미 제대로 활동하면서 노동조합 조직과 지역 노동자 운동에서 영향력을 발휘하던 곳에서는 노동당 지구당이 우리한테 동조하는 쪽으로 기울었고 공산당원에게 불리한 어떤 조치도 취하지 않았다. 입당 운동의 모든 내용은 소비에트 대對 의회 민주주의라는 문제를 제기했고, 권력투쟁에서 폭력이 하는 구실 문제를 전면에 부각시켰다."[31]

당시 상황에서, 특히 신생 공산당을 대중운동으로 향하게 했다는 점에서 그것은 유익한 활동이었다. 이 점은 의심할 여지가 없다. 성과가 기대 이하였다면, 그것은 무엇보다도 1921년에 광원들이 [광원노조·철도노조·운수노조의] 3각동맹에게 배신당해서 사용자들에게 패배한 후 영국 계급투쟁이 급격히 가라앉았기 때문이다. 그와 함께 금속 노동자, 조선 노동자, 선원, 면직업 노동자, 인쇄공 등에게 성공적으로 강요된 임금 삭감 조치 때문에 당연히 노동조합 안에서 우파의 힘이 강해졌고, 따라서 노동당 안에서도 공산당에 반대하는 우파의 힘이 더 강해질 수밖에 없었다.

그렇지만 입당 운동은 적어도 초기에는 노조 안에서 장차 전국소수파운동* 중심으로 공동전선 전술이 적용될 수 있는 토대를 놨다. 물론 공산당의 노동당 가입 시도는 나중에 트로츠키가 말한 '입당 전술'과 달랐다.** 영국공산당은 정치적 독립성이나 조직적 독립성을 포기할 이유가 전혀 없었다. 그들은 여전히 공공연한 혁명적 정당이었다. 입당 운동은 단호하고 원칙 있는 정치적 입장과 커다란 전술적 유연성을 결합하는 본보기였다. 이것은 초창기 코민테른 지도부의 특징이었다(불행히도 코민테른 소속 정당들 전체의 특징은 아니었다).

농민과 식민지 세계

다음과 같은 문제가 제기됐습니다. 후진국은 자본주의 경제 발전 단계

---

* **전국소수파운동** 제1차세계대전의 여파로 발생한 여러 대규모 투쟁이 패배하자 영국공산당이 작업장 노조 조직 붕괴와 현장 활동가들의 사기 저하를 막기 위해 1924년에 발족한 단체. 전투적 활동가와 좌파 노조 지도자 간의 협력을 모색하는 일종의 공동전선 활동이었다.

** 1930~1940년대 트로츠키주의자들의 노동당 '입당 전술'은 혁명적 좌파가 너무나 취약했기 때문에 어쩔 수 없이 채택한 것으로, 노동당 안에서 혁명적 주장을 공개적으로 표명하지도 않았고 조직적 자율성을 요구하지도 않았다.

를 반드시 거쳐야 한다는 주장이 옳다고 봐야 하는가? … 우리의 대답은 부정적이었습니다. 승리한 혁명적 프롤레타리아가 후진국 주민들 사이에서 체계적 선전을 수행한다면, 또 소비에트 정부들이 사용 가능한 수단을 총동원해 후진국 주민들을 도와준다면, 그럴 경우에는 후진국 주민들이 반드시 자본주의 경제 발전 단계를 거쳐야 한다는 주장은 잘못일 것입니다.

레닌, "2차 세계 대회 연설"

1847년 마르크스는 앞으로 대공업이 발전하고, 현대적 노동계급이 대규모로 성장하고, 독립적 장인과 농민과 소생산자 같은 더 오래된 사회 계급들은 사라질 것이라고 예상했다. 그의 예상은 탁월하게 입증됐지만 그 과정은 불균등했다. 기본적으로 1920년까지도 대공업은 유럽과 북아메리카에 국한돼 있었고 세계의 다른 곳에 몇몇 고립적 공업지역이 있는 정도였다. 여전히 세계 인구의 대다수는 흔히 원시적 생산방식으로 살아가고 있었다.

유럽에서조차 불균등 발전이 두드러졌다. 특히 자본주의적 집중 과정이 매우 느린 농업에서 그랬다. 영국(더 정확히 말하면 잉글랜드와 스코틀랜드 로랜드 지역)을 제외하면, 프랑스와 독일 같은 선진국을 포함해 유럽의 모든 나라에서 농민의 수가 더 많았다. 분명히 장기적으로 전통적 농업은 몰락할 수밖에 없었다. 한편, 가까운 미래에 혁명이 일어난다면 농민 대중을 설득해서 끌어들이는 정책이 필요했다.

농민이 인구의 압도 다수이던 러시아에서 볼셰비키는 (레닌이 썼듯이) "사회혁명당의 농업 강령을 전혀 바꾸지 않고 고스란히 채택해서 프티부르주아 농민들과 비공식적(이고 매우 성공적)인 정치 연합을 형성했다."³² 사회혁명당은 1917년에 주요 농민 정당이었고 사회혁명당 농업 강령의 핵심 내용은 "토지를 농민에게"였다.

유럽의 많은 공산주의자는 [볼셰비키의] 이런 정책을 불안하게 여겼다. 그들은 토지를 소유한 농민은 사회주의의 발전을 가로막는 장애물이라는 명백한 사실을 지적했다. 그들이 미처 생각하지 못한 것은 자본주의를 전복하려면 농민의 지지가 필수적이라는 사실이었다.

중간주의자들도 똑같은 태도를 취했다. 코민테른 2차 세계 대회에서 독일독립사회민주당의 크리스피엔은 농업 문제에 관한 러시아인들의 태도가 기회주의적이라고 비난했다. 이탈리아사회당의 중간주의 분파 지도자 자친토 메노티 세라티는 농민운동을 완전히 부정적으로 봤다. "토지 점거 운동, 특히 시칠리아에서 제대군인들과 포폴라리[농민에게 상당한 지지를 받은 가톨릭 정당 — 지은이]가 주도한 운동은 데마고기[대중을 선동하기 위한 정치적 허위 선전]를 일삼는 프티부르주아적 운동이라는 것을 누구나 알고 있습니다."³³ 그래서 그들은 농민운동에 등을 돌렸다! 대규모 농민이 있는 나라에서 말이다.

또, 크리스피엔이 그렇게 말한 때는 헝가리소비에트공화국의 재앙을 겪고 난 뒤였다. 1919년에 헝가리는 국민의 대다수인 농민이 거의 봉건적 상태에서 대지주들의 토지를 경작하며 살아가는 나라였다. 3월 21일 소비에트공화국이 평화적으로 수립됐다. 구체제[오스트리아·헝가리제국]는 군사적 패배, 대중 파업, 군대 반란, 프랑스와 영국의 영토 할양 요구라는 충격을 받고 붕괴했다. 영토가 할양돼 마자르어(헝가리어)를 사용하는 주민 가운데 30퍼센트는 영국과 프랑스의 속국인 루마니아·체코슬로바키아·유고슬라비아로 이주해야 했다.

헝가리 소비에트 정부에는 공산주의자들뿐 아니라, 오락가락하며 배신적 구실을 한 사회민주주의자들도 참여했다. 그 정부는 사실상 노동계급 전체의 지지를 받았다. 적군이 서둘러 조직됐다. "헝가리 소비에트 정부는 산업과 은행을 국유화했고, 8시간 노동제를 도입했고, 교회(최대의 단일 지주)와 국가를 분리했고, 무상교육을 도입했고, 궁전·별장·요양지를 몰수해 노동 대중이 사용하도록 넘겨줬다."[34]

헝가리 소비에트 정부가 하지 않은 일은 마자르인 대중, 즉 농민에게 새로운 체제의 지분을 주는 것이었다. 모스크바의 조언과 간청에도 불구하고 대토지를 [농민들에게 분배하지 않고] 그냥 국유화했다. "프롤레타리아 독재가 수립됐어도 헝가리 농촌에서는 거의 아무 변화가 없었고 일용 노동자들은 아무 변화도 느끼지 못했으며 소농들은 아무것도 얻지 못했다."[35]

프랑스 장교들의 지휘를 받는 루마니아·체코슬로바키아 연합군이 헝가리를 침공했다. 적색 공화국은 8월 1일까지 133일 동안 결사 항전했다. 공화국이 붕괴되고 나서 백색테러가 노동자 운동을 사실상 파괴했다. 대지주들은 토지를 되찾았다.

벨러 쿤이 이끌던 헝가리 소비에트 정부는 피할 수 있는 몇몇 잘못을 저질렀다. 그러나 결정적으로 큰 잘못 하나는 타협을 교조적으로 거부한 것이었다. 즉, 농민에게 중요한 양보를 하는 것을 한사코 거부했다. 결국 헝가리인 4명 중에 3명은 노동계급이 패배하더라도 잃을 게 전혀 없다고 생각하게 됐다. 2차 세계 대회는 다음과 같이 선언했다. "착취자들을 물리치고 승리한 프롤레타리아가 긴급하게 해야 할 일은 농촌 대중, 그중에서도 가장 착취당하는 사람들의 처지를 즉시 눈에 띄게 개선하는 것이다. 그런 변화가 없으면, 산업 프롤레타리아는 당당하게 농민의 지지에 의지하거나 도시에 식량을 제대로 공급할 수 없기 때문이다."[36]

이런 고려 사항들은 식민지 세계에서 훨씬 더 중요했다. 세계적 기준에서 보면 헝가리조차 선진국이었다. 레닌은 민족·식민지 문제에 관해 보고할 때 다음과 같이 주장했다. "세계 인구의 대다수인 10억 명 이상이, 전 세계 인구를 17억 5000만 명으로 잡는다면 아마 정확히는 12억 5000만 명이, 다시 말해 세계 인구의 약 70퍼센트가 피억압 민족에 속합니다. 그들은 직접적 식민지 종속 상태에 있거나 페르시아·터키·중국처럼 반¥식민지 상태에 있습니다. … 이런 후진국에서 실제로 프롤레타리아 정당이 등장할 수 있을지 모르겠지만, 후진국의 프롤레타리아 정당이 농민운동과 분명한 관계를 맺지 않고, 농민운동을 효과적으로 지원하지 않고, 공산주의 전술과 공산주의 정책을 추진할 수 있다고 믿는 것은 몽상일 것입니다."[37]

그러나 어쨌든 이런 후진국에 대한 전망은 무엇이었는가? 후진국에는 사회주의의 물질적 기반, 즉 발달한 산업과 높은 노동생산성이 없었다. 사회주의에 필수적인 인간적 기반, 즉 현대적 노동계급도 허약하거나 아예 없었다. 그렇다면 후진국은 선진국이 걸어간 길, 즉 자본주의적 발전의 길을 그대로 따라야 하는가?

2차 세계 대회에서 채택된 레닌의 대답은 조건부 부정이었다. 몇몇 선진국에서 노동계급이 권력을 장악한다면, 그들이 "사용 가능한 수단을 총동원해" 후진국 노동계급을 지원한다면, 자본주의적 발전의 길을 피할 수 있다는 것이었다.

레닌보다 거의 40년 전에 엥겔스도 카우츠키에게 보낸 편지에서 이와 비슷하지만 확신은 덜한 생각을 표현한 바 있다. "일단 유럽과 북아메리카가 (사회주의로) 재편되기만 하면, 그것이 엄청난 힘과 선례로 작용해서 반쯤 문명화한 나라들도 자발적으로 유럽과 북아메리카의 뒤를 따르려 할 것입니다. 순전히 경제적 필요 때문에라도 그럴 것입니다." 그러나 엥겔스는 조심스럽게 다음과 같이 덧붙였다. "그러나 이런 나라들이 선진국처럼 사회주의에 도달하기 전에 어떤 사회적·정치적 단계들을 거쳐야 하는지에 대해서는 아직까지는 근거 없는 가설만을 이야기할 수 있다고 생각합니다."[38]

그렇지만 1920년 레닌의 견해와 1882년 엥겔스의 견해 사이에는 차이가 있었다. 엥겔스는 후진국들이 근본적으로는 수동적 구실을 한다고 봤다. 반면에 레닌은 후진국들이 능동적 구실을 한다고 봤다. 그런 견해 차이는 제국주의의 발전에 대한 레닌의 인식, 특히 선진 제국주의 국가들의 자본이 식민지와 반식민지 후진국으로 수출된 결과로 선진 자본주의 국가들이 "불로소득으로 먹고사는 국가 … 기생적이고 쇠퇴하는 자본주의 국가"가 되고 있다는[39] 인식에서 비롯한 것이었다. 이것이 뜻하는 바는 영국과 프랑스의 "불로소득 자본주의"를 영국과 프랑스[의 노동계급]뿐 아니라 인도와 중국에서도 [노동계급과 피억압 민족이] 공격할 수 있다는 것이었다.

따라서 "우리의 정책은 소비에트러시아와 모든 민족·식민지 해방운동의 긴밀한 동맹을 구축하는 것이어야 한다."[40] 후진국의 공산당과 이런 부르주아 민족해방운동의 관계 문제는 이미 1920년에 어느 정도 논쟁의 대상이었다.

레닌은 2차 세계 대회 당시 민족·식민지문제위원회에서 보고할 때 다음과 같이 말했다.

저는 후진국의 부르주아 민주주의 운동 문제를 특히 강조하고자 합니다. 바로 이 문제 때문에 일정한 의견 차이가 생겼습니다. 우리는 공산주의인터내셔널과 공산당들이 후진국의 부르주아 민주주의 운동을 지지해야 한다고 말하는 것이 원칙적·이론적으로 옳은지 틀린지를 두고 토론했습니다. … 마침내 우리가 만장일치로 내린 결론은 부르주아 민주주의 운동이라고 말하기보다는 민족 혁명 운동이라고 말해야 한다는 것이었습니다.

모든 민족운동은 부르주아 민주주의 운동일 수밖에 없다는 것은 의심할 여지가 없습니다. 왜냐하면 후진국 주민의 압도 다수는 부르주아적·자본주의적 관계를 대표하는 농민이기 때문입니다. 이런 후진국에서 실제로 프롤레타리아 정당이 등장할 수 있을지 모르겠지만, 후진국의 프롤레타리아 정당이 농민운동과 분명한 관계를 맺지 않고, 농민운동을 효과적으로 지원하지 않고, 공산주의 전술과 공산주의 정책을 추진할 수 있다고 믿는 것은 몽상일 것입니다. 그러나 우리가 부르주아 민주주의 운동이라고 말한다면 개혁주의적 운동과 혁명적 운동의 모든 차이가 사라질 것이라는 반론이 나왔습니다. 그러나 이 차이는 최근에 후진국과 식민지 나라들에서 매우 분명히 드러났습니다. … 착취하는 나라의 부르주아지와 식민지의 부르주아지 사이에 일정한 타협이 이뤄져 왔습니다. 그래서 매우 자주(아마 대부분의 경우에) 억압받는 나라의 부르주아지는 민족운동을 지지하면서도 제국주의 부르주아지와 한통속이 돼, 즉 서로 힘을 합쳐 모든 혁명운동과 혁명적 계급들에 대항해 싸웁니다. … 우리 공산주의자들은 [후진국과 식민지의] 부르주아적 해방운동이 진정으로 혁명적일 때만, 그런 운동의 지도자들이 농민과 착취당하는 대중을 혁명적 정신으로 교육하고 조직하려는 우리의 활동을 방해하지 않을 때만 그 운동을 지지해야 하고 지지할 것입니다.[41]

그러나 20세기에 "착취당하는 대중"의 분출을 두려워하지 않는 "부르주아적 해방운동"은 찾아볼 수 없었다. 그렇다면 도대체 레닌의 말은 무슨 의미였을까? 이런 주장에 담긴 모순은 1925~1927년의 중국 혁명에서* 결정적으로 드러났다.

그러나 2차 세계 대회에서 실제로 채택된 "테제"는 핵심적 실천 문제에서 분명한 태도를 취했다.

진정으로 공산주의적이지 않은 후진국의 혁명적 해방운동을 공산주의로 색칠하려는 시도에 맞서 단호하게 투쟁해야 한다. 공산주의인터내셔널은 식민지와 후진국의 혁명운동을 지지해야 하지만, 모든 후진국에서 미래의 프롤레타리아 정당(이름만 공산당이 아니라 진정으로 공산주의적인 정당)을 건설할 사람들을 결집하고 교육해서 그들이 자신의 특별한 임무, 즉 자국에서 부르주아 민주주의 경향에 맞서 투쟁

---

* 1925~1927년 중국 혁명에 대해서는 이 책의 186~193쪽 참조.

해야 한다는 것을 깨닫게 만들 목적으로만 지지해야 한다.

공산주의인터내셔널은 식민지와 후진국의 혁명운동과 일시적으로 협력해야 하고 심지어 동맹도 맺어야 하지만 그렇다고 해서 그 운동과 뒤죽박죽 섞여서는 안 되고 프롤레타리아 운동의 독립성을 무조건 유지해야 한다. 프롤레타리아 운동이 아무리 맹아적 단계에 있더라도 그래야 한다[강조는 지은이].[42]

이런 정책들을 추진하려고 1920년 9월 바쿠에서 동방민족대회가 조직됐다. 그 대회에 참석한 '대표'가 1891명이었다고 하는데, 그중 대다수는 터키인, 이란인, 캅카스인이나 러시아의 중앙아시아인이었다. 대회의 의제는 "제국주의 억압자들에 대항하는 피억압 민족의 현대판 십자군 전쟁 — 주요 공격 목표는 영국"이었다.[43] '대표' 가운데 3분의 2가 공산주의자를 자처했지만, 그중 대다수는 옛 차르 제국의 영토에서 온 듯했다. 러시아 밖의 지역에서 온 최대 규모의 대표단인 터키인들은 대부분 영국과 그리스의 터키 개입에 반대하는 단순한 민족주의자들이었다. 당시 아시아에서 적군이 장악한 지역 외부에는 진정한 공산당이 거의 없었다.

그 뒤 열린 극동근로자대회(1922년 1~2월)는 규모는 훨씬 작았지만(144명의 대표가 참석했다) 더 중요했던 듯하다. 참석자들은 실질적 조직을 대표하는 명실상부한 대표였고, 적어도 중국과 조선과 몽골의 대표들은 맹아적 공산당을 대표했다.

선진국 공산당들이 취해야 할 태도는 분명하고 뚜렷했다. 코민테른 가입 조건 8조는 다음과 같이 요구했다.

[선진국 공산당은] 식민지 문제에 대해 특히 명확하고 분명한 태도를 취해야 한다. … 모든 공산당은 … '자국' 제국주의자들이 식민지에서 사용하는 속임수와 술책을 폭로하고, 모든 식민지 해방운동을 말로만이 아니라 행동으로 지지하고, 식민지에서 자국 제국주의자들의 철수를 요구하고 … 식민지 민중에 대한 모든 억압에 반대하는 체계적 선동을 자국 군대 안에서 수행해야 한다.[44]

이것은 제2인터내셔널의 '유럽 중심주의'와 결정적으로 단절한 것이었을 뿐 아니라 선진국에서 개혁주의 정치와 혁명적 정치의 간극을 더 넓히는 것이었다.

여성과 혁명

공산주의인터내셔널 3차 대회는 공산당의 임무 중에는 다음과 같은 것도 있다고 선언한다. … 여성을 공산주의 사상으로 교육해서 당 대열로 끌어들이고, 남성 프롤레타리아 대중이 갖고 있는 여성 차별적 편견에 맞서 투쟁해야 한다[강조는 지은이].

"여성 사이에서 공산당의 활동 방식과 형태",
공산주의인터내셔널 3차 대회의 테제들

레닌이 살아 있을 때도 코민테른이 여성해방 문제를 무시했다는 것은 근거 없는 신화일 뿐이다. 여성해방 문제는 1차 대회와 2차 대회에서도 의제였다. 분명한 '테제들'은 3차 대회에서 채택됐지만(이미 두 차례 국제공산주의여성대회가 열린 뒤였다), 여기서 그 테제들을 살펴보는 것이 좋을 듯하다.

첫째, 분석을 살펴보자. 테제에서는 다음과 같이 천명했다.

전 세계의 노동하는 여성이 … 오랫동안 계속된 노예 같은 삶, 권리 박탈과 불평등에서 해방되는 것은 오직 공산주의의 승리를 통해서만 가능하다. … 부르주아 여성운동은 공산주의가 여성에게 보장하는 것을 전혀 제공할 수 없다.

자본의 지배와 사유재산이 존재하는 한, 여성이 남편에게 종속된 상태에서 해방되는 것은 여성 자신의 재산과 임금을 원하는 대로 사용할 수 있는 권리와 자녀의 미래를 남편과 동등한 자격으로 결정할 수 있는 권리 이상으로 나아갈 수 없다. … 최근에 부르주아지가 형식적 양성평등을 도입한 모든 자본주의 나라에서 노동하는 여성이 겪은 경험을 볼 때 이 점은 분명하다.

투표는 가정과 사회에서 여성이 노예처럼 살게 되는 근본 원인을 없애지 못한다. 일부 부르주아 국가는 이혼이 불가능한 결혼 제도를 민사혼으로 바꿨다. 그러나 프롤레타리아 여성이 경제적으로 자본가와 (가족의 생계비를 버는) 남편에게 종속돼 있는 한, 그리고 어머니와 자녀를 보호하고 사회적 육아와 교육을 보장하는 제도와 법률이 없는 한, 결혼 제도가 바뀐다고 해서 결혼한 여성의 지위가 평등해지거나 양성평등 문제가 해결될 수는 없다.

여성의 형식적·피상적 평등이 아니라 진정한 평등은 오직 공산주의에서만 실현될 수 있다. 즉, 노동계급 여성을 비롯한 모든 노동자가 생산·분배 수단을 공동으로 소유하고 함께 관리하고, 여성이 모든 노동자와 노동의무를 동등하게 분담할 수 있을 때만, 다시 말해 인간의 노동을 착취하는 데 바탕을 둔 자본주의 생산·착취 체제를 전복하고 공산주의 경제를 조직할 때만 여성의 진정한 평등은 가능할 것이다.[45]

둘째, 투쟁의 측면에서 해결책을 살펴보자. [여성]해방은 "서로 다른 계급에 속한 여성들의 공동 노력을 통해서가 아니라, 착취받는 모든 사람들의 공동 투쟁을 통해서 이뤄질 것이다. … ['특별한' 여성 문제가 있는 것도 아니고] 특별한 여성운동이 있어서도 안 된다. … 노동하는 여성과 부르주아 여성운동의 동맹은 프롤레타리아의 투쟁을 약화시킨다. 마찬가지로 노동하는 여성이 사회[주의적] 타협주의자들과 기회주의자들의 오락가락하는 정책이나 배신적 정책을 지지하는 것도 노동계급의 힘을 약화시키고, 그래서 여성해방을 지연시킬 것이다."[46]

"착취받는 모든 사람들의 공동 투쟁"은 계급투쟁에 참여하는 것을 의미한다. 이런 근거 위에서 코민테른은 "특별한 여성운동"을 거부했다. 다른 한편으로 "남성 프롤레타리아 대중이 갖고 있는 여성 차별적 편견"을 감안할 때, 공산당은 (노동계급 전체뿐 아니라) 자기 대열 안에서도 남성의 편견에 맞서 싸우고 여성이 공산당 안에서 능동적·지도적 구실을 하도록 이끌 수 있는 특별한 대책들이 필요했다.

이 모든 주장이 나온 때는 1920년대 초였다. 당시는 여성에게도 남성과 동등한 투표권이 허용돼야 한다는 주장에 많은 사회민주주의자가 아직 동의하지 못하던 때였고, 부르주아 여성운동이 제1차세계대전을 지지했을 때였다!

코민테른은 인터내셔널의 여성 사무국, 국제 [여성] 대회, 각국 [공산당의] 여성 사무국 등을 정교하게 조직했다. 그중 많은 것이 제대로 실행되지 못했다는 것은 분명하다. 그러나 오늘날 페미니스트들의 개혁주의적(이거나 더 나쁜) 비판들에 비춰 볼 때, 우리는 정당하게 다음과 같이 말할 수 있다. 이것이 우리의 전통이다. 당시 여러분의 정치적 친구들은 어디에 있었는가?

3장

썰물

부르주아지에게 가장 위험한 해였던 1919년에 만약 진정한 혁명적 조직, 즉 강력한 공산당이 유럽 프롤레타리아의 선두에서 분명한 목표를 제시하고 그 목표를 향해 프롤레타리아를 이끌 수 있었다면 틀림없이 최소한의 희생만 치르고 국가권력을 장악할 수 있었을 것이다. 그러나 그런 공산당은 존재하지 않았다. … 지난 3년 동안 노동자들은 치열하게 투쟁했고 많은 희생을 치렀지만, 권력을 장악하지 못했다. 그 결과 노동 대중은 1919~1920년보다 더 조심스러워졌다.

트로츠키, "코민테른 3차 세계 대회의 주요 교훈", 1921년

혁명적이지 않은 상황에서 혁명적 정당은 무엇을 해야 할까? 1919년에 이것은 쟁점이 아니었다. 그러나 1921년에는 중요한 문제였다. 1921년 코민테른 3차 대회에서 채택된 "세계 상황[과 코민테른의 임무]에 관한 테제"는 다음과 같이 주장했다.

공산주의인터내셔널 2차 대회와 3차 대회 사이에 잇따른 노동계급 봉기와 투쟁(1920년 8월 적군의 바르샤바 진격, 1920년 9월 이탈리아 프롤레타리아의 [공장점거] 운동, 1921년 3월 독일 노동자들의 봉기 등)은

부분적 패배로 끝났다.

전후 혁명운동 제1기의 특징은 공격이 자발적이고, 운동의 목표와 방식이 분명하지 않고, 지배계급을 극도의 공포에 빠뜨렸다는 것이다. 이시기는 이제 근본적으로 끝난 듯하다. 부르주아계급이 자신감을 회복하고 부르주아 국가기구들이 외형적 안정을 되찾았다는 것은 의심할여지가 없다. … 모든 나라에서 부르주아지의 지도자들은 심지어 자기네 국가기구의 능력을 자랑하고 있고 경제적 전선과 정치적 전선에서모두 노동자들에 대한 공세로 전환했다.[1]

아무리 달갑지 않은 상황이라도 (혁명적 미사여구를 늘어놓는 것이 아니라) 실제 상황을 냉철하게 평가하고 그 상황에 관여하려 노력하는 것이 레닌 시대 코민테른의 특징이었다.

자본주의의 경기 회복은 불안정하고 불균등했다. 1921년에는 (금방 끝나기는 했지만) 심각한 경제 위기도 있었다. 그렇지만 1919~1920년의 혁명적 물결이 퇴조했다는 것은 지노비예프가 1920년에 말한 전망, 즉 소비에트 공화국들의 세계 대회가 임박했다는 전망이 이제 비현실적인 것이 됐다는 의미였다. 그 뒤 몇 년 동안 혁명적 기회들이 생겨날 수 있었고, 실제로 생겨났다. 그러나 국제 운동 전체는새로운 상황을 받아들이고 이에 대처해야 했다.

1921년 [3월에] 러시아에서는 공산당이 [내전 기간에 실시했던] '전시공산주의'를 포기하고 '신경제정책NEP'을 채택했다. [10월에] 레닌은 신경제정책을 "전략적 후퇴"라고 설명했다. "우리는 [신경제정책을 채택할때] 사실상 다음과 같이 말했습니다. '완전히 궤멸하기 전에 후퇴해서 모든 것을 더 탄탄한 토대 위에서 재조직하자.' 공산당원들이 신경제 정책 문제를 주의 깊게 살펴본다면, 우리가 경제적 전선에서 매우 심각한 패배를 겪었다는 사실을 조금도 의심할 수 없을 것입니다."[2]

신경제정책은 무엇보다도 인구의 다수인 농민에 대한 양보 조치였다. 내전이 끝나자 농민은 갈수록 소비에트 정권에 등을 돌리고 있었다. 그래서 내전 기간 내내 군대와 도시에 식량을 공급하기 위해 실시했던 곡물 강제 징발이 폐지되고 그 대신 적정 수준의 고정세(화폐가 쓸모없어졌으므로 현물세였다)가 도입됐다. 사적 거래와 소규모 사적 생산이 합법화되고 장려됐다. 새로운 금본위제 화폐[체르보네츠]가 도입됐고, 국가 소유 은행들이 사기업과 공기업(몇몇 예외를 빼고)에 똑같이 수익성을 기준으로 신용을 제공하거나 거부했다. 불가피하게 도시에서 실업이 다시 나타났고(1920년대 거의 내내 실업 문제가 매우 심각했다) 소자본가들이 번창했다.

이런 조치들이 아닌 대안은 농민 대중에 대한 억압을 강화하는 것뿐이었다. 물론 그랬다면 노동자 국가가 안에서부터 급속히 파괴됐을 것이다. 왜냐하면 허약해지고 쪼그라든 노동계급 자체도 농민이 품고 있던 불만의 영향을 매우 많이 받았기 때문이다. 신경제정책은 시간을 벌기 위한 지연작전이었지 포위당한 혁명이 부딪힌 문제들을 해결할 수 있는 장기적 방안이 아니었다. 그 해결책은 레닌이 썼듯 "하나 또는 여러 선진국" 노동자들이 권력을 장악하고 유지하[며 러시아 노동계급을 도와주]는 것에 달려 있었다. 그때까지 버티기 위해 러시아 노동계급은 [전시공산주의에서 신경제정책으로] 방침을 바꿔야 했던 것이다.

국제적 영역에서도 그에 상응하는 방향 전환이 필요했다. 이것은 러시아에서 일어난 사건들을 자동으로 반영한 것이 결코 아니었다. 신경제정책으로 후퇴할 것을 강요한 두 가지 주된 요인 가운데 하나는 러시아 밖의 세계, 특히 유럽의 상황 변화였다.

유럽의 상황 변화 때문에 유럽 공산주의자들(1921년까지도 공산주의는 근본적으로 유럽의 운동이었다)은 선택의 기로에 서게 됐다. 즉, (당분간) 비혁명적 상황에서 혁명적 정치가 노동자들에게 중요하고 의미 있는 것이 되게 해 줄 수단과 방법을 찾아내든지 아니면 사태 전개 과정에 이렇다 할 영향을 미칠 수 없는 혁명적 소종파로 전락하든지 해야 했다.

코민테른 3차 세계 대회의 "전술에 관한 테제"는 다음과 같이 선언했다. "창립 당일부터 공산주의인터내셔널은 오로지 선전·선동만으로 노동 대중에게 영향을 미치려고 애쓰는 소규모 공산주의 종파를 만들려는 것이 아니라, 노동 대중의 투쟁에 참여하고 그 투쟁을 공산주의 정신으로 지도하고 투쟁 과정에서 경험 있고 규모가 크고 혁명적이며 대중적인 공산당을 건설하는 것이 자신의 목표임을 확실하고 분명하게 천명했다."[3]

"테제"는 노동계급이 직면한 문제들 가운데 어떤 것도 개혁주의적 해결책으로는 완전히 해결되지 않는다고 강조하고 나서, 또 자본주의를 파괴하는 것이 여전히 [공산당의] "당면한 주요 임무"임을 다시 확인한 뒤에 다음과 같이 주장했다.

그러나 이 임무를 수행하려면 공산당은 노동계급의 긴급한 필요를 충족시킬 수 있는 요구들을 내놓아야 하고 그 요구들이 자본가계급의 이윤 경제와 양립할 수 있는지 없는지와 무관하게 대중투쟁으로 그 요구들을 쟁취하고자 싸워야 한다. … 공산당의 임무는 이런 구체적 요구들을 위한 투쟁을 확대하고 심화하고 결합하는 것이다. … 그런 부분적 요구들을 내놓는 일에 한사코 반대하거나 부분적 투쟁들을 죄다 개혁주의라고 비난하는 것은, 일부 혁명가 조직이 노동조합 참여와 의회 활용을 극력으로 반대하면서 혁명적 행동의 필수 조건들을 파악하지 못한 것과 똑같은 무능함을 드러내는 것이다. 중요한 것은 최종 목표를 프롤레타리아에게 선포하는 것이 아니라, 실제 투쟁을 강화하는 것이다. 그런 실제 투쟁만이 최종 목표를 실현하기 위한 투쟁으로 프롤레타리아를 이끌어 갈 수 있을 것이다.[4]

몇몇 주요 공산당 내에서 강세를 보이던 경향들은 이런 주장을 거부했다. 그들이 보기에 '부분적이고 당면한 요구들'을 위한 투쟁은 개혁주의 냄새가 나는 것이었다. 독일과 오스트리아와 이탈리아의 공산당은 "전술에 관한 테제"에 맞서 초좌파주의적 수정안을 내놓았다.

뒷날 레닌은 이렇게 썼다. "그[3차 — 지은이] 대회에서 나는 극우파에 속했다. 그것만이 내가 취해야 할 올바른 태도였다고 확신한다."[5]

초좌파주의 사상은 중간주의에 대항한 투쟁 과정에서 자양분을 얻었고, 그 투쟁은 1921년에도 결코 끝나지 않았다. 사실 중간주의와 초좌파주의 두 경향은 어느 정도 서로서로 강화해 줬다. 이 점은 이탈리아와 독일의 대조적 사례를 보면 알 수 있다. 1920년 가을에 이탈리아사회당의 중간주의 지도부가 노동계급을 참패로 이끌자, 독일에서는 '공세 이론'이라는 초좌파적 모험주의가 득세했다.

이탈리아의 참패

> 이탈리아 계급투쟁의 현재 국면은 혁명적 프롤레타리아의 정치권력
> 장악 아니면 … 자본가들과 지배계급의 거대한 반동 둘 중 하나로 귀
> 결될 것이다. [따라서 자본가들과 지배계급은] 농업과 공업의 노동계급을
> 굴복시키기 위해 모든 종류의 폭력을 사용할 것이다.
>
> 안토니오 그람시, 〈오르디네 누오보〉(신질서), 1920년 5월

 이탈리아는 제1차세계대전의 '승전국' 가운데 가장 허약한 나라였
다. 이탈리아 지배자들이 얻은 성과는 50만 명의 사망자와 거액의 전
쟁 부채말고는 거의 없었다. 생계비가 전쟁 전의 6배로 올랐는데도
계속 오르고 있었다. 그 결과는 이탈리아 역사에서 '비엔니오 로소'
(붉은 2년)로 알려진 2년[간의 대투쟁]이었다.

 도시와 농촌의 노동자들이 노동조합으로 물밀 듯 몰려들었다. 전
쟁이 끝날 무렵 사회당 계열 노조 조직인 노동조합총연맹CGL의 조합
원은 겨우 25만 명이었지만, 1920년 가을에는 200만 명이나 됐다. 가
톨릭 계열 노조와 혁명적 신디컬리스트 노조도 크게 성장했다. "1919
년 내내 파업과 시위, 토지 점거, 가두 투쟁과 충돌이 전국에서 끊임
없이 벌어졌다."[6] 1919년 6월과 7월 전국에서 식료품 가격 때문에 벌
어진 시위들이 몇몇 지역에서는 무장봉기 수준으로 발전했다. 소비에
트러시아에 연대하는 이틀간의 전국적 파업이 광범한 지지를 받았다.
거대한 산업 중심지 토리노에서 금속 노동자들이 공장 평의회를 세
우기 시작했다.

남부와 그 밖의 농업 지역에서는 흔히 제대군인들이 이끄는 농민이 토지를 점거했다. 그리고 군대 자체에서도 많은 반란이 일어났다. 1919년 11월 총선에서는 이미 코민테른에 가입한 이탈리아사회당이 거의 3분의 1을 득표했다.

1920년에도 계속된 파업 물결은 4월에 다시 절정에 달해 토리노 지역에서 노동자 50만 명이 공장 평의회를 방어하는 파업을 벌였다. 겨우 2개월 뒤 이탈리아사회당의 중간주의 다수파('최대강령파'로 알려진) 지도자 세라티는 코민테른 2차 세계 대회에서 다음과 같이 말할 수 있었다. "따라서 이탈리아의 정치적·경제적 상황은 불가피하게 혁명을 향해 나아가고 있는 그런 상황입니다. 우리 당이 매우 강력하기 때문에 이탈리아 프롤레타리아는 권력을 장악할 준비가 거의 다 돼 있다고 말할 수 있을 것입니다."[7]

그러나 이탈리아사회당은 권력 장악을 위한 계획이 전혀 없었다. 앞서 봤듯이, 세라티를 비롯한 사회당 최대강령파 지도부는 농민의 토지 점거가 "데마고기를 일삼는 프티부르주아적 운동"이라는 이유로 토지 점거를 지지하지 않았다. 그들은 토리노의 공장 평의회 운동을 "탈선한 부문"이라고 비난했다. 또 최대강령파는 사회당 안에 있는 노골적 개혁주의자 소수파를 용인했는데, 그 개혁주의자들은 사회당 의원단에서 강력했을 뿐 아니라 대규모 노조 조직인 노동조합총연맹

---

* **최대강령파**(Maximalists) 이탈리아사회당 다수파. 말로는 당의 최대 강령인 사회주의 혁명을 주장했지만 1919~1920년 대파업 시기에 혁명적 지도를 수행하기를 거부하는 등 중간주의적이었다.

도 통제하고 있었다. 4월에 토리노 노동자들이 공장 평의회를 방어하는 파업을 벌이다가 결국 패배할 때까지 최대강령파와 노동조합총연맹 지도부는 팔짱 끼고 지켜보기만 했다.

이탈리아사회당 지도자들의 정치가 진짜 시험대에 오른 것은 1920년 9월이었다. 5월부터 노동조합총연맹 산하 금속노조가 계속 임금 인상을 요구하고 있었다. 8월에 마침내 협상이 깨지자 금속노조는 특별 협의회에서 태업 전술을 사용하기로 결정했다. 8월 30일 밀라노의 어떤 사용자가 공장을 폐쇄했다. 그러자 금속 노동자들은 즉시 밀라노의 모든 공장을 점거했다. 8월 31일 금속 산업의 사용자들이 전국의 공장을 폐쇄했다. 9월 4일에는 금속 노동자 50만 명이 이탈리아 전역에서 공장을 점거하고 있었다.

이 유명한 '공장점거'는 일상적 임금 인상 투쟁이 아니었다. 노동자들이 점거한 공장을 공장 평의회가 통제했다. '적위대'가 그들을 방어했다. 공장을 점거한 노동자들은 생산을 계속했고, 철도노조가 그 노동자들에게 필요한 물자를 공급했다. 몇몇 경우에는 인접한 가스 공장과 화학 공장으로 점거가 확산되기도 했다.

다음의 일화는 당시의 분위기를 단적으로 보여 준다. 어느 운송 기업 대표가 토리노의 피아트 공장에 전화를 걸어 경영자와 통화를 하려 했다.

"여보세요. 누구십니까?"
"여기는 피아트 소비에트입니다."
"아! … 미안합니다. … 다시 걸겠습니다."[8]

그런 분위기는 대체로 사회당의 최대강령파 지도부가 몇 년 동안 선전한 결과였다. 나중에 [코민테른 3차 세계 대회에서] 트로츠키는 다음과 같이 설명했다. "대중은 〈아반티〉[전진이라는 뜻의 사회당 일간지 — 지은이]에 실린 모든 글과 사회당 대변인들이 주장한 모든 내용을 프롤레타리아 혁명에 대한 호소로 여겼습니다. 그리고 이런 선전은 노동계급의 심금을 울렸고 노동계급의 의지를 일깨웠으며 9월 사태를 불러일으켰습니다."

그러나 트로츠키는 다음과 같이 덧붙였다. "이탈리아사회당은 혁명적 정책을 말로만 실행했습니다. 그것이 어떤 결과를 낳을지 아예 고려하지도 않았습니다. 모두 알다시피, 9월 사태가 진행되는 동안 이탈리아사회당만큼 그렇게 갈팡질팡 흔들리고 두려움 때문에 마비돼 버린 조직은 없었습니다. 9월 사태로 가는 길을 스스로 닦아 놓고도 말입니다."⁹

트로츠키의 평가는 결코 과장이 아니었다. 공장에서 혁명의 열기가 고조되자 [9월 9일] 이탈리아사회당의 최대강령파 지도자들과 노동조합총연맹의 개혁주의 지도자들(그들도 사회당원이었음을 명심해야 한다)이 밀라노에서 회의를 열었다. 먼저 노조 지도자들이 토리노 노동자 대표단에게 물었다. 토리노가 무장봉기를 시작할 것인가? 토리노 노동자 대표들은 바로 이 노조 지도자들이 4월에 토리노 노동자들로 하여금 외롭게 싸우다가 패배하도록 내버려 뒀다는 사실을 알고 있던 터라 당연히 아니라고 대답했다.

그러자 노동조합총연맹 지도자들이 사회당 전국 지도부에게 말했다. "여러분은 지금이 혁명적 시기라고 믿고 있습니다. 여러분이 책임을 맡으십시오. 우리는 물러나겠습니다." 그들은 최대강령파에게 해 볼 테면 해 보라고 엄포를 놓은 것이다. 이제 최대강령파는 그것이 "너무 무거운 책임"이라는 이유를 대면서 꽁무니를 뺐다.

결국 무장봉기 문제는 9월 11일 노동조합총연맹 특별 대의원 대회에 안건으로 제출됐다. 두 가지 동의안이 나왔다. 하나는 노동조합총연맹 지도자들이 제출한 것으로, 노동조합의 생산 통제를 위한 투쟁을 호소하자는 것이었다(이제는 개혁주의 지도자들조차 그 투쟁을 임금 투쟁 수준에서 끝낼 수 없음을 인정했다). 다른 하나는 사회당 지도자들이 제출한 것으로, 자신들이 운동을 지도해 "사회주의 강령을 최대한 실현하는" 쪽으로 나아가게 하자는 것이었다. 예상대로 노조 지도자들의 동의안이 59만 1245표 대 40만 9569표로 통과됐다. 최대강령파 지도자들은 틀림없이 안도의 한숨을 내쉬었을 것이다. 어쨌든 그들은 "민주적 결정"에 기꺼이 따르겠다고 열심히 강조했다.

그달 말쯤 사용자들은 모든 공장을 되찾았고 그 대가로 임금 인상과 '노동조합의 [생산] 통제'를 위한 법령 초안을 작성할 위원회 구성을 약속했다. 사회당의 최대강령파 지도부는 온갖 혁명적 미사여구를 늘어놨지만 자신들이 영향을 미친 수십만 명의 노동자와 그 노동자들의 영향을 받은 수백만 명의 노동자에게 어떤 구체적 지도도 제공하지 못했다. 오히려 밀라노에서 개혁주의적 노조 지도자들과 함께 관료적 가식이나 떨고 있었다.

코민테른은 멀리서나마 최대강령파의 노선을 바꿔 보려고 애썼다. 8월 말 코민테른 집행위원회는 부하린·레닌·지노비예프가 서명한 편지를 이탈리아사회당에 보냈다.

이탈리아에는 진정으로 대중적인 프롤레타리아 대혁명의 가장 중요한 조건들이 모두 임박해 있습니다. … 날마다 새로운 소요 소식들이 들립니다. (이탈리아 대표단을 포함해) 모든 목격자는 이탈리아 상황이 완전히 혁명적이라고 주장하고 거듭거듭 그렇게 말하고 있습니다. 그런데도 사회당은 운동을 일반화하고 운동에 구호를 제시하고 … 운동을 부르주아 국가에 대한 결정적 공세로 전환시키려 하지 않고 옆으로 비켜서 있습니다.[10]

너무 늦었음이 드러난 9월 22일에도 코민테른 집행위원회는 이탈리아사회당 지도자들에게 또 다른 긴급 편지를 보내 다음과 같이 호소했다.

동지들은 공장과 작업장을 점거하는 것만으로는 승리할 수 없습니다. … 이 운동의 범위가 확대되고 일반화해야 하며, 일반적 정치 수준에서 문제가 제기돼야 합니다. 다시 말해, 노동계급이 권력을 장악해 부르주아지를 타도한다는 목표를 추구하는 일반적 봉기 수준으로 운동이 확대돼야 합니다. … 이것만이 유일한 해결책입니다. 그러지 않으면 방금 시작된 강력하고 거대한 운동은 필연적으로 해체되고 붕괴하고 말 것입니다.[11]

이런 조언은 전혀 효과가 없었다. 이탈리아사회당은 대중운동에 일반적인 정치적 지도를 제공하지 못했고 그 운동을 권력 장악으로 이끌지 못했으며 무장봉기의 기술적 준비도 하지 못했다. 코민테른 집행위원회가 예상한 대로 운동은 "해체되고 붕괴하기" 시작했다.

그 결과는 재앙이었다. 완전히 겁에 질렸지만 여전히 건재하던 지배계급은 파시즘에 의지하기 시작했다. "1920년 9월 이전만 해도 미약하고 하찮던 무솔리니의 운동이 그해 마지막 세 달 동안 놀라울 만큼 빠르게 성장했다."[12]

공장점거 운동은 이탈리아사회당이 1년 동안 코민테른에 가입해 있었지만 진정한 공산주의 정당이 되지 못했음을 보여 줬다. 세라티를 비롯한 최대강령파 지도자 대다수가 투라티를 필두로 한 노골적 개혁주의 경향(물론 노동조합총연맹 지도자들도 포함된다)을 사회당에서 제명하기를 여전히 거부하고 있다는 것이 그 징후였다.

1920년 9월의 참패 이후 공산주의인터내셔널과 이탈리아사회당 내 좌파가 모두 [사회당의] 분열을 요구했다. 분열은 1921년 1월 리보르노 당대회에서 일어났다. 그러나 그 전해에 프랑스 사회당과 독일 독립사회민주당 내에서 분열이 일어났을 때와 달리 이탈리아사회당 좌파는 중간주의자들을 고립시키고 당원의 다수를 설득해서 끌어당기는 데 성공하지 못했다. 리보르노에서 실시된 카드 투표에서* 투라티를 따르는 노골적 개혁주의자들이 1만 4695표, 좌파가 5만 8785표, 세라티의 중간주의 분파가 9만 8028표를 얻었다. 좌파는 즉시 당대회장을 나와 이탈리아공산당PCI을 결성했다.

만약 이탈리아공산당이 세라티를 지지하는 노동자들을 설득해서 끌어당기려는 공세적이면서도 유연한 전략을 갖고 있었다면 세력 관

---

*   **카드 투표** 대의원이 대표하는 사람 수만큼 표수를 인정하는 투표 방식.

계가 그리 나쁘지 않았을 것이다. 그러나 공산당은 그런 전략이 전혀 없었다. 사회당 좌파에서 지배적 세력이었고 이제 신생 공산당에서도 지배적인 세력은 아마데오 보르디가 지지자들이었다. 철석처럼 원칙을 지킨다고 자처한 보르디가는 완고한 초좌파적 독단주의자이기도 했다. 사회당 내에서 보르디가 분파는 원래 의회 선거에 기권하는 것을 원칙으로 내세우며 형성됐다. 보르디가는 토리노 공장 평의회를 '경제주의'라고 비난했다. 이제 그는 사회당과 공동전선을 형성하려는 모든 노력을 무조건 반대하고 나섰다.

초좌파주의자들이 공산당을 지배하던 상황은 1920년대 중반이 돼서야 마침내 끝났다. 그러나 너무 늦었다. 이미 파시즘이 승리를 거뒀던 것이다.

독일의 3월 행동

문제의 핵심은 많은 점에서 레비가 정치적으로 옳다는 것입니다. 불행히도 그는 규율을 많이 어겼고, 그래서 독일공산당에서 제명됐습니다. 탈하이머와 벨러 쿤의 테제는* 정치적으로 완전히 틀렸습니다. 그저 극좌파적 문구나 늘어놓으며 장난치고 있습니다.

레닌, "지노비예프에게 보내는 편지", 1921년 6월 6일**

---

* 코민테른 3차 세계 대회에서 토론하고 채택한 "전술에 관한 테제"의 초안.

** 10일의 오타인 듯하다.

이탈리아에서 1920년 하반기에 일어난 진정한 혁명적 대중운동은 사회당의 중간주의 지도부가 동요하는 바람에 참패하고 말았다. 그 운동이 승리를 거뒀다면, 이탈리아의 부르주아 국가가 무너지고 소비에트 이탈리아가 건설되고 그래서 유럽의 세력균형이 노동계급에 유리하게 바뀔 수 있었을 것이다.

독일에서는 1921년 3월 전국적인 혁명적 대중운동이 없는데도 공산당 지도부가 억지로 속도를 높이려 하면서 공산당 투사들로 하여금 대중운동을 대신하게 했다. 그 결과는 심각한 패배였다. 정말이지 이탈리아 수준의 재앙은 아니었지만 그래도 참담한 패배였고, 그 패배는 독일 노동자 운동에 심대하고 나쁜 영향을 미치게 된다.

이탈리아의 재앙과 독일의 참패 사이에는 연관이 있었다. 겉보기에 그것은 독일공산당 지도부와 관련된 것이었다. 독일공산당의 뛰어난 지도자 파울 레비는 이탈리아사회당의 리보르노 당대회에 참석했다. 당대회 후 그는 공산주의인터내셔널이 파견한 대표들의 전술적 미숙함을 비판했다. 그 대표들은 트로츠키가 "생기 없는 공론가"라고 묘사한 불가리아인 흐리스토 카박치에프, 머릿속에 이렇다 할 정치사상이 없는 '조직맨'이자 훨씬 뒤(1944~1956년)에 헝가리 스탈린주의 '관료들'의 우두머리가 되는 마차시 라코시였다.

레비의 비판은 대체로 말해 정확했다. 그러나 라코시는 독일공산당 지도부에 자신의 행동을 승인하고 레비를 비난하라고 요구했다. 라코시의 요구는 찬성 28표, 반대 23표로 채택됐다. 그러자 레비를 비롯해, 전에는 사회민주당에서 이제는 공산당에서 뛰어난 여성 지도자인 클라라 체트킨, 전쟁 기간에 베를린 현장위원회 운동의 뛰어난 지도자였고 이제 공산당 '군사 기구'의 책임자가 된 에른스트 도이미히, 그 밖에 당내 우파 지도자 2명이 항의의 뜻으로 사임했다. 그래서 이른바 '좌파'가 다수파가 됐다.

독일공산당 '참모부'의 이런 정치적 세력균형 변화는 중요한 결과를 낳았다. 그로 인해 '공세 이론'을 신봉하는 좌파들(아르카디 마슬로프, 루트 피셔, 아우구스트 탈하이머, 파울 프뢸리히 등)이 일시적으로 당권을 장악했다. 루트 피셔가 설명했듯이, 공세 이론은 "노동계급은 일련의 공세적 행동을 통해 먼저 시동이 걸려야만 움직일 수 있다"는 견해였다.[13]

뒷날 피셔는 3월 행동에 관해 다음과 같이 썼다. "1921년 3월 크론시타트 봉기* 몇 개월 전부터 지노비예프와 벨러 쿤을 중심으로 하는 러시아공산당 간부들이 러시아 노동자들의 관심을 국내의 곤경에서 다른 데로 돌리기 위해 독일에서 모종의 행동을 벌일 모의를 했다."[14] 지노비예프와 부하린이, 독일에서 공산당 투사들이 '공세'를 취하면 노동자들이 "자극을 받아 행동에 나설" 수 있을 것이라고 생각했다는 것은 사실이다. 또 무책임하게도 벨러 쿤을 무제한의 권한을 지닌 코민테른 대표로 독일에 파견하는 잘못을 저질렀다는 것도 사실이다. 레닌이 쿤을 두고 "우리 벨러는 시적 재능이 뛰어난 민족에

──────────

* **크론시타트 봉기** 러시아 내전 말엽에 페트로그라드로 통하는 요충지인 크론시타트 해군기지에서 일어난 수병 반란. 곡물 강제 징발과 암거래 단속에 반대하고 공산당 없는 소비에트를 요구했다. 러시아공산당이 전시공산주의를 포기하고 신경제정책을 채택하는 계기가 됐다.

속하고,* 스스로 좌파보다 더 좌파적이어야 한다고 항상 생각하는 사람"이라고 말했듯이[15] 쿤은 "어떤 희생을 치르더라도 공세"를 펴야 한다고 열렬히 주장했다. 지노비예프와 가까운 인물로 알려져 있던 또다른 코민테른 대표 구랄스키(클라이네라는 이름으로 [독일에] 파견됐다)도 똑같은 태도를 취했다. 독일공산당 지도부는 당연히 코민테른이 '공세'를 지지한다고 생각했을 것이다. 그러나 사실 코민테른 집행위원회(당시에는 레닌과 트로츠키도 여전히 포함돼 있었다)는 그런 결정을 내리지 않았다. 그렇지만 집행위원회의 모든 사람이 권한을 위임받았거나(부하린과 지노비예프) 또는 태만했다는 점에서 독일공산당 지도부의 행동에 어느 정도 책임이 있다.

그러나 그것은 문제의 한 측면일 뿐이다. 독일공산당의 새 지도부는 쿤의 모험주의 경향에 즉시 호응했다. 냉철한 하인리히 브란들러조차 쿤에게 설득당했다. 사실 독립사회민주당의 할레 당대회 이후 공산주의인터내셔널 편으로 넘어온 당원들 사이에서는 당장 혁명적 행동에 나서고 싶은 욕구가 강렬했다. 마슬로프와 피셔가 이끄는 좌파는 이런 조급함을 표출하고 그것을 정당화하는 이론을 만들고 그 이론을 이용해 지도부 안에서 자신들의 주장에 반대하는 사람들을 몰아냈다. 레비를 중심으로 모인 반대파는 이미 레닌과 트로츠키가 3차 세계 대회 이후 코민테른 전체를 이끌고 나아가던 방향으로 독일공산당을 이끌고 가려 하고 있었다. 그러나 레비는 그렇게 하는 데

---

* 레닌은 이른바 '공세 이론'은 이론이라기보다는 '시인과 사상가의 땅'에서 만들어진 낭만적 환상이라고 비꼬았다.

필요한 권위와 참을성, 전술적 능력이 없었다.

1921년 3월 26일 작센의 사회민주당 주지사인 오토 회르징이 공산당의 아성인 만스펠트 구리 광산과 몇몇 공장에 경찰을 투입했다. 그곳에서 "약탈과 강도 행위"가 만연해 있다는 것이 핑계였다. 이것은 거의 틀림없이 계산된 도발이었다. 경찰과 사회민주당 지도자들은 [공산당의] '공세'가 임박했다는 사실을 잘 알고 있었고, 그래서 회르징은 자신이 원하는 때에 공세에 대처하려 한 것이다.[16]

그러자 즉시 일종의 봉기가 일어났다. 즉, 만스펠트 지역과 할레 근처의 로이나 화학 공장에서 노동자들과 경찰·군대 사이에 잇따라 무장 충돌이 벌어진 것이다. 노동자들은 공산당 군사 기구의 무기 외에도 1919년부터 물려받은 무기를 많이 갖고 있었다. 아나키스트 게릴라 막스 휠츠가 이끄는 적위대가 잠시 동안 만스펠트 지역을 지배했지만, 그 행동은 지역적으로 고립됐다.

이런 상황은 가장 냉철한 당 지도부에게도 어려운 상황이었을 것이다. 1917년에 페트로그라드의 '7월 사태'* 때 그랬듯이, 주요 도시한 곳에서 노동자들이 무장봉기에 나서고 있는 반면 노동계급 대중은 그런 생각조차 하지 않고 있었다. 문제는 가장 먼저 치고 나가는 부대를 자제시키고 손실을 최소화하면서 후퇴를 조직하는 것이었다. 이것은 극도로 어렵고 까다로운 일이었다.

---

* **7월 사태** 1917년 7월 러시아 페트로그라드의 노동자·병사가 조급하게 봉기를 일으켰다가 반동 세력의 대규모 역공과 탄압에 부딪힌 사건. 볼셰비키는 봉기가 시기상조라고 보고 평화적 시위로 전환하려 노력했다.

낭만적 관념에 도취한 독일공산당의 좌파 지도자들은 그와 정반대 길로 나아갔다. 그들은 총파업을 호소하고 국가에 대항하는 무장 투쟁을 주장했다. 공산당 군사 기구는 정부를 '도발'해서 노동자들에게 '자극을 줘 행동에 나서게' 만들라는 지시를 받았다. "브레슬라우와 할레에서 폭탄이 몇 개 터졌다. 베를린에서도 폭파 계획이 세워졌지만 실행되지는 않았다."[17] 공산당 투사들은 파업 호소가 무시당하면(대체로 그랬다) 노동자들을 [공장에서] 강제로 끌어내라는 지시를 받았다.

레비가 인용한 공산당 보고서는 다음과 같이 말했다. "목요일에 라인하우젠에 있는 프리드리히알프레트휘테 철강 공장([재벌가인] 크루프가 소유한 회사였다)에서는 공장을 점거한 공산당원들과 일하러 온 노동자들 사이에 격렬한 싸움이 벌어졌다. 마침내 노동자들이 곤봉으로 공산당원들을 공격하며 길을 뚫고 공장으로 들어갔다. 그 과정에서 8명이 다쳤다."[18] 함부르크 조선소에서는 사회민주당원 노동자들과 공산당원 노동자들 사이에 큰 충돌이 있었다. 베를린에서는 공산당이 실업자들을 동원해 공장을 점거하고 노동자들을 쫓아내려 했다! 공산당이 실제로 지지를 얻고 있던 독일 중부의 몇몇 지역을 제외하면 모든 곳에서, 공산당의 영향력 아래 있던 소수의 노동자가 노동계급 대중[의 지지] 없이(흔히 대중의 뜻을 거슬러서) 행동하고 있었다.

그런 모험주의적 행동은 실패할 수밖에 없었고 가혹한 탄압이 뒤따랐다. 공산당은 불법 조직이 됐다. 당원이 [약 40만 명에서] 15만 명도 안 되게 급감했고 투사 수천 명이 투옥됐다.

공동전선을 향해

오늘날 공산주의인터내셔널 앞에 놓인 가장 중요한 문제는 노동계급 다수에게 우세한 영향력을 획득해서 노동계급의 결정적 부문을 투쟁에 끌어들이는 것이다. 왜냐하면 객관적 상황이 혁명적인데도 … 대다수 노동자가 여전히 공산주의의 영향력 아래 있지 않기 때문이다.

"3차 세계 대회 결의안", 1921년

공산당은 원래 1914년에 노동계급 운동이 분열해서 생겨났고 1919~1920년에 (그 분열을 심화시킨) 중간주의 지도자들에 대항한 투쟁 과정에서 성장했다. 따라서 개혁주의 지도자들과 중간주의 지도자들에 대한 적대감과 경멸감이 너무 커서, 그런 지도자들을 여전히 지지하며 따르는 노동자들을 무시하는 위험한 경향이 있던 것은 어쩌면 불가피했을 것이다. 3월 행동이라는 미친 짓은 그런 위험을 알리는 신호였다. 공산주의인터내셔널은 자신이 지도하려는 계급에게서 갈수록 고립되는 일을 피하려면 급속한 '우회전'이 절대로 필요했다.

트로츠키는 나중에 다음과 같이 주장했다. "3차 세계 대회에서 압도 다수는 공산주의인터내셔널 내부의 위험한 견해를 가진 일부 부류에게 경고했습니다. 그들의 견해를 따랐다가는 노동계급의 전위가 성급한 행동으로 대중의 수동성과 미숙함에 부딪쳐, 또 강력한 자본주의 국가에 부딪쳐 산산조각 날 수 있었기 때문입니다. 그것이 가장 큰 위험이었습니다."[19]

사실 그 다수는 결코 압도 다수가 아니었다. 확실히 "전술에 관한 테제"는 수동적이고 선전주의적인 초좌파주의 변종뿐 아니라, 모험주의적 쿠데타 노선도 넌지시 비판했다. 그러나 "전술에 관한 테제"가 채택되기까지는 힘겨운 투쟁이 필요했다.

그리고 레닌의 '극우파'는 3월 행동 자체에 관해 다음과 같이 모호하게 진술한 결의안에 만족해야 했다. "지난 3월 행동은 독일 정부가 중부 지역 노동자들을 공격했기 때문에 공산당이 어쩔 수 없이 감행한 것이었다. … 독일공산당은 많은 잘못을 저질렀는데, 주된 잘못은 투쟁의 방어적 성격을 분명히 이해하지 못했다는 점이다. … [3차 세계]대회는 독일공산당의 3월 행동을 일 보 전진으로 평가한다. 독일공산당은 앞으로 실제 상황에 더 잘 맞는 투쟁 구호를 내놔야 한다."[20]

이렇게 만족스럽지 못한 타협은 어느 정도는 파울 레비가 독일공산당을 공개적으로 비난했기 때문이다(그래서 그는 당에서 제명됐다). 레비는 《우리의 길: 쿠데타 노선 비판》이라는 제목의 소책자에서 독일공산당 지도자들에 대해 약간 과장되기는 했지만 본질적으로 올바른 비판을 극히 격한 어조("역사상 최대의 바쿠닌식 쿠데타")로 표현했을 뿐 아니라, 당국이 공산당을 탄압할 수 있는 중요한 빌미까지 제공했다. 그러나 그런 타협이 이뤄진 주된 요인은 [코민테른 내에서] 좌파들이 여전히 강력했기 때문이다. 대회가 끝나고 나서야 비로소 코민테른 집행위원회는 새 노선의 논리적 결론을 끌어내고 그것을 공식적으로 자세히 설명할 수 있을 만큼 충분히 강해졌다고 느꼈다.

12월에 집행위원회는 다음과 같이 선언했다. "공산주의인터내셔널

3차 세계 대회의 구호 '대중에게로'가 요구하는 것, 또 공산주의 운동 전체에 이익이 되는 것은 각국 공산당과 공산주의인터내셔널이 모두 **노동자 공동전선 구호를 지지하고 이 문제에서 주도권을 쥐어야 한다는 것이다.**"[21](강조는 원문대로다.)

이것이 의미하는 바는 개혁주의 조직과 중간주의 조직의 지도부를 따르는 사람들이 단지 공산당을 지지하는 행동에 나서게 만들려는 것이 아니라, 그들이 **공동 행동을 지지하도록 설득해서** 그 지도부로 하여금 구체적 문제들을 둘러싸고 제한적이나마 [공산당과] 협력할 수밖에 없도록 강제하려는 것임을 집행위원회는 분명히 했다.

1922년 1월 코민테른 집행위원회는 다음과 같이 공개적으로 호소했다. "프롤레타리아의 지지를 받는 모든 정당이 프롤레타리아의 긴급한 당면 요구들을 위해 함께 투쟁하기를 열망한다면 상호 의견 차이를 떠나 공동전선을 형성해야 합니다. … 공산주의자든, 사회민주주의자든, 신디컬리스트든, 심지어 기독교계 노조나 자유주의 노조 조합원이든 임금이 더 깎이는 것을 원하는 노동자는 아무도 없습니다. 노동시간이 늘어나는 것을 원하는 노동자도 없습니다. … 그러므로 모든 노동자는 사용자의 공격에 대항하는 공동전선으로 단결해야 합니다."[22]

이것은 1919~1920년의 견해에서 엄청나게 후퇴한 것이었지만, 상황이 바뀌었으므로 그런 후퇴는 필수적이었다. 새 노선 자체는 어려움과 위험, 특히 공산당이 혁명적 에너지와 (물결의 흐름이 다시 바뀔 때) 신속하게 좌선회할 능력을 상실할 위험이 따르는 것이었다. 그러나 이런 위험은 피할 수 없었다.

혁명적 사회주의 전통의 요소들 가운데 아마 가장 흔히 오해를 받는 것이 공동전선 전술일 것이다. 그것은 방어적 상황에서 혁명적 조직이 영향력을 확대하고 지지를 얻기 위한 **투쟁** 방법이고, 조직적·정치적 독립성을 전제로 한다.

공동전선 전술은 오직 소수의 노동자들만이 혁명가들을 지지하는 비혁명적 상황이 존재한다는 가정에서 출발한다. 이런 상황은 많은 노동자가 투쟁에 참여해서(그중 다수는 개혁주의 조직을 지지할 것이다) 계급투쟁 수준이 고양될 때만 바뀔 수 있다. 공동전선은 그런 노동자들을 설득하고 끌어당겨서 그들이 혁명적 조직을 지지하게 하려는 전술인데, 상황이 유리하다면 효과를 발휘할 수 있다. 공동전선은 혁명적 조직과 개혁주의 조직이 함께 선전宣傳하기 위한 연합이 아니라 모종의 **행동**을 위한 제한적 협정이다.

트로츠키는 공동전선 문제에 관한 코민테른 지도부의 생각을 1922년 초에 다음과 같이 요약했다.

공산당의 임무는 프롤레타리아 혁명을 지도하는 것이다. … 프롤레타리아가 직접 권력을 장악하도록 지도하려면 공산당은 노동계급의 압도 다수에 기반을 둬야 한다. … 이런 임무를 완수하려면 공산당은 분명한 강령과 엄격한 내부 규율이 있는, 완전히 독립적인 조직이어야만 한다. 그 때문에 공산당은 개혁주의자들이나 중간주의자들과 이데올로기적으로[나 조직적으로] 갈라설 수밖에 없었다. …

공산당은 당원들의 완전한 독립성과 이데올로기적 동질성을 확보한 뒤에 노동계급 다수에게 영향을 미치기 위해 투쟁한다. … 그러나 혁명을 준비하는 동안에도 프롤레타리아의 계급투쟁이 중단되지 않는다는 것은 완전히 자명한 사실이다. 자본가·부르주아지·국가권력과 노동계급의 충돌은 어느 쪽이 먼저 시작하든 필연적으로 벌어지기 마련이다.

이런 충돌이 노동계급 전체나 다수, 또는 이런저런 부문의 중대한 이익과 관련된 것이라면 노동계급 대중은 단결된 행동이 필요함을 깨닫는다. 즉, 자본주의의 공격에 맞서 단결해 저항하거나 반격할 필요를 느낀다. 이런 단결된 행동의 필요성에 기계적으로 반발하는 정당은 모두 노동자들에게 틀림없이 비난받을 것이다.

따라서 공동전선 문제는 그 기원에서 보든 본질에서 보든 공산당 의원단과 사회당 의원단의 상호 관계나 양당 중앙위원회 사이의 관계 문제가 결코 아니다. …

공동전선 문제는 오늘날 노동계급에 기반을 둔 다양한 정치조직들의 분립이 불가피하다는 사실에도 불구하고 노동계급이 자본주의에 대항하는 투쟁에서 공동전선을 형성해야 할 긴급한 필요에서 비롯한다. … 공산당이 이미 커다란 조직적 정치 세력이지만 아직 결정적 규모에 이르지는 못한 곳에서 … 공산당은 공동전선 문제에 날카롭게 직면한다. …

따라서 공동전선은 개혁주의 조직들이 여전히 투쟁적 프롤레타리아의 중요한 일부의 의지를 표현하는 한 우리가 일정한 한계 내에서 구체적 쟁점들을 둘러싸고 그 개혁주의 조직들과 행동을 조정할 태세가 돼 있다는 것을 전제로 한다.

그러나 어쨌든 우리는 개혁주의 조직들과 갈라서지 않았는가? 그렇다. 왜냐하면 우리는 노동계급 운동의 근본적 문제들에 관해 그들과 견해가 다르기 때문이다.

그런데도 우리는 그들과 협정을 맺으려 하는가? 그렇다. 그들을 따르는 대중이 우리를 따르는 대중과 함께 투쟁할 태세가 돼 있고, 그 개혁주의 조직들이 어느 정도는 이 투쟁의 도구가 될 수밖에 없을 때는 우리는 기꺼이 그들과 협정을 맺으려 한다. … 많은 경우에, 아마 대다수의 경우에, 조직적 협정은 반쯤만 이뤄지거나 아예 이뤄지지 않을 것이다. 그러나 공동 투쟁이 이뤄지지 못한 것은 공산당의 형식적 비타협성 때문이 아니라 개혁주의자들에게 실제로 투쟁 의지가 없기 때문이라는 사실을 투쟁하는 대중이 항상 스스로 확신할 수 있게 해 주는 것이 중요하다.[23]

이런 생각을 실제 상황에 적절하게 적용하는 데는 엄청난 실천적 어려움이 따른다. 실제 상황은 천차만별이다. 각각의 상황에는 불가피하게 독특한 요인들이 있기 마련이다. 복잡한 정치적 문제들을 해결하는 데는 레닌이 말했듯이 "지식과 경험, … 정치적 분별력"을 대체할 수 있는 것이 없다. 그저 공식을 되풀이해서는 복잡한 정치적 문제들을 해결할 수 없다.

코민테른 소속 정당들 스스로 처음부터 많은 장애물을 설치했다. 왜냐하면 사실 코민테른은 트로츠키가 말한 "자기 대열의 완전한 독립성과 이데올로기적 동질성"을 확보하지 못했기 때문이다. 이탈리아에서는 보르디가를 중심으로 하는 초좌파가 새로운 전술에 저항했다. 프랑스에서는 지도부 내 중간주의자들이, 또 '정치'와 전투적 노동조합운동은 본질적으로 아무 관련도 없다고 생각하는 신디컬리스트들이 새로운 전술에 반대했다. 독일에서는 3월 행동의 미친 짓을 뉘우칠 줄 모르는 주범들, 즉 에른스트 프리슬란트(본명은 로이터), 마슬로프, 피셔 등이 마이어·탈하이머 지도부의 골칫거리였다. 마이어·탈하이머 지도부는 공동전선 전술을 실행하려 했지만, 그 때문에 "온건"하고 "기회주의적"인 "사회민주주의자"라는 비난에 시달렸다.

그랬어도 독일공산당은 1922~1923년에 공동전선 전술을 적용하는 데 그럭저럭 성공했다. [1922년 6월] 극우파가 외무부 장관 발터 라테나우를 살해하자 공산당은 사회민주당에 우파 불법 무장 단체를 무장해제하고 군대를 숙정하기 위해 싸워야 한다고 요구했다. 공산당은 무장한 노동자 단체('프롤레타리아 백인대百人隊')를 만들자고 주장했다. 그러자 곧 공산당원이 아닌 많은 노동자도 그 단체에 가입했다. 공산당은 사용자의 공격에 대항하고 물가 폭등을 억제하기 위해 공장 평의회를 만들었다. 또 사용자와 파시스트 우파에 대항하는 공동 행동을 끊임없이 촉구했다. 이런 방법들을 통해 공산당은 1921년 3월 행동의 미친 짓 이후 잃어버린 세력을 되찾았을 뿐 아니라 노동계급 조직들에 미치는 영향력도 강화할 수 있었다.

이론과 실천이라는 면에서 볼 때, 공동전선 전술과 관련해서는 두 가지가 두드러진다. 첫째, 혁명적 소수의 정당은 단지 노동계급 운동의 주변부에서 선전과 선동만 할 수는 없다. 비록 그런 일들을 꼭 해야 하지만 말이다. 둘째, 공동전선 전술은 **노동계급 투쟁과 노동계급 조직**(아무리 반동적일지라도)과 관련된 것이고 근본으로 '민중전선'이나 '민주대연합'과 원칙에서 다르다. 이 두 가지 요점은 뒤에서 1930년대의 경험을 다루면서 자세히 살펴보겠다.

4차 세계 대회

독립적 공산당들이 존재하고 그들이 부르주아지나 반혁명적 사회민주주의 정당에 반대하는 행동을 완전히 자유롭게 할 수 있는 것은 프롤레타리아의 가장 중요한 역사적 성과이며, 공산당은 어떤 상황에서도이 성과를 결코 포기하지 않을 것이다. 오직 공산당만이 프롤레타리아 전체의 이익을 위해 투쟁한다. 공동전선 전술은 이런저런 의회주의적 목적을 추구하는 지도자들과 이른바 '선거 연합'을 하는 것도 아니다. 공동전선 전술은 공산당이 다른 정당·단체 소속 노동자와 무소속 노동자 전체에게 부르주아지에 맞서 노동계급의 기본 이익을 지키기 위해 함께 투쟁하자고 제안하는 것이다. … 공동전선 전술에서 가장 중요한 것은 선동과 조직을 통해 노동계급 대중을 단결시키는 것이다. 공동전선 전술의 진정한 성공은 '아래로부터' 기층 노동계급 대중을 동원하는 데 달려 있다. 그러나 특정 상황에서는 공산당이 적대적 노동자 정당의 지도자들과 협상하기를 거부해서는 안 되고, 대중에게 이 협상 과정을 계속해서 자세히 알려야 한다. 또 그 지도자들과 협상하는 동안 공산당의 선동의 자유가 결코 제한돼서도 안 된다.

코민테른 4차 세계 대회에서 채택된 "전술에 관한 테제", 1922년 12월

1922년 11~12월에 열린 4차 세계 대회는 레닌이 참석한 마지막 코민테른 대회였다(그는 너무 아파서 연설문 하나만 읽을 수 있었다). 또 그것은 후대의 트로츠키주의 전통이 진정한 혁명적 공산주의 대회로 여긴 마지막 세계 대회였다.

1차 대회 이후 무엇이 성취됐는가? 자본주의가 1919~1920년의 폭풍우를 견디고 살아남을 수 있었던 것은 사회민주주의자들과 중간주의자들의 결정적 도움 덕분이었다. 그렇지만 이제는 크고 단단한 혁명적 노동자 정당들이 유럽의 몇몇 중요한 나라에 존재했다. 그 정당들은 으레 노동계급 가운데 소수를 이끌었을 뿐인데, 그것은 계급투쟁이 퇴조하는 시기에는 자연스러운 일이었다. 그러나 공산당은 많은 경우에 마마찮은 구실을 할 수 있을 만큼은 규모가 컸다. 그래서 공동전선 전술이 적절했던 것이다. 장차 혁명적 상황이 닥쳤을 때 기회를 붙잡을 가능성은 1919년보다 비할 바 없이 컸다. 4차 대회에 참석한 58개국 대표 343명은 지금까지 존재한 혁명적 노동자 운동 가운데 가장 강력한 운동을 대표했다.

당연히, 모든 생동하는 대중운동과 마찬가지로 공산주의 운동에도 많은 결함과 문제가 있었다. 그 운동을 괴롭힌 내적 갈등은 따지고 보면 외부의 적대적 사회 세력의 압력을 반영하는 것이었다. 또 그 내적 갈등은 (투쟁 속에서 발전하고 검증되고 당원 대중과 적어도 일부 비당원 노동자들에게도 신뢰받는) 안정되고 권위 있는 전국적인 혁명적 지도부가 부족하고 미숙한 데서 비롯한 것이기도 했다. 코민테른 지도부, 즉 레닌·트로츠키·지노비예프와 사실상 모든 러시아 공산주의자들의 권위가 다른 나라 공산주의자들을 압도했다.

이 권위는 아직까지는 러시아공산당의 조작이나 관료적 책략, 심지어 득표력에 근거한 것이 아니었다. 그 권위는 러시아인들이 "혁명을 승리로 이끌었다"는 사실뿐 아니라, 1919년 이후 코민테른 내부 논쟁에서 그들이 언제나 옳았다(가장 책임감 있는 투사들이 보기에는 결국 러시아인들이 옳았다)는 분명한 사실에 근거한 것이었다. 그들이 초좌파들을 비판한 것도 옳았고(초좌파들이 승리했다면 공산주의 운동은 소종파로 전락했을 것이다) 중간주의자들을 비판한 것도 옳았다(중간주의자들이 승리했다면 공산주의 운동은 좌파 사회민주주의의 늪에 빠졌을 것이다). 러시아 혁명의 권위가 없었다면, 따라서 레닌과 그 동료들의 권위가 없었다면, 코민테른이 어떻게든 존재할 수는 있었겠지만 대중조직이 될 수는 없었을 것이다.

그러나 이런 상황은 매우 명백한 위험의 씨앗을 내포하고 있었다. 러시아인들이 가르치는 "학교에 가[서 배우]는 것"과 독일·폴란드·영국·미국 등지의 공산당이 직면한 복잡한 문제들을 러시아인 교사들에게 의존해서 푸는 것은 전혀 다른 문제였다. 러시아인들이 혁명적 경험을 바탕으로 줄 수 있는 가르침은 [코민테른] 초기에 접할 수 있는 최상의 가르침이었다. 그러나 모름지기 진정한 교육의 주요 목표는 학생이 교사에게 너무 의존하지 않게 만드는 것이다. 레닌은 그런 위험을 잘 알고 있었다. 그는 4차 대회에서 유일하게 발언할 수 있었을 때 다음과 같이 말했다.

3차 세계 대회에서 우리는 각국 공산당의 조직 구조, 활동 방식과 내용에 관한 결의안을 채택했습니다. 그것은 훌륭한 결의안이지만 거의 완전히 러시아적입니다. 다시 말해, [결의안의 모든 내용이 러시아 상황을 바탕으로 하고 있습니다. … 분명히] 어떤 외국인도 그 결의안을 읽고 이해할 수 없을 것입니다. 저는 이런 말을 하기 전에 그것을 다시 읽어 봤습니다.

첫째, 그 결의안은 50여 가지 사항을 담고 있어서 너무 깁니다. 외국인들은 보통 그런 글을 읽을 수 없습니다. 둘째, 외국인들이 그 결의안을 읽더라도 내용을 이해하지 못할 것입니다. 왜냐하면 너무 러시아적이기 때문입니다. 러시아어로 쓰였기 때문이 아니라(그것은 모든 언어로 훌륭하게 번역됐습니다) 철저하게 러시아적 정신으로 물들어 있기 때문입니다. 셋째, 만에 하나 그것을 이해하는 외국인이 있더라도 그 결의안대로 실행할 수는 없을 것입니다. 이것이 셋째 결함입니다. 저는 [몇몇 외국 대표들과 대화해 보고 나서 …] 우리가 이 결의안을 채택한 것이 큰 잘못이었다는, 다시 말해 우리가 더 많은 성공으로 나아갈 수 있는 길을 스스로 막아 버렸다는 인상을 받았습니다. … 그 결의안에서 우리가 말한 것은 모두 사문화해 버렸습니다. 이 점을 깨닫지 못한다면 우리는 앞으로 나아갈 수 없을 것입니다.[24]

돌이켜 보면, 문제는 이보다 훨씬 더 깊은 곳에, 즉 레닌 자신이 생각한 것보다 훨씬 더 깊은 곳에 있었음이 분명하다. 러시아인들의 영향력이 커질수록, 국제 운동은 혁명 후 (노동계급 자체가 해체돼 가는) 고립된 후진국의 권력투쟁 결과에 점점 더 의존하게 됐다.

그러나 1922년에 러시아공산당 지도부는 여전히 유럽 각국 공산당 지도부보다 비할 바 없이 뛰어났고, 그들의 권위는 1922~1923년에 프랑스와 노르웨이 공산당 지도자들에 대한 투쟁을 거치며 더욱 커졌다.

이후 코민테른이 겪은 비극은 바로 여기서 비롯했다. 자본주의와 노동자 운동이 모두 불균등·결합 발전하는 복잡한 과정 때문에, 경제적·정치적 선진국(영국·프랑스·독일)에서 노동자 혁명이 먼저 일어날 것이라던 마르크스와 엥겔스의 예상이 빗나갔을 뿐 아니라 러시아 자체에서도 노동자 권력이 기력을 잃고 죽어 가는 마당에 오히려 러시아가 [국제] 혁명운동을 좌지우지하게 된 것이다.

이미 1921년에 레닌은 신경제정책을 지지하는 발언을 하면서 다음과 같이 주장했다. "전쟁과 극심한 빈곤과 파괴 때문에 [프롤레타리아는 — 지은이] 탈脫계급화했습니다. 즉, 자신의 계급 대열에서 이탈해 더는 프롤레타리아로 존재하지 않게 됐습니다. … 대규모 자본주의 산업이 파괴됐기 때문에, 공장들이 멈춰 섰기 때문에 프롤레타리아가 사라졌습니다. 통계상으로는 프롤레타리아가 존재할 때도 있지만, 경제적으로는 존재하지 않습니다."[25]

[각국 공산당] 대표들이 모인 모스크바는 이미 관료들이 지배하고 있었다. 위에서는 여전히 소수의 혁명가들이 통제하고 있었지만 본질적으로 관료 집단이 노동자 권력을 대신하고 있었다.

4차 세계 대회는 공동전선 전술을 확대하고 발전시키는 다양한 결정을 내렸다. 그래서 "모든 곳에서 사실상 일반적 선전 구호로 사용될" 수 있는 "노동자 정부(또는 노동자와 농민의 정부)라는 구호"를 채택했는데,[26] 그것은 다음과 같은 의미를 지닌 것이었다. "공산당은 프롤레타리아 독재의 필요성을 아직까지 인식하지 못하는 노동자들, 즉 사회민주주의 정당이나 기독교 계열 정당의 당원인 노동자, 정당에 소속되지 않은 신디컬리스트 노동자 등과 함께 행동할 태세가 돼 있다. 그래서 공산당은 특정 상황에서 일정한 보장이 있다면 공산주의적이지 않은 노동자 정부라도 지지할 태세가 돼 있다."[27]

이미 중요한 선례가 있었다. 1920년 [10월 독일독립사회민주당의] 할레 당대회 전에 그리고 [3월] 카프 쿠데타 직후에 독일노동조합총연맹의 가장 우파적인 지도자 카를 레기엔은 사회민주당과 독립사회민주당과 노동조합이 동맹을 맺고 "노동자 정부"를 세우자고 제안했다. 그래서 우파 군 장교와 공무원을 숙청해 독일 국가기구를 "공화국화"하고 프로이센의 지주 귀족인 융커들의 권력을 분쇄하기 위한 토지개혁과 광산 국유화 등 제한된 사회 개혁을 실행하기 위해 투쟁하자는 것이었다.

레기엔은 당시 당원이 여전히 5만~6만 명에 불과하던 공산당도 협상에 끌어들였다. 그가 공산당을 끌어들이려 한 이유는 작센과 루르에서 봉기해 일부 지역에서 사실상 권력을 장악한 노동자들이 공산당의 영향을 받고 있었기 때문이다. 레기엔은 공산당이 "노동자 정부"를 "비판적으로 지지"해 주면 다른 면에서는 행동의 자유를 보장해 주겠다고 제안했다. "비판적 지지"는 [공산당이] 바이마르공화국과 레기엔이 제안한 "노동자 정부"에 대항하는 직접적 무장투쟁을 일절 거부한다는 것을 의미했다.

당시 공산당의 핵심 지도자 파울 레비와 그가 협상에 파견한 대표들인 야코프 발허와 빌헬름 피크는 그런 협정을 지지했지만, 공산당 전체는 그것을 배신이나 마찬가지로 여겼다.

누가 옳았는가? 의심할 여지없이 레기엔이 제안한 협정을 쌍수를 들어 환영해야 했다. 사회민주당 지도자들은 카프 쿠데타로 심각한 충격을 받았는데, 새로운 직업 군대인 제국 군대 창설을 자신들이 지지한 결과가 바로 그 쿠데타였기 때문이다. 그들은 좌파(주로 독립사회민주당)에게 기반을 빼앗기고 있었다. 한편, 1200만 명의 노동자 대중이 카프 쿠데타에 적극 저항해서 결국 쿠데타를 물리친 것은 바이마르공화국을 지키기 위한 행동이었다. 그 공화국에 새 지도부가 들어서면 극우파를 정말로 분쇄하고 노동자 대중의 문제들 가운데 일부라도 해결할 수 있을 것이라는 주장은 실천에서 검증될 필요가 있었다(공산당 투사들을 확신시키기 위해서가 아니라 노동계급 대중을 확신시키기 위해서 말이다). 사회민주당·독립사회민주당 정부는 대중의 기대에 부응하지 못했을 것이 뻔했고, 따라서 공산당에게는 훨씬 더 좋았을 것이다. 왜냐하면, 이 점이 중요한데, 공산당이 "노동자 정부"에 참여할 가능성은 전혀 없었기 때문이다.

결국 모든 계획은 허사가 됐고, 할레 당대회에서 독립사회민주당은 분열하고 당원들이 대거 공산당에 가입해 상황은 공산당에 유리하게 바뀌었다. 그렇지만 레비와 그의 동료들은 옳았다. 공산당은 할레 당대회 전에 매우 소수였고 그 후에도 여전히 소수였다(이제는 더 큰 소수였지만 말이다). 그러므로 무장투쟁은 모험주의였을 것이다. 공산당은 먼저 노동계급의 결정적 부문을 설득해서 끌어당겨야 했다. 그리고 레기엔이 말한 "노동자 정부"에 대한 비판적 지지는 이 과정을 크게 촉진할 수 있었을 것이다.

레기엔과 협상한 지 1년쯤 뒤 코민테른 3차 세계 대회에서는 '대중에게로'라는 구호와 공동전선 전술을 채택했다. 4차 대회에서는 그 문제를 더 깊게 다뤘으므로 4차 대회의 결의안을 좀 더 자세히 살펴보는 것이 유익할 듯하다. "노동자 정부"를 "일반적 선전 구호로" 사용할 수 있다고 주장한 다음에 결의안은 계속해서 다음과 같이 말한다.

그러나 노동자 정부라는 구호가 현실적 정치 구호로서 가장 중요한 나라들은 부르주아 사회가 특히 불안정하고 노동자 정당들과 부르주아지 사이의 세력 관계 때문에 누가 정부를 구성할 것인가 하는 문제가 당장 해결돼야 할 실천적 문제로 제기되는 곳들이다. 그런 나라들에서 노동자 정부라는 구호는 공동전선 전술 전체의 불가피한 결론이다.

제2인터내셔널 소속 정당들은 부르주아 정당과 사회민주주의 정당의 연립정부를 주창하고 구성해서 [자본주의를] 위기에서 '구하려' 한다. … 부르주아지와 사회민주주의자들의 이런 공공연한 또는 은폐된 연합에 맞서 공산당은 부르주아 권력에 대항하고 결국 그것을 전복하는 투쟁을 위해 경제·정치 분야에서 모든 노동자의 공동전선과 모든 노동자 정당의 연합을 내세워야 한다. 부르주아지에 대항하는 모든 노동자의 공동 투쟁을 통해 국가기구 전체를 노동자 정부가 장악해야 하고 그래서 노동계급의 힘과 지위를 강화해야 한다.

노동자 정부의 가장 중요한 임무는 노동자들을 무장시키고, 부르주아 반혁명 조직들을 무장해제하고, 노동자들이 생산을 통제하게 하고, 주된 조세 부담을 부자들에게 지우고, 반혁명적 부르주아지의 저항을 분쇄하는 것이다. 그런 노동자 정부는 대중투쟁을 통해 생겨날 때만, 투쟁 능력이 있는 노동자 기관들, 즉 노동자 대중의 가장 억압받는 부문이 만들어 낸 노동자 기관들의 지지를 받을 때만 가능하다.[28]

"노동자 정부"라는 구호의 목적은 "프롤레타리아를 결집하고 혁명적 투쟁을 불러일으키는 것"이었다.[29] 카프 쿠데타 직후 같은 상황에서 노동자 정부라는 구호는 당연히 그런 결과를 낳는 데 기여했을 것이다. 독립적 공산당이 노동자 정부를 비판적으로 지지하는 문제였다면 말이다. 그러나 4차 대회 결의안은 훨씬 더 멀리 나아갔다.

결의안은 "특정 상황에서" 공산당이 "노동자 정부"에 참여할 수 있다고 주장했다. 그런 참여에 여러 단서를 붙인 것은 사실이지만, 그것은 분명히 원칙적으로 틀렸다. 사실, "노동자 정부가 앞에서 말한 대로 부르주아지에 대항해 실제로 투쟁할 것이라는 보장이 있을 때만" 같은 일부 단서는 오히려 더 나쁜 것이었다. 사회민주주의자와 중간주의자가 그것("노동자들을 무장시키고 … 반혁명적 부르주아지의 저항을 분쇄하는" 일)을 할 수 있다면, 그들은 더는 개혁주의자가 아닐 것이다. 더욱이, "대중투쟁"을 말하기는 했지만 노동자 정부라는 구호는 불가피하게 강조점을 의회 다수파가 되는 문제로 이동시켰(고 1923년 독일에서 실제로 그렇게 해석됐)다.

1921년에는 공동전선 전술을 반대한 사람들이 주로 초좌파였다. 1922~1923년에는 주로 [코민테른 내] 우파, 중간주의 경향, 좌파 개혁주의 경향이 반대했는데, 그들은 몇몇 공산당 안에서 여전히 상당한 기반이 있었다. 또, "신카우츠키주의" 경향이라고 부를 만한 사람들이 말보다는 행동으로 공동전선 전술에 반대했다. 그들은 1914년 이전의 카우츠키주의(즉, 사회주의는 역사적 경향의 '필연적' 결과라고 여겨서 계급투쟁에 수동적 태도를 취하는 추상적 혁명주의)에서 유래한 경향이었다.

프랑스[공산당]에서는 프로사르가 이끄는 중간주의 분파가, '모스크바'에 반대하며 '자율성'을 내세우는 세력을 결집하기 위한 방편으로 공동전선 전술에 반대하는 태도를 취했다. 사실 그들이 반대한 것은 자국에서 혁명적 정당을 건설하는 일이었다. 그들이 사회당 평당원들을 행동으로 끌어들이기 위한 능동적·공세적 노력에 반대한 이유는 그들 자신이 사회당 지도자들에게 훨씬 더 가까이 다가가고 있었기 때문이다.

트로츠키는 다음과 같이 날카롭게 지적했다.

공동전선 문제에서도 우리는 똑같이 수동적이고 우유부단한 경향을 목격하지만 이번에는 그런 경향이 말로만 비타협적인 태도 뒤에 숨어 있습니다. 그래서 언뜻 보면 다음과 같은 역설적 상황에 우리는 깜짝 놀라게 됩니다. 〈주르날 뒤 푀플〉(인민의 신문)을 공공연히 또는 은밀히 지지하는 중간주의·평화주의 경향과 함께 당내 우파들이 혁명적 비타협성의 깃발 뒤에 숨어서 가장 비타협적으로 공동전선을 반대하고 나선 반면에, 가장 어려운 시기에 열린 투르 당대회 때까지 제3인터내셔널의 [혁명적] 입장을 굳게 지킨 사람들은 오늘날 공동전선 전술을 지지하고 있다는 것입니다. 그러나 사실은 지금 사이비 혁명적 비타협성의 가면을 쓰고 있는 자들이야말로 기다리고 보자는 수동적 전술을 열렬히 지지하던 자들입니다.[30]

프로사르 분파는 1922년 10월에 열린 당대회에서 (비록 근소한 차이였지만) 다수파가 됐다. 코민테른 집행위원회 대표로 그 당대회에 참석한 쥘 웡베르드로와 드미트리 마누일스키는 지도적 기구들에서 좌파와 우파가 동등한 비율을 유지해야 한다고 주장했다. 그 주장이 거부당하자 그들은 당시 코민테른 집행위원회 다수의 견해, 즉

"평화가 더 낫다"는 지노비예프의 구호에 요약된 견해(다시 말해, 무슨 일이 있어도 새로운 분열은 피해야 한다)의 정신에 따라 행동했다. 그래서 그들은 좌파에게 복종을 강요하는 일에 온 힘을 쏟았다.

> 좌파는 마누일스키한테서 [당대회의] 결정에 따르라는 명령을 받았다. … 그러나 마누일스키의 명령은 우파의 성깔을 잘 모르는 것이었음이 드러났다. 프로사르는 … [자신의 승리를 — 지은이] 최대한 … 이용하려 했다. 우파가 지명한 사람들이 당내 모든 요직을 차지했다.[31]

프로사르와 그의 동료들은 이런 성공을 이용해 공산당을 분열시키고 다시 개혁주의 소수파와 통합할 준비를 했다. 결국 프로사르는 1923년 1월에 분열을 촉발했다. 그가 공산당의 "대다수 '정치인', 언론인, 시의원 등"을[32] 데리고 나갔지만, 노동계급 당원은 대부분 충실하게 남아 있었고 분열 후에도 당원은 늘어났다. 그 뒤 프로사르는 (개혁주의 조직인) 프랑스 사회당의 사무총장이 됐다.

노르웨이에서는 결과가 더 안 좋았다. [노르웨이노동당의] 중간주의 지도자인 마르틴 트란멜과 트뤼그베 리(나중에 국제연합UN의 초대 사무총장이 된다)는 1920년 여름부터 분열을 준비했지만 교묘하게 지연시키고 있었다. 그래서 (말로만) 코민테른의 21개 조건을 받아들이면서 혁명적 물결이 분명히 퇴조할 때까지 기다리고 있었던 것이다.

트란멜과 리는 1923년 당대회에서 겉으로는 '자율성'이라는 낯익은 문제를 들고나와 찬성 169표, 반대 110표로 분열을 강행 처리했다. 그래서 그들은 당원의 다수를 얻었다. 그러나 노르웨이노동당은

1920년대 말까지도 꽤나 탄탄한 공산당과 부딪혀야 했다. 노동당은 1924년 총선에서 18퍼센트를 득표해 24석을 얻었는데, 공산당도 6퍼센트를 득표해 6석을 얻었다.[33] 더 중요한 사실은 공산당이 조직 노동계급 기반을 확보했다는 것이다. 그러나 프랑스공산당과 달리 노르웨이공산당NKP은 처음부터 소수였고 조직 노동자들 사이에서도 소수파였다. 트란멜과 노르웨이노동당은 좌파적 언사를 늘어놓으면서도 우파적 행동을 하는 중간주의를 바탕으로 조직 노동자 다수의 지지를 받았다. 그들은 재건된 개혁주의 인터내셔널에 가입하지 않았고, 1936년 노르웨이왕국의 정부를 구성할 때까지 계속 '좌파적 언사'를 늘어놨다.

국제적 책략들

제2인터내셔널과 2.5인터내셔널의 대표들에게 공동전선이 필요한 이유는 우리를 설득해서 터무니없는 양보를 하게 만들고 그래서 우리를 약화시키려 하기 때문이다. 그들은 아무 대가도 치르지 않고 우리 공산주의 세계로 침투하고 싶어 한다. 그들은 노동자들에게 개혁주의적 전술이 옳고 혁명적 전술이 틀리다는 것을 확신시키기 위해 공동전선 전술을 활용하고 싶어 한다. 우리는 노동자들에게 정반대의 것을 확신시키고 싶어 하기 때문에 공동전선이 필요하다.

레닌, "우리는 너무 많은 대가를 치렀다", 1922년 4월

1919년 2월 베른에서 제2인터내셔널을 재건하기 위한 국제회의가 열렸다. 그러나 옛 제2인터내셔널 소속이던 많은 정당이 불참했다. 벨기에 정당은 독일인들과 같이 앉으려 하지 않았기 때문에 참석을 거부했고, 이탈리아와 스위스 정당들은 치머발트 선언에 반대하는 정당들과 같이 앉으려 하지 않았으며, 볼셰비키는 제2인터내셔널 자체를 맹렬히 반대했고, 기타 등등.

일부 중간주의자, 특히 독일독립사회민주당이 참석했지만, 본질적으로 베른 회의는 옛 인터내셔널의 우파 잔당의 대회였다. 대회는 '전쟁범죄' 문제 때문에 마비됐다. 프랑스의 우파는 베르사유조약에 명시된 악명 높은 '전쟁범죄' 조항에 따라 전쟁의 책임을 오로지 '동맹국' 탓으로만 돌리려 했(고, 그래서 독일과 오스트리아 사회민주당만을 비난했)다. 대회는 "최대한 빨리 인터내셔널을 재건하기 위해",[34] 다시 말해 혁명가들에 맞서 우파를 재결집하기 위해 실행위원회를 구성하는 수준에 머물렀다(당시 우파는 나라별로 분열해 있었다).

실행위원회가 1919년 8월 루체른에서 다시 대회를 소집할 무렵에는 공산주의인터내셔널이 이미 창립했고 혁명의 물결이 유럽을 휩쓸고 있었다. 루체른 대회에는 18개 정당이 참석했고(베른 대회에는 23개 정당이 참석했다), 대규모 좌경화가 일어난 듯했다. 독일사회민주당의 '전쟁범죄'에 관한 얘기는 더는 없었고, 오히려 베르사유조약 전체를 분명히 비난했다. 또, 러시아 혁명과 헝가리 혁명을 파괴하려는 연합국의 군사적 간섭도 비난했다.

그러나 우파가 좌파에게 양보하는 미사여구를 늘어놨지만 중간주의자들을 붙잡아 둘 수는 없었다. 급진화한 당원들의 압력이 증대하자, 독일독립사회민주당뿐 아니라 프랑스(이제는 중간주의 지도부가 이끌고 있었다)·오스트리아·미국·노르웨이·스페인의 사회민주주의 정당들도 재건된 제2인터내셔널의 1920년 7월 제네바 대회 전에 인터내셔널에서 탈퇴했다. 결국 새로운 중간주의 인터내셔널인 '2.5인터내셔널', 즉 빈인터내셔널이 결성됐다(공식적으로는 1921년 2월 [빈에서] 창립했다). 그 핵심 세력은 오스트리아 사회민주당이었다. 오스트리아 사회민주당 지도자들은 자국의 부르주아 국가가 (부르주아 민주주의 공화국 형태로) 재건되는 것을 지지하면서도 혁명적 미사여구로 이를 은폐해서 상당수 좌파가 떨어져 나가는 사태를 피해 왔다.

본질적으로 2.5인터내셔널은 이런 책략을 유럽 수준에서 되풀이해 공산주의인터내셔널의 성장을 저지하고 1920년에 공산주의인터내셔널 편으로 넘어간 사람들을 최대한 많이 되찾아 오려는 시도였다. 빈인터내셔널의 구호는 '단결'이었다. 할레 당대회 후의 독일독립사회민주당, 투르 당대회 후의 프랑스 사회당, 영국 독립노동당, 러시아 멘셰비키가 모두 [2.5인터내셔널에] 참가했다. 그들은 모두 합쳐 13개국의 20개 정당이 빈인터내셔널을 지지한다고 주장했다.

1922년 1월 2.5인터내셔널 사무국은 "계급의식적인 전 세계 프롤레타리아의 국제 총회"를 열자는 호소문을 발표했다.[35] 코민테른 집행위원회는 즉시 참석하기로 동의했다. 부활한 제2인터내셔널의 집행위원회는 그 총회를 무산시키려고 일련의 방해 공작을 폈지만, 결국 더 많은 당원을 좌파에게 빼앗길까 봐 두려워서 참석할 수밖에 없었다.

총회는 마침내 1922년 4월 (독일사회민주당의 호의 덕분에) 베를린 제국의회 의사당에서 열렸다. 코민테른을 대표해 클라라 체트킨은 이른바 '유기적 단결'이라는 생각, 즉 '2.5인터내셔널 지지자들'이 제안한 하나의 인터내셔널이라는 생각을 철저히 거부하며 "세계 자본주의의 공격에 대항하는 공동 방어"를 주장했다.[36]

당연히 제2인터내셔널의 대표들(그중 두드러진 인물은 장차 영국의 노동당 소속 총리가 되고 그 뒤에는 보수당의 총리가 되는 제임스 램지 맥도널드였다)은 그런 주장에 관심이 없었다. 그들은 캅카스의 그루지야에서 원래 영국의 군사적 보호 아래 수립됐던 멘셰비키 정부가 바로 직전에 적군赤軍에게 전복된 문제나 러시아에서 반혁명 세력들이 재판에 회부된 문제 따위를 토론하자고 고집을 부렸다.

코민테른 대표단의 양보(레닌은 나중에 그것이 용납할 수 없는 양보였다고 비판했다)로 총회가 즉시 결렬되는 사태는 막았지만 '2.5인터내셔널 지지자들'은 곧 우파와 한통속이 됐다. 그들은 함께 또 다른 회의를 소집하면서 공산주의자들을 배제했다. 결국 1923년 5월 그들은 세력을 통합해 노동자사회주의인터내셔널LSI을 만들었다. 노동자사회주의인터내셔널은 1939년까지 명목상으로 존재하다가 제2차세계대전이 터지자 수치스럽게 붕괴했다.

한편, 노동조합의 국제 조직도 2개가 있었다. 1913년에 독일노동조합총연맹의 매우 우파적인 지도부가 국제노동조합연맹IFTU을 결성했는데, 그것은 대체로 [노동조합이] 사회민주당의 통제에서 독립해 있음을 보여 주려는 시늉이었다. 이듬해 전쟁이 발발하자 국제노동조합연맹은 양대 가맹 단체(영국 노총TUC과 독일노동조합총연맹)가 저마다 '자국' 정부를 지지하는 바람에 붕괴했다.

국제노동조합연맹은 1919년 7월 암스테르담 대회에서 재건됐[고 암스테르담인터내셔널이라고도 불렸]다. 그것은 유럽 우파 [노동조합]들의 요 새였는데, 사회주의에 강력하게 반대하는 미국노동총동맹의 가세로 더 강화했다. 국제노동조합연맹 창립 대회는 거의 1800만 명의 노동 조합원을 대표한다고 주장했다. 지노비예프는 1920년에 다음과 같이 말했다. "이 이른바 노동조합 인터내셔널은 불행하게도 무엇인가를 대표하고 있는데, 실제로는 국제 부르주아지의 보루다."[37]

적색노동조합인터내셔널(흔히 프로핀테른이라고 부른다)은 한편 으로는 국제노동조합연맹에 대항하는 조직으로서, 다른 한편으로는 프랑스와 스페인의 신디컬리스트 노조 조직인 노동조합총연맹CGT과 전국노동조합총연맹CNT과 다른 나라의 더 작은 조직들을 코민테른 쪽으로 끌어당기는 수단으로서 만들어졌다.

코민테른 가입 조건 21개 가운데 10조는 "황색 노동조합인 암스 테르담'인터내셔널'에 대항하는 단호한 투쟁"을 명시했다. 코민테른에 가입한 각국 정당은 "황색 암스테르담인터내셔널과 결별할 필요가 있다는 것을 노동조합원들에게 가장 강력하게 선전해야 한다. 또, 공 산주의인터내셔널을 지지하며 지금 결성되고 있는 적색 노동조합의 국제적 연합체를 온 힘을 다해 지원해야 한다."[38]

1921년 7월에야 비로소 적색노조인터내셔널 창립 대회가 열릴 수 있었다. 대회에는 러시아를 비롯해 이탈리아·불가리아·노르웨이의 노동조합 조직들과 몇몇 소규모 조직들이 참석했다. 대회는 41개국 에서 온 380명의 대표가 "전 세계 노동조합원 총 4000만 명 가운데 1700만 명"을 대표한다고 주장했지만[39] 그것은 극히 의심스러운 주장 이었다. 그러나 이때쯤에는 혁명적 물결이 퇴조함에 따라 공동전선 전술이 전면에 부각되고 있었으므로 이런 상황에서 적색노조인터내셔널을 만든 것이 도움이 되는 일이었는지는 의심스럽다.

3년 뒤에 지노비예프는 다음과 같이 시인했다. "프로핀테른을 창립했을 때는 우리가 정면공격으로 적진을 돌파해서 재빠르게 노동조합을 정복해야 하는 것처럼 보인 시기였다. … 당시에 우리는 노동자들의 다수를 아주 빠르게 설득해서 우리 편으로 만들어야 한다고 생각했다."[40]

사실 이것은 정확한 말이 아니다. 그것은 1921년 여름의 시각이 아니라 1920년의 시각을 표현한 말이기 때문이다. 그러나 그것은 적진으로 쳐들어가 국제노동조합연맹을 패퇴시키려고 한 원래의 결정 이면에 있던 생각을 매우 분명히 보여 준다.

결국 이탈리아의 노동조합 조직이 곧 파시스트들에게 분쇄되고 노르웨이의 노동조합 조직도 머지않아 탈퇴했지만, 프랑스와 체코슬로바키아에서 노동조합운동이 분열한 결과 프로핀테른의 뼈대에 더 많은 살이 붙게 됐다.

프랑스의 유일한 주요 노총이던 노동조합총연맹은 1906년에 혁명적 신디컬리즘 입장을 채택했다(이른바 '아미앵 헌장'). 제1차세계대전으로 입증된 사실 하나는 신디컬리스트들이 사회민주주의 정당을 개혁주의로 의심하며 적대한 것(이것이 신디컬리즘의 본질이었다)은 옳았지만 그렇다고 해서 신디컬리스트들이 항상 자본주의 국가에서 독립적이지는 않았다는 것이다. 노동조합총연맹 안에서는 전쟁을 지지하는 개혁주의 경향과 반대하는 혁명적 경향뿐 아니라, 치머발트 선언을 지지하면서도 볼셰비키에 반대하는 '중간주의' 경향(이들이 일시적으로 다수파를 차지했다)도 급속하게 발전했다.

[노동조합총연맹 내에서] 우파는 좌파와 중간파의 연합 세력이 실질적 다수파가 돼 가는 것을 보고 릴 대회(1921년 7월) 이후 노동조합총연맹을 분열시키고 조직 이름과 대다수 상근 기구를 도용했다. 그래서 좌파는 1922년 6월에 통일노동조합총연맹CGTU을 따로 만들 수밖에 없었다. 당시 통일노동조합총연맹은 프랑스에서 조직 노동자 다수의 지지를 받고 있었으므로 통일노동조합총연맹이 적색노조인터내셔널에 가입하자 국제노동조합연맹은 심각한 타격을 입었다. 통일노동조합총연맹은 또 적색노조인터내셔널 자체도 변형시켰다. 통일노동조합총연맹 지도부 가운데 다수파이던 신디컬리스트들은 코민테른이 임명한 적색노조인터내셔널 집행위원들을 해임할 것을 주장해서 결국 관철시켰다.

이듬해 체코슬로바키아 노동조합 연맹의 체코 국수주의 우파 지도자들은 체코슬로바키아 노동조합원의 다수가 조직돼 있던 노조들을 축출했다. 축출당한 좌파는 '다민족 노총'을 결성했다. 여기서 말하는 다민족은 제1차세계대전이 끝날 무렵 베르사유조약으로 만들어진 신생국가 체코슬로바키아의 인구 다수를 차지하는 소수민족들, 즉 독일인·루테니아인·슬로바키아인·헝가리인·폴란드인을 가리킨다. 이 다민족 노총도 적색노조인터내셔널에 가입했다.

그러나 스페인 전국노동조합총연맹은 결국 암스테르담과 모스크바를 모두 거부했다. 전국노동조합총연맹의 아나코신디컬리스트파는 1922년 6월 사라고사 대회에서 결정적 승리를 거뒀다. 그 대회에서 표결 끝에 (전국노동조합총연맹이 유일한 실질적 가맹 조직이던) 신디컬리스트 인터내셔널, 즉 국제노동자협회AIT를 계속 지지하기로 한 것이다.

처음부터 적색노조인터내셔널은 공산주의에 동조하는 개인이나 단체가 국제노동조합연맹 산하 노동조합에서 탈퇴해야 한다는 초좌파적 생각에 맞서 싸웠다. 적색노조인터내셔널 1차 대회는 다음과 같이 결의했다. "혁명가들이 노동조합에서 철수한다는 이런 전술은 … 반反혁명적 노동조합 관료의 손아귀에서 놀아나는 것이므로 분명하고 단호하게 거부돼야 한다."[41]

얼마 후 암스테르담 국제노동조합연맹에 가입한 개별 노조를 탈퇴하라고 부추겨서는 안 된다는 결정이 내려졌다. 그렇지만 적색노조인터내셔널이 존재한다는 사실 자체가, 노동조합의 단결을 위해 투쟁한다는 필수적 임무를 수행하기 어렵게 만들었다. 노동조합의 단결을 위해 투쟁한다는 것이 적색노조인터내셔널의 공식 강령이었는데도 말이다. 노동조합의 단결을 위한 투쟁 ― "두 노총이 나란히 존재하는 나라들(스페인·프랑스·체코슬로바키아 등)에서 공산주의자들은 이 나란히 존재하는 조직들의 재통합을 위해 체계적으로 투쟁해야 한다"[42] ― 은 국제 노총 자체가 나란히 존재하는 상황 때문에 더 꼬였다. 왜냐하면 이 조직들이 불가피하게 자신을 정당화하는 관성과 기구를 발전시켰기 때문이다.

코민테른 4차 세계 대회는 다시 한번 단결을 호소하고("노동조합의 분열을 막고 노동조합운동의 단결이 파괴된 곳에서는 단결을 회복하기 위해 온 힘을 다해 노력하는 것이 모든 공산당의 임무다"[43]) 신디컬리스트들의 구호인 '자율성' 문제도 다뤘다.

부르주아지가 프롤레타리아에게 미치는 영향이 [노동조합운동의] 중립성 이론으로 표현되고 있다. 그것은 노동조합이 순수하게 직업적인, 즉 협소한 경제적 목표만 내걸어야지 일반적 계급 목표를 내세워서는 안 된다는 것이다. … 부르주아지는 항상 정치와 경제를 분리하는 경향이 있다. 왜냐하면 노동계급을 직업적 이익의 틀 안에 가둬 놓으면 자신들의 지배가 크게 위험해지지 않을 것임을 아주 잘 알기 때문이다. 노동조합운동 내의 아나키스트들도 마찬가지로 정치와 경제를 분리한다. 모든 정치는 노동자들에게 해롭다는 핑계를 대며 노동자 운동을 정치에서 멀어지게 만들기 위해서다. 본질적으로 순전히 부르주아적인 이 이론이 노동자들에게 노동조합의 자율성이라는 이론으로 제시된다. 여기서 자율성이라는 것은 곧 노동조합이 악명 높은 독립성·자율성 핑계를 대면서 공산당을 적대하고 공산주의적 노동자 운동에 선전포고하는 것을 의미한다.[44]

이것은 날카로운 진단이었다. 머지않아 신디컬리스트 노조 관료들, 특히 프랑스 노동조합총연맹과 스페인 전국노동조합총연맹의 노조 관료들도 사회민주주의 정당의 관료들과 마찬가지로 기층 노동자들의 선제 행동과 공산주의의 영향에 적대적이라는 사실이 결정적으로 입증된다. [노동조합의] 자율성은 1914년 이전에는 혁명적(이거나 더 흔하게는 사이비 혁명적) 내용이 있었지만, 가장 뛰어난 신디컬리스트 투사들이 코민테른으로 넘어간 뒤 남아 있는 신디컬리스트 지도자들이 코민테른을 가장 위험한 적으로 여기게 되자 이제는 반동적인 것이 돼 버렸다.

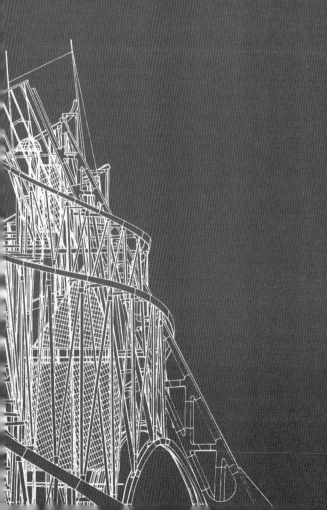

4장

1923년: 결정적인 해

물론 각국 공산당과 그 지도부가 허약한 것은 난데없는 일이 아니라, 유럽 역사의 산물이다. 그러나 객관적으로 혁명적인 모순들이 이미 무르익은 현재 상황에서 공산당은 빠르게 발전할 수 있을 것이다. 물론 코민테른의 올바른 지도가 이 발전 과정을 지연시키지 않고 촉진한다면 그럴 것이라는 말이다.

트로츠키, "제국주의 시대의 전략과 전술", [1928년]

1923년에 소련의 혁명정권과 공산주의인터내셔널의 서로 연결된 운명은 마치 칼날 위에 서 있는 것처럼 아슬아슬했다. 러시아(1923년부터 소련)에서는 정권이 갈수록 관료화하면서 표류하고 있었다. 역사가 E H 카가 지적했듯이 당시는 "일종의 중간기였다. 즉, 공산당과 소비에트에서 논쟁의 소지가 있는 결정들은 최대한 회피하거나 미결 상태로 남겨 두는 [정치적] 휴지기 또는 공백기"였다.[1]

관료 집단은 아직까지 자의식적 계층으로 굳어지지 않았다. 아직은 아무도 감히 '일국사회주의'를 주장하지 못했다. 그러나 이미 레닌은 그 전해에 다음과 같이 말했다.

국가는 우리 수중에 있습니다. 그러나 그 국가는 지난 1년 동안 우리가 원하는 대로 신경제정책을 운용했습니까? 아닙니다. 그런데 국가가 우리가 원하는 대로 움직이지 않았다는 사실을 우리는 인정하지 않고 있습니다. 국가는 어떻게 움직였습니까? [국가]기구는 자신을 지도하는 손을 따르지 않았습니다. 그것은 마치 운전자가 원하는 방향이 아니라 다른 누군가가 원하는 방향으로 가고 있는 자동차와 비슷했습니다. 뭔가 신비하고 제멋대로 움직이는 손, 아무도 모르는 누군가(아마 부당이득자이거나 사적 자본가이거나 아니면 둘 다)의 손이 그 자동차를 몰고 있는 것처럼 말입니다. 그것이 누구 손이든 간에, 그 차는 운전대를 잡은 사람이 원하는 방향이 아니라 완전히 엉뚱한 방향으로 나아가기 일쑤입니다.[2]

그 "신비하고 제멋대로 움직이는 손"은 러시아에서 산업의 쇠퇴, 절망적일 만큼 낮은 노동생산성, 문화적 후진성, 일반적 결핍이 낳은 엄청나게 강력한 사회 세력들의 산물이었다. 이 사회 세력(반동 세력, 즉 러시아판 '테르미도르' 반동 세력)은 아직 실제 정치로 표현되지 않았기 때문에 1923년에는 그 결과가 확실히 결정되지 않았다. 마르크스가[*] 과거의 역사적 행위자들에 관해 썼듯이, 지배자들은 "정말 의식적으로" 행동했지만 "일종의 허위의식을 갖고" 그랬다. 그들 가운데 어느 누구도 실제로 무슨 일이 일어나고 있는지 제대로 이해하지 못했다.

---

* 엥겔스의 오타인 듯하다.

'테르미도르'라는 말은 코민테른 지도부 다수에게 낯익은 것이었다. 당연히 그들은 고전적 부르주아 혁명인 1789~1794년의 프랑스 대혁명을 공부했다. 1794년 7월 27일, 즉 프랑스 혁명력에 따르면 테르미도르[열월熱月] 9일에 자코뱅 독재를 무너뜨리고 들어선 정부가 우경화하더니 이듬해에 총재정부라는 이름을 사용했다. 이것은 결국 사회적 반동과 나폴레옹 보나파르트 독재로 이어졌다.

'테르미도르'는 1920년대 소련에서 벌어진 논쟁들에서 많이 사용된 단어였다. 당시 소련에서 일어나고 있던 것이 정말 테르미도르 반동이었을까? 그것이 사실이라면, 테르미도르 반동의 계급적 기반은 무엇이었을까? 1923년에는 이런 물음의 해답을 아직 찾을 수 없었다. 그러나 테르미도르 반동의 위협은 눈에 보였고, 러시아공산당과 독일공산당의 좌파 경향들은 이미 그것에 대해 진지하게 생각하고 있었다. 그렇다면 코민테른 지도부와 러시아공산당 지도부에서 실제로 무슨 일이 일어나고 있었을까?

레닌은 이제 "운전대를 잡은 사람"이 아니었다. 그는 1921년 12월 아파서 쓰러진 뒤 부분적으로만 건강이 회복됐다. 1922년 5월에는 뇌중풍으로 몸의 일부가 마비됐고 일시적으로 언어능력을 상실했다. 그해 12월에는 두 차례나 뇌중풍으로 쓰러졌다. 1923년 3월 네 번째 쓰러진 뒤에는 정치 활동을 전혀 할 수 없었다. 1924년 1월 숨질 때까지 그는 식물인간이나 다름없었다. 따라서 1923년에 레닌은 코민테른의 방향에 아무 영향도 미칠 수 없었다. 이 사실은 상당히 중요하다. 왜냐하면 레닌만큼 엄청난 권위가 있을 뿐 아니라 혁명의 동역학도 깊이 이해하는 사람은 아무도 없었기 때문이다.

제1차세계대전과 내전, 기근, 외국 열강의 간섭을 거치며 러시아의 산업 기반이 파괴되고 노동계급이 극심하게 약화한 상태였으므로 러시아 혁명의 부활이 절실히 필요했다. 이제 혁명의 부활은 그 어느 때보다 나라 밖에서 일어나는 사건들, 특히 독일에서 일어나는 사건들에 달려 있었다. 그러므로 러시아 혁명의 부활은 유럽 각국 공산당, 특히 독일공산당 지도부의 성숙함과 정치적 능력에, 또 그들을 도와주고 지도할 수 있는 코민테른 중앙의 능력에 달려 있었다.

코민테른 4차 세계 대회에서 중앙 기구가 상당히 정교하게 다듬어졌다. 모든 나라의 공산당 대표들과 코민테른 집행위원 25명이 함께 모이는 '확대 집행위원회' 회의를 네 달에 한 번씩 열기로 했다. 러시아공산당 정치국을 본뜬 상임간부회뿐 아니라 조직국, 선전선동부, 통계부 등이 설치됐다. [그러나] 이 중에서 어떤 것도 코민테른 집행위원회의 정치적 능력을 향상시키지 못했다.

러시아 공산당원 세 사람, 즉 지노비예프·부하린·라데크가 계속 결정적 구실을 했다. 그들의 전력을 볼 때 이 조합을 신뢰하기는 힘들었다. 지노비예프와 부하린은 독일에서 3월 행동의 미친 짓을 지지했다. 또 지노비예프는 1917년 10월 러시아 혁명 때 무장봉기에 반대했다. 라데크는 똑똑했지만 레닌이 말했듯이 "줏대가 없었다."

사실 1919년부터 이 세 사람이 코민테른을 지배했지만, 달라진 점이 있었다. 트로츠키는 몇 년 뒤에 다음과 같이 썼다. "레닌이 살아 있을 때도 인터내셔널을 직접 지도하는 일은 지노비예프·라데크·부하린이 맡았다. [그러나] 조금이라도 중요한 문제들을 해결해야 할 때는 언제나 레닌과 내가 관여했다. 말할 필요도 없이, 인터내셔널의 근본적 문제들은 모두 레닌이 열쇠를 쥐고 있었다."³ 그런데 이제 레닌은 아무것도 할 수 없게 됐고, 전에 레닌의 지지를 받으며 코민테른에 영향을 미치던 트로츠키는 (이후 사건들에서 드러나듯이) 이제는 그런 영향력을 발휘할 수 없었다.

그렇지만 1923년에 일어난 사건들의 결과를 단순히 코민테른 중앙의 탓으로만 돌릴 수는 없다. 코민테른 중앙은 결코 전능하지 않았다. 불가리아공산당 지도부와 독일공산당 지도부의 정치적 약점이 훨씬 더 중요했다. 야전 부대와 지휘 본부의 약점이 결합된 것이 치명적이었다.

러시아공산당을 제외한 각국 공산당에는 정치적으로 단련되고 경험을 통해 배운 간부 당원들이 모자랐다는 것이야말로 결정적 약점이었다. 그런 약점은 짧은 시일 안에 극복할 수 있는 것이 아니었다. 시간이 흘러서 이런 사정을 파악하고 있는 오늘날 우리는 그런 간부 당원들을 양성할 수 있다. 만약 우리가 제대로 배울 수만 있다면 말이다.

불가리아의 패배

무너진 정부를 지지하는 사람들과 새 정부를 지지하는 사람들 사이의 무장투쟁은 아직 끝나지 않았다. 공산당과 공산당 깃발 아래 모인 수많은 노동자·농민은 이 투쟁에 참여하지 않고 있다. … 그것은 도시 부르주아지와 농촌 부르주아지 사이의, 다시 말해 자본가계급의 두 분파 사이의 권력투쟁이다.

"불가리아공산당 중앙위원회 성명서", 1923년 6월 11일[강조는 지은이]

1923년 6월 9일 불가리아 군대와 경찰이 쿠데타를 일으켜 알렉산드르 스탐볼리스키가 이끄는 농민연합당 정부를 전복했다. 불가리아 우파 정당 지도자들이 부추긴 그 쿠데타는 마케도니아 민족주의 단체인 마케도니아국내혁명기구 산하 군사 조직의 지원을 받았다.* 이후 벌어진 투쟁에서 불가리아공산당은 그 투쟁을 "자본가계급의 두 분파 사이의 투쟁"으로 규정하고 중립을 선언했을 뿐 아니라, 쿠데타에 대항하는 투쟁에 자발적으로 참여한 플레벤 지방 공산당원들을 비난하고 징계했다.

그것은 카프 쿠데타에 대한 독일공산당 지도자들의 처음 반응이 더 나쁘게 되풀이된 것이었다. 더 나쁘다고 말하는 이유는 평당원들이 압력을 넣었는데도 그런 태도가 바뀌지 않았기 때문이고, 독일공산당과 달리 불가리아공산당은 신생 조직이 아니라 1903년부터 활동한 조직이었기 때문이다.

불가리아공산당의 이런 수동성 때문에 쿠데타 지도자 알렉산드르 찬코프는 스탐볼리스키와 농민연합당의 저항을 쉽게 분쇄할 수 있었다. 찬코프는 부르주아 정당 대표들과 (이 점이 중요한데) 불가리아사회민주노동당 대표들을 들러리로 내세운 군사정권을 세웠다.

---

* 마케도니아국내혁명기구는 스탐볼리스키가 제1차세계대전 후 불가리아 영토를 대폭 할양한 평화조약에 서명한 것에 불만을 품고 있었다.

불가리아공산당 지도자들은 기회주의자도 겁쟁이도 아니었다. 그들은 탄압과 투옥에도 불구하고 제국주의 세계대전에 단호하게 반대했다. 또 그들은 흔히 말하는 무능력자도 아니었다. 그들은 대중운동을 건설했고 사회민주주의자들을 별 볼 일 없는 세력으로 만들었다.

1923년 1월 지방선거는 발칸반도 기준에서는 자유선거였는데, 그 선거 결과를 보면 당시의 세력균형을 어느 정도 알 수 있다. "농민연합당은 총투표수의 절반이 약간 안 되는 43만 7000표를 얻었다. 그 다음으로는 불가리아공산당이 23만 표를 얻었다. 부르주아 정당들은 전부 합쳐도 겨우 22만 표를 얻는 데 그쳤고, '광범한'(즉, 우파) 사회주의자들[불가리아사회민주노동당]은 겨우 4만 표를 얻었다."[4] 그 뒤 4월 실시된 총선(야당들은 선거가 협박과 조작으로 얼룩졌다고 비난했다)에서 농민연합당이 50만 표를 얻은 반면 공산당은 21만 표를 얻을 만큼 여전히 대중의 신뢰를 받고 있었다. 공산당원 수는 3만 9000명이었는데, 인구가 500만 명도 되지 않는 나라에서는 꽤나 많은 수였다. 또 공산당은 아직 취약한 노동조합들도 대부분 통제했다.

그렇다면 1923년 6월 위기 때 왜 공산당은 제대로 행동하지 못했을까? 1월에 공산당은 노동자와 농민의 정부라는 요구를 채택했지만 (불가리아 인구의 약 5분의 4가 농민이었다) 다음과 같이 선언했다. "오늘날 불가리아에서 노동자와 농민의 정부는 공산당과 농민연합당의 연립정부를 통해 또는 둘이 연합해 구성한 농민 정부를 통해 실현될 수 없다."[5]

이것은 확실히 옳았다. 노동자와 농민의 정부라는 신축성 있는 구호에 혁명적 내용이 담길 수 있으려면, 혁명 과정에서 농민 정당이 분열해야만 했을 것이다. 예컨대, 1917년 말에 러시아에서 볼셰비키가 농민 정당인 사회혁명당[이 좌파와 우파로 분열하자 그] 좌파와 소비에트 연립정부를 구성했을 때 바로 그런 일이 일어났다.

불가리아공산당 지도자 카박치에프가, 농민연합당을 지배하는 것은 부농(쿨라크)과 농촌 부르주아지라고 말한 것은 완전히 옳았다. 그는 올바르게 다음과 같이 주장했다. "노동자와 농민의 정부는 오로지 대중의 혁명적 투쟁을 통해, 즉 도시 프롤레타리아와 소농과 땅 없는 농민의 독립적 투쟁을 통해서만 수립될 수 있다."[6] 그러나 이 흠잡을 데 없는 정설적 분석은 찬코프 쿠데타 문제에는 전혀 적합하지 않았다.

1917년 8월 러시아의 볼셰비키는 코르닐로프 장군이 케렌스키 정부를 전복하려고 쿠데타를 일으키자 이에 대항하는 투쟁에 모든 힘을 쏟았다. 당시 케렌스키 정부가 볼셰비키를 탄압해서 레닌은 지하로 숨어야 했고 트로츠키는 투옥됐다. 또 케렌스키 정부 자체가 반쯤은 코르닐로프와 동맹 관계였다. 아무리 그랬어도 볼셰비키는 코르닐로프가 승리하면 노동계급과 혁명에 엄청난 타격이 될 것이라는 중요한 사실을 결코 놓치지 않았다.

그렇지만 볼셰비키는 케렌스키를 정치적으로 지지하지는 않았다. 레닌은 다음과 같이 말했다.

케렌스키의 군대가 코르닐로프에 대항해 싸우듯이 우리도 싸워야 하고 싸우고 있습니다. 그러나 우리는 케렌스키를 지지하지 않습니다. 오히려 우리는 그의 약점을 폭로합니다. … 지금 우리는 케렌스키에 직접 반대하는 운동을 벌이기보다는 간접적으로 반대하는 운동을 펼쳐 나가야 합니다. 즉, 코르닐로프에 대항하는 훨씬 더 능동적이고 정말로 혁명적인 전쟁을 요구해야 합니다. 이런 전쟁이 발전해야만 우리가 권력을 장악할 수 있습니다.[7]

러시아에서는 실제로 이런 일이 일어났다. 불가리아에서도 결과가 똑같았을지는 확신할 수 없다. 그러나 불가리아공산당은 투쟁을 삼갔는데, 이 정책 때문에 결국 재앙에 빠졌다. 불가리아공산당 지도자들은 볼셰비키의 반反코르닐로프 투쟁이나 독일의 카프 쿠데타에서 배운 게 없었다. 그들은 스탐볼리스키한테서 정치적 독립성을 지키는 데 너무 몰두하다가 수동성에 빠져서 주된 위험, 즉 찬코프를 보지 못했다. 트로츠키가 카박치에프를 "생기 없는 공론가"라고 부른 데는 그럴 만한 이유가 있었던 것이다. 새로운 상황의 실상을 파악하지 못한 것이 불가리아 재앙의 뿌리였다.

6월 12일부터 계속 회의를 연 코민테른 집행위원회는 올바른 태도를 취했다. 지노비예프는 다음과 같이 말했다. 불가리아공산당은 "백군에 대항하는 공동 투쟁을 조직하기 위해 농민과 동맹해야 하고 심지어 가증스러운 스탐볼리스키와도 동맹해야 한다."[8] 그러나 이 중요한 순간에도 불가리아공산당은 자신의 노선을 끈질기게 고수했다. 아마 더 나은 대의를 위해 그랬다면 칭찬할 만했을 것이다.

불가리아공산당 협의회는 7월 초에 다음과 같은 성명을 발표했다.

당 협의회는 6월 9일 사건에 대해 당 중앙위원회가 취한 태도를 완전히 지지한다. … 그것은 … 당시 상황에서 유일하게 가능한 태도였다. 당 협의회는 쿠데타 사건에 대한 당의 전술과 관련해서 코민테른 집행위원회와 … 불가리아공산당 사이의 이견은 코민테른이 6월 9일 사건에 대해 정확한 정보를 얻지 못한 데서 비롯했다고 생각한다. … 코민테른 집행위원회는 노동 대중에게 보내는 호소문에서 공산당이 농민연합당 지도자들과 힘을 합쳐야 한다고 주장했는데, 이에 대해 당 협의회는 … 농민 지도자들이 농촌 근로 민중의 이익을 배신해서 잃어버린 영향력을 공산당이 되찾아 주는 것은 잘못이라고 생각한다.[9]

코민테른의 압력은 말할 것도 없고 현실 자체가 곧 이런 태도를 옹호할 수 없게 만들었다. 찬코프 정부는 일단 농민연합당의 저항을 진압하고 나서 방향을 돌려 공산당을 집중적으로 탄압했다.

격렬한 내부 논쟁 끝에 공산당 지도부는 1923년 8월에 공동전선 전술로 선회했다. 이것은 올바른 태도였지만 너무 늦었다. 불행히도 공산당 지도부는 거기서 멈추지 않았다. 6월에 기회를 놓친 그들은 이제 노동자와 농민이 혼란에 빠지고 후퇴하는 상황에서 불가리아판 '3월 행동'을 준비했다. 무장봉기를 계획한 것이다. 원래 10월에 무장봉기를 하려다가 나중에 9월 22일로 날짜를 고쳐 잡았다.

그것은 재앙이었다. 찬코프는 무장봉기 계획을 눈치채고 선수를 쳐서 공산당원을 대거 체포했다. 9월 19일부터 28일까지 산발적 봉기가 일어났지만 며칠 만에 진압됐다. 진지한 정치적 준비도 전혀 없었고 상황도 매우 불리했다. 그 무장봉기는 순전히 모험주의적 행위였다. 결국 봉기가 진압된 뒤 전례 없이 잔인한 백색테러가 난무했다.

불가리아의 9월 재앙은 6월 재앙과 달리 국내에서 비롯한 것이 아니었다. 코민테른 상임간부회의 지노비예프·부하린 지도부가 9월 재앙을 부추겼다. 6월에 발표된 코민테른의 공식 선언은 일반적 관점으로만 얘기했지만("지금은 쿠데타 세력이 진짜 적이므로 그들을 반드시 물리쳐야 한다. 백군의 반란에 맞서 단결해 투쟁하자"), 8월에 지노비예프가 파견한 바실 콜라로프는 훨씬 더 구체적인 지침을 전달해서 실패가 뻔한 무장봉기를 감행하게 만들었다.

사태가 진정된 뒤에, 실패한 봉기를 비판한 사람들은 불가리아공산당 지도부에서 쫓겨난 반면에(대다수는 나중에 당에서 제명됐다) 무조건 코민테른에 복종해야 한다고 주장한 콜라로프와 게오르기 디미트로프가 모스크바의 승인을 받은 망명 지도부가 됐다.

독일의 10월

지난해 하반기에 우리가 독일에서 목격한 것은 세계사적으로 중요하고 완전히 예외적인 혁명적 상황을 어떻게 놓쳐 버릴 수 있는지를 보여 주는 전형적 사례였다.

트로츠키, 《10월의 교훈》, 1924년

1921년 8월 예나 당대회에서 독일공산당은 당내 좌파의 반대를 무릅쓰고 공동전선 전술을 승인하고 부분적 요구 강령을 채택했다. 3월 행동 직후라 성급하게 어떤 결과를 기대할 수 없었지만 이듬해 여름에 공산당은 상당한 성과를 올렸다.

1922년 6월에 요제프 비르트가 이끄는 연립정부(사회민주당도 주요 구성 부분이었다)의 외무부 장관 라테나우가 민족주의자 자객에게 암살당했다. 그것은 군대·경찰과 느슨하게 연결된 우파 폭력 조직들이 잇따라 저지른 살인 사건의 절정이었다. 1919년 1월 이후 그런 살해 행위가 적어도 354건 있었지만 겨우 24건만 유죄판결을 받았고 그조차 평균 4개월 징역에 불과한 보잘것없는 형이 선고됐다.[10]

라테나우가 살해당한 뒤 공산당은 군대·공무원·사법부에서 우파를 쫓아내고 정치수를 모두 사면하고(수천 명의 정치수가 있었는데 압도 다수는 좌파였다) 민족주의 폭력 조직들을 금지하라고 요구하는 대중 시위에 독일노동조합총연맹과 사회민주당과 독립사회민주당 잔당(9월에 사회민주당과 통합하게 된다)이 동참하도록 강제할 수 있었다. 운동의 규모가 커지자 비르트 정부는 원칙적으로 이런 요구에 양보하는 법안을 제출하지 않으면 안 된다고 느끼게 됐다.

그러나 이제 아르카디 마슬로프와 루트 피셔가 이끄는 공산당 좌파는 마이어와 브란틀러가 이끄는 당 지도부 다수파의 전술을 격렬하게 비판했다. 좌파의 주장은 대부분 쓸모없는 것들이었지만(사실상 '공세 이론'의 변종이었다) 한 가지 주장은 살펴볼 만하다. 정부나 (정부의 생명 줄 노릇을 하는) 사회민주당 지도자들에게 뭔가를 요구하는 것은 부르주아 민주주의에 대한 환상을 강화하고 사회민주당과 독일노동조합총연맹의 관료들이 정말로 반동 세력에 대항해 싸울 수 있을 것이라는 환상을 강화할 뿐이라는 주장이 바로 그것이다.

이 주장은 세 가지 점에서 틀렸다. 첫째, 3월 행동의 미친 짓 이후에 절실히 필요했던 것은 공산당원들이 **실천**에서 공동전선 전술을 받아들이게끔 하는 것이었고 라테나우 암살 사건은 그렇게 할 수 있는 절호의 기회였다. 당시 주된 위험은 초좌파주의였지 기회주의가 아니었다.

둘째, 비록 개혁주의 지도자들에게 뭔가를 요구하는 전술이 잘못 사용되는 경우가 흔했고, 때로는 그 전술을 맹목적으로 추구하기도 했지만, 소수파 노동자 정당이 다수의 노동자를 행동으로 끌어들이기 위해 하는 대중 선동에는 그런 면이 있을 수밖에 없다. 이런 대중 선동은 라테나우 암살 사건이 일어났을 때 가능한 일이었고 실제로 어느 정도 성과를 거뒀다. 정부가 어떤 조치를 취하도록 강제하기 위해 **대중행동**을 촉구하는 것이, 곧 결의안 통과나 설득의 결과로 정부가 조치를 취해 주기를 기대하는 것(이것은 개혁주의적 사고방식이다)과 똑같은 것은 결코 아니다. 부르주아 민주주의에 대한 환상을 강화할 것이라는 문제로 말하자면, 노동계급의 대중행동으로 얻은 성과는 모두 의회주의를 강화하기보다는 계급의식과 자신감을 끌어올릴 것이다.

셋째, 국가가 나서서 우파(라테나우 암살 사건의 경우에는 민족주의 폭력 조직들)를 억압하라고 요구하는 것은 사실 매우 위험한 일이지만, 그것이 포함된 요구 전체는 개혁주의자나 중간주의자와 타협한 결과일 수밖에 없으므로 **특정한 상황**에서는 정당한 것으로 볼 수 있었다.

이것과 그 밖의 공동전선 활동, 특히 노동조합 안에서 이뤄진 공동전선 활동은 단기적으로 공산당에 유리한 결과를 가져왔다. 당원

수가 1921년의 낮은 수준에서 회복돼 1922년 말에는 약 21만 8000 명으로 늘어났다. 당원 수보다 당의 영향력은 훨씬 더 증대했다고 공산당은 주장했다. 같은 기간에 사회민주당은 4만 7000명의 당원을 잃었다.

불행히도 이런 경험은 부정적 결과도 가져왔다. 대부분 우파적인 공산당 지도부는 이제 사회민주당에, 특히 사회민주당 좌파에게 지지를 호소해서 거의 평화적으로 한없이 성과를 올릴 수 있을 것이라고 확신하게 됐다. 마이어와 브란들러 모두 처음에는 3월 행동을 지지했다가 나중에는 모험주의에 격렬히 반대하며 뒷걸음쳤는데 이제는 공동전선 전술을 매우 우파적으로 해석했다.

그래서 1923년 1월 라이프치히에서 열린 당대회에서 공산당 우파의 "노동자 정부" 결의안은 다음과 같이 주장했다.

노동자 정부는 프롤레타리아 독재와 똑같은 것도 아니고 프롤레타리아 독재를 평화적 의회주의 방식으로 수립하려는 것도 아니다. 노동자 정부는 노동계급이 체제의 틀 안에서 그리고 당분간 부르주아 민주주의 방식을 이용해 프롤레타리아 조직들과 대중운동의 지지를 받아 노동계급의 정책을 실행하려는 것이다.[11]

122표 대 81표로 통과된 이런 주장은 당면 투쟁과 노동자 권력이라는 목표를 분리하는 낡은 사회민주주의 이론으로 분명히 돌아가는 매우 위험한, 따라서 용납될 수 없는 입장이었다. 공산당이 그런 입장을 채택했을 때, 이미 위태롭고 불안정하던 바이마르공화국이 더

욱 심각하고 새로운 위기에 빠졌다. 물가가 급등하고 있었고, 1923년 1월 11일 프랑스 군대가 독일의 공업 중심지인 루르를 점령했다.

물가 급등은 1922년 6월부터 본격적으로 시작됐다. 6월에 미화 1 달러를 사려면 300마르크가 필요했는데, 6개월 뒤에는 8000마르크 가 필요했다. 독일 마르크화의 대외 가치는 대략 6주마다 절반 수준 으로 떨어졌다. 국내 물가 인상 속도는 그만큼 빠르지는 않았지만, 그 래도 전례 없이 빨랐다. 물가 인상이 임금에 미친 효과는 재앙적이었 다. 예컨대, 1920년에 독일 광원들의 실질임금은 1914년 수준의 60 퍼센트에서 90퍼센트로 올랐지만 1922년에는 1914년 수준의 절반도 안 되게 떨어졌다.[12]

이것은 앞으로 닥칠 사태에 비하면 아무것도 아니었다. 1923년 늦 여름에 독일 통화는 사실상 가치가 없었다. [1924년에] 새로 발행된 라 이히스마르크를 토대로 통화가 마침내 안정을 되찾았을 때 1라이히 스마르크의 가치는 1조 마르크로 정해졌다!

1922년의 물가 급등은 주로 대기업들이 임금을 크게 삭감하려고 노력한 결과였다. 1923년에 뒤따른 초超인플레이션도 대기업과 빌헬 름 쿠노의 새 우파 정부가 서구 열강, 특히 프랑스에 대항하려고 사 용한 무기였다. 마침내 인플레이션은 자생력을 가진 괴물 같은 것이 돼 버렸다. 그래서 한편으로는 독일 국내의 계급 세력균형이, 다른 한 편으로는 독일과 서구 열강 사이의 관계가 모두 어느 쪽으로든 결정적 으로 변하지 않고는 인플레이션을 통제할 수 없게 됐다.

1922년 11월에 비르트 연립정부를 대체한 쿠노 정부는 1918년 이 래 가장 우파적이었다. 쿠노 정부는 사회민주당과 노동조합 없이(사실상 그들의 뜻을 거슬러서) 통치하고, 여전히 남아 있는 1918년 [혁명]의 사회적 성과들, 특히 8시간 노동제를 폐기하고, 실질임금을 더 많이 삭감하고, 프랑스 정부와 연합국이 전쟁 배상금의 대폭 축소를 받아들이도록 강제하고자 했다.

베르사유조약에 따라 독일 국가는 주로 프랑스와 벨기에에 전쟁 손해 '배상금'을 해마다 얼마씩 나눠 지급해야 했는데, 그 총액이 금화로 1320억 마르크였다. 다시 말해, [제1차세계대전 발발로 금본위제가 폐지된 후 금과 교환되지 않고] 이미 크게 평가절하된 1919년의 통화가 아니라 그보다 엄청나게 높은 1914년 이전 통화가치로 평가된 금액이었다. 이것이 다가 아니었다. 이 막대한 '배상금'에는 독일 석탄 총생산량의 4분의 1을 넘겨주는 것도 포함됐다.

쿠노는 [프랑스에] 배상금 감축 협상을 강제할 요량으로 석탄 인도를 게을리했다. 레몽 푸앵카레가 이끄는 역시 우파적인 프랑스 정부는 이에 대한 보복으로 1923년 1월 벨기에 군대의 지원을 받아 루르를 군사점령해서 석탄을 직접 가져가려 했다. 이틀 뒤 독일 정부는 점령군에 대한 '수동적 저항과 비협조'를 호소했다. 독일 정부는 프랑스 정부를 곤란하게 만들 뿐 아니라, 독일 국내에서도 열광적 민족주의 분위기를 부추겨서 우파에 대한 노동자들의 저항을 약화시키려 했다. 처음에는 그렇게 하는 데 어느 정도 성공했다.

공산당은 잘 대응했다. 쿠노가 제국의회에서 자신의 정책과 '민족 단결'에 대한 신임투표를 요구했을 때 반대표를 던진 것은 몇 안 되는 공산당 의원들뿐이었다. 공산당의 노선은 다음과 같은 구호로 요약됐다. '루르에서는 푸앵카레를 물리치고, 슈프레강[베를린 도심을 관통

하는 강 — 지은이]에서는 쿠노를 물리치자!'

코민테른은 국제적 연대 운동을 조직했다. 프랑스공산당은 [1923년 1월 1일] 프로사르와 그의 친구들이 탈당한 직후 강력한 운동을 조직 했다.

1월 18일, 19일, 20일 파리의 여러 지역에서 루르 점령에 항의하는 집 회가 30여 개나 조직됐다. [공산당 기관지] 〈뤼마니테〉는 쿠민테른과 프 로핀테른이 프랑스 노동자들에게 다음과 같이 주장하는 호소를 실었 다(1월 19일). "여러분의 적은 국내에 있습니다. … 정부의 탄압으로 말 할 것 같으면 … 프랑스 정부는 제 본분을 다했습니다. 4월 말쯤 상테 [교도소 — 지은이]는 공산당원 … 신디컬리스트 … 공산주의청년단 회 원 등으로 가득 차 있었습니다. … 그들의 죄목은 '국내외에서 국가 안 보를 위협하는 범죄 도발'부터 '병사들의 의무 불이행을 유도하기 위한 도발 행위'까지 아주 다양했습니다."[13]

이런 국제적 선동은 독일 노동자들 사이에서 처음에는 강력하던 '민족 단결'의 호소력을 약화시킨 한 요인이었다. 또 다른 요인은 루르 의 기업인들이 프랑스 정부와 협력하는 것이 이익이 될 때는 언제나 그랬다는 명백한 사실이었다. 셋째 요인이자 가장 중요한 요인은 4월 에 시작된 천문학적 인플레이션이었다. 물가가 1주일마다 갑절로 뛰 더니 나중에는 날마다 그랬다. 임금이 쓸모없어지자 루르에서 시작된 경제 파업 같은 대규모 비공인 파업 물결이 5월과 6월과 7월 초에 독 일 대부분 지역을 휩쓸었다.

노동조합 지도부는 통제력을 잃었다. 공장 평의회들이 실질적 지도 기구가 됐다. 이미 1922년 말에 공산당의 영향력 아래 있던 베를린 공장 평의회가 독일노동조합총연맹 지도부에게 전국 공장 평의회 대회를 소집하라고 요구했다. 예상대로 이 요구가 거절당하자 베를린 공장 평의회는 독자적으로 전국 공장 평의회 대회를 소집했다. 압도적으로 공산당의 영향을 받는 전국 조직의 핵심이 만들어졌다.

공산당의 영향력은 1923년 봄에 투쟁이 분출하자 훨씬 더 커졌다. 두 가지 선제 행동이 특히 중요했다. 첫째는 우파에 대항하기 위해 '프롤레타리아 백인대', 즉 작업장에 기반을 둔 사실상의 노동자 시민군을 결성하자는 호소였다. 둘째는 공장 평의회와 노동계급 주부들로 이뤄진 '[물가]통제위원회'를 만들어 물가 상승을 막기 위한 직접행동에 나서자는 호소였다. 공산당의 집계에 따르면, 가을쯤 약 800개의 프롤레타리아 백인대에 모두 합쳐 6만 명가량의 노동자가 속해 있었다. 나중에 트로츠키는 공장 평의회가 사실상 소비에트를 대신할 수 있었을 것이라고 주장했다. 실제로 공장 평의회는 소비에트 형태의 조직에 가까웠다.

공산당의 영향력과 당원은 급속하게 증대해 6월까지 7만 명의 당원을 얻었다. 개혁주의 관료의 통제를 받지 않는 노동계급 조직들이 등장했다. 또 대중이 급진화했고, "이렇게는 못 살겠다"는 분위기가 팽배해 있었다.

간단히 말해 혁명적 상황이었다.

그러나 그 결과는 여느 때와 마찬가지로 지도력에 달려 있었다. 운동은 초점, 즉 구체적 목표가 있어야 했다. 그것을 쟁취하면 권력 장악을 위한 투쟁으로 나아가게 해 줄 그런 목표 말이다. 그리고 실질적 권력 장악을 조직해야 했고, 1919년에 사회민주당이 다시 만들어 낸 부르주아 국가를 파괴해야 했다. 이 모든 것을 위해서는 독일공산당이 단호하면서도 유연해야 했다. 즉, 레닌이 말한 "정치적 분별력"이 필요했다. 명확한 목표가 있어야 하는 동시에, 끊임없이 변화하는 상황에 신속하게 대응해야 했다.

여름까지 공산당의 행동은 잠시 민족주의에 동요한 것을 제외하면 결코 나쁘지 않았다.[14] 사실 공산당은 5월 파업 물결에 놀랐지만, 공장 평의회를 중심으로 탄탄한 공동전선 활동을 전개한 덕분에 상황에 적응할 수 있었다. 그리고 공산당이 평의회들에 제시한 방향도 의심할 여지없이 옳았다. 그러나 이것만으로는 충분하지 않았다.

공산당은 일반적 정치 구호들('쿠노는 퇴진하라', '노동자 정부 쟁취하자'가 공산당의 주된 요구였다)이 필요했을 뿐 아니라 구체적 목표들, 즉 자신의 영향력과 운동의 열기를 검증할 수 있고 노동자들이 사회민주당 우파에서 떨어져 나오게 할 수 있는 대중행동의 구체적 요구들도 필요했다.

공산당은 '반反파시즘 행동의 날'에서 그런 목표를 하나 찾아낸 듯했다. 그때는 극우파도 성장하고 있었다. 비록 독일 대부분 지역에서 극우파의 영향력은 여전히 좌파보다 훨씬 더 작았지만 말이다. 그러나 바이에른에서는 우파 주 정부가 사회민주당조차 탄압했고, 나치당이 군대 일부의 상당한 지지를 받는 세력으로 성장하고 있었다. 7월 초에 브란들러는 파시스트에 대항하는 무장투쟁을 준비하고 7월 29일 전국 '반파시즘 행동의 날'에 공세적 시위를 벌이자고 호소했다.

그런데 이것은 여전히 공동전선 활동이었다. 공산당은 모든 노동자 조직들한테 시위에 참여하라고 촉구했다. 그렇게 한 것은 옳은 일이었다. 더구나 그것은 방어(공동전선을 형성하는 이유)에서 공격으로 전환할 수 있는 길을 열어 줬다. 왜냐하면 당시 상황에서 시위가 벌어지면 폭력 사태가 일어날 게 뻔했고 사회민주당 우파는 그런 시위에 반대할 게 뻔했기 때문이다. 그래서 사회민주당 우파와 좌파 사이에 얼마나 차이가 있는지를 실천에서 검증할 수 있었고, 또 정당에 가입하지 않은 노동자들이 투쟁 호소에 응할 마음이 있는지 없는지도 실천에서 검증할 수 있었다.

'반파시즘 행동의 날'을 호소한 것은 모험주의가 아니었다. 수많은 노동자의 머릿속에는 카프 쿠데타의 기억이 생생하게 남아 있었다. 쿠노 정부가 실패하고 있다는 것은 누가 봐도 알 수 있었다. 우파가 다시 공화국을 전복하려고 나설 수 있는 것처럼 보였다. 브란들러는 다음과 같이 썼다. "쿠노 정부는 결딴났다. 국내외 위기 때문에 쿠노 정부는 재앙에 빠지기 직전이다. 우리는 격렬한 투쟁을 눈앞에 두고 있다. 행동에 나설 만반의 준비를 해야 한다."[15]

거기까지는 좋았다. 그런데 공산당 지도부는 곧 겁을 먹기 시작했다. 독일에서 가장 큰 주州인 프로이센의 사회민주당 정부가 공산당이 제안한 시위를 금지했다. 다른 주 정부들도 그 뒤를 따랐다. 그러나 사회민주당 좌파가 통제하던 작센과 튀링겐 주 정부들은 그러지 않았다. 브란들러는 공산당 지도부 안에서 우파와 좌파 둘 다의 반대에 부딪혔다. 우파와 좌파는 뿌리 깊은 분파주의 때문에 브란들러의 제안을 좋은 것이든 나쁜 것이든 죄다 반대한 듯하다. 그는 코민테른 집행위원회에 전보를 쳐서 물어봤다. [지노비예프·부하린과 함께 집행위원회를 이끌던] 라데크가 보낸 답신에는 다음과 같이 쓰여 있었다. "인터내셔널 상임간부회는 7월 29일 시위를 취소하라는 조언을 드립니다. … 함정이 있을까 봐 걱정스럽습니다."[16] 독일공산당은 그 말을 따랐다.

그것은 심각한 잘못이었다. 그것은 위험을 가장 적게 무릅쓰고 세력균형을 실제로 가늠해 볼 수 있는 아주 좋은 기회였고, 게다가 성공하면 더 거센 공격으로 나아갈 수 있는 기회였다. 그런데 그 기회를 놓쳐 버렸다. 그것 자체는 나중의 사건들이 보여 줬듯이 재앙을 부를 만한 잘못은 아니었지만, 독일공산당 지도부와 코민테른 중앙이 모두 분열돼 있고 허약하고 자신감 없음을 보여 주는 불길한 조짐이었다.

정작 당시에는 이 후퇴가 거의 인식되지 않았다. [공세적 무장] 시위 대신 [평화롭게] 열린 대중 집회 덕분에 그 후퇴는 전혀 드러나지 않았고, 베를린 집회에는 청중이 20만 명이나 모였다고 한다. 8월 초에 초인플레이션이 절정에 달하자 훨씬 더 큰 파업 물결이 새롭게 솟구쳤다. 이 파업이 상황을 바꿔 놨다. 베를린 공장 평의회 대표들은 8월 11일 당장 총파업을 벌여 쿠노를 퇴진시키고 노동자 정부를 세우자고 호소했다. 총파업으로 수도가 마비됐다. 다른 곳에서는 상황이 유동적이었지만 파업 규모는 충분하다는 것이 드러났다.

마침내 쿠노는 두 손을 들었다. 새 정부가 구성됐다. 그것은 노동자 정부가 아니라 사회민주당과 모든 '명망 있는' 부르주아 정당으로 이뤄진 '대연정'이었다. 공산당과 나치만 제외됐다. 새 총리 구스타프 슈트레제만은 쿠노와 마찬가지로 우파 정당 당원이었지만, 쿠노의 계획이 실현될 수 없음을 알고 있었다. 슈트레제만은 사회민주당을 이용해 노동자들을 통제하려 했고(사회민주당원 4명을 장관으로 임명해 '좌파 정부처럼 보이게' 만들었다), 영국 지배계급과 미국 지배계급의 도움을 받아 프랑스 정부와 타협을 보려 했다.

여기서 사회민주당은 핵심적이고 필수적인 구실을 했다. 그때까지만 해도 독일 부르주아지는 거의 가망이 없는 것처럼 보였다. 당시의 독일과 유럽 정치에 특히 정통한 역사가 E H 카는 다음과 같이 썼다. "독일 안팎에서 … 슈트레제만 정부가 폭풍우를 견뎌 낼 수 있을 것이라고 믿는 사람은 … 거의 없었다."[17]

사회민주당은 심각하게 분열했다. 비록 사회민주당은 제국의회에서 쿠노의 정책에 찬성하거나 기권 표를 던지면서 마지막 순간까지 쿠노를 '용인'했지만, 당의 우파 지도부는 갈수록 의원단조차 통제하기 어려워졌다. 슈트레제만 정부에 대한 신임투표에서 사회민주당 의원 171명 가운데 53명이 규율을 어기고 기권했다. 공산당의 공동전선 전술이 실질적 성과를 거둔 것이다.

작센과 튀링겐에서는 사회민주당 좌파가 지배하는 주 정부가 사회민주당 중앙의 적대감을 사면서도 공산당의 지지를 받아 통치하고 있었다. 이런 사실들은 중요하다. 1923년 8월쯤 공산당 자체는 아니더라도 공산당의 정치 노선이 독일 노동자 대다수의 지지를 받았음을 보여 주는 증거의 일부이기 때문이다. 그중에서도 가장 중요한 사실은 사회민주당 지지자 수십만 명이 대중 파업에 참가했다는 것이다.

문제는 그 '노동자 정부'라는 것이 의회를 통해서는 실현될 수 없다는 것이었다. 노동자 정당들은 제국의회에서 다수파가 되지 못했다. 몇몇 주에서는 다수파였다. 그런 주에서는 사회민주당과 공산당이 협력하면 표결 때 다수파가 될 수 있었다. 그렇지만 당분간 결정적으로 중요한 것은 베를린 중앙이었다. 사회민주당은 '실현 가능성'을 근거로 자본가계급과 연합하면서, 그것이 '차악'이라고 둘러댔다. 사회민주당을 지지하거나 어떤 정당도 지지하지 않는 다수의 노동자는 공장 평의회를 대안적 정부로 여기지 않았다. 그래서 투쟁이 잠잠해졌다. 공산당은 새로운 방향을 제시해야 했다.

의심할 여지없이 당시는 혁명적 상황이었고, 십중팔구 봄보다 더 혁명적인 상황이었다. 정치적으로 우파든 좌파든 많은 관찰자가 이 점을 증언하고 있다. 한 사람의 말만 들어 봐도 충분히 알 수 있다.

9월과 10월과 11월에 독일은 심각한 혁명적 경험을 하고 있었다. … 100만 명의 혁명가가 공격 신호를 기다리며 준비하고 있었고, 그들 뒤에는 수백만 명의 실업자, 굶주리는 사람들, 절망에 빠진 사람들, 즉 고통에 시달리는 민중이 "우리도, 우리도" 하며 중얼거리고 있었다. 군중의 근육은 단련돼 있었고, 손에는 이미 모제르총을 쥐고 제국 군대의 장갑차에 맞서 싸울 태세가 돼 있었다.[18]

어떤 정치적 요구가 필요했을까? 독일공산당은 어떤 구호를 내놔야 했을까?

공산당은 계속 노동자 정부를 요구했고, 사회민주당한테 부르주아 정당들과 갈라서라고 요구했다. 의심할 여지없이 이것은 대체로 옳았지만 본질적으로 선전 구호였다. 옳았고 필요했지만 혁명적 상황에서는 한참 부족했다. 그렇다면 무엇이 필요했을까? 공산당은 사회민주당 좌파가 통제하고 공산당의 지지를 받는 주 정부들을 방어하라고 호소했다. 당시 상황에서 이것은 노동자들의 다수를 설득해서 행동에 나서게 할 수 있는 아주 좋은 방법이었다. 그리고 이런 방어 행동은 머지않아 공격으로 바뀔 수 있었다. 단, 그런 방어 행동이 독일 전체로 널리 퍼지고 루르와 프로이센으로 확산된다면 말이다.

그러면 이제 다시 코민테른 중앙을 살펴보자. '반파시즘 행동의 날'에 대한 조언을 부탁하는 브란들러의 전보가 모스크바에 도착했을 때, 레닌은 식물인간 상태였고 다른 영향력 있는 소련 지도자들은 모두 휴가 중이었다. 라데크는 그들에게 전보를 쳐야 했다. 그들이 보낸 대답(지노비예프와 부하린은 '반파시즘 행동의 날'에 시위를 해야 한다고 말했고, 스탈린은 시위를 취소하라고 말했고, 트로츠키는 "모르겠다"고 말했다)보다 훨씬 더 중요한 사실은, 트로츠키를 포함해 그들 모두 소련 국내 문제에 너무 몰두해 있던 탓에 독일에서 전개되는 혁명적 상황을 진지하게 고려하지 못했다는 것이다.

쿠노의 몰락이 그들을 일깨워 줬다. 잠시 동안 소련 지도부는 마지막으로 단결해서, 독일공산당의 권력 장악을 위한 노력을 함께 지지했다. 스탈린조차 일시적으로 움직였다. 그는 [탈하이머에게 보낸 편지에서] 다음과 같이 썼다. "독일의 다가오는 혁명은 우리 시대의 가장 중요한 [국제적] 사건입니다. 유럽과 미국의 프롤레타리아에게 독일 혁명의 승리는 6년 전의 러시아 혁명보다 훨씬 더 중요할 것입니다. 독일 혁명의 승리는 세계혁명의 중심을 모스크바에서 베를린으로 옮겨 놓을 것입니다."[19]

그러나 [전투를 준비하기 위한] 나팔 소리가 분명하지 않았다.* 모스크바의 촉구에도 불구하고 독일공산당 지도자들은 작센과 튀링겐을 성공적으로 방어한 후 공격으로 전환할 수 있을 것이라는 자신감이 전혀 없었다. 지난 5년 동안 그들이 저지른 잘못들, 즉 스파르타쿠스단의 봉기, 카프 쿠데타 초기의 기권주의, 3월 행동은 모두 '좌파주의적' 오류였다. 거기서 그들은 교훈을 잘 배웠다. 그런데 배워도 너무 잘 배웠다. 진정한 혁명적 상황에 직면하자 그들은 움츠러들고 뒷걸음쳤다.

그들이 무장봉기를 이야기한 것은 분명히 사실이다. 그러나 대담하고 단호하게 이야기하기보다는 무서워 떨면서 이야기했다. 그들은 무장봉기의 기술적 준비를 했다. 사실 그들은 실무적·군사적 준비의 필요성을 과대평가한 나머지 정치적 준비, 즉 대중 선동의 필요성, 노동계급 대중과 계속 접촉할 필요성을 소홀히 여겼다.

무장봉기 계획은 (독일과 소련 공산당, 코민테른 지도부가 서로 절충해 뒤죽박죽이었는데) 독일공산당이 작센과 튀링겐 주 정부에 들어가서(사회민주당 좌파 지도자들은 공산당을 '좌파적 외피'로서 간절히 바라고 있었다) 그 지역 병기고의 무기로 노동자들을 무장시킨다는 것이었다. 그래서 필연적으로 중앙정부가 제국 군대를 파병하면 그 노동자들이 저항하면서 독일 전역에서 프롤레타리아 백인대를 동원해 무장봉기를 감행한다는 것이었다.

---

* 지은이가 《고린도전서》 14장 8절의 표현을 빌린 것이다.

그러나 이 계획에는 중요한 약점들이 있었다. 첫째, 사회민주당 좌파는 내전을 치를 태세가 돼 있지 않았다. 그들은 일부러 꾸물거리면서 공산당의 발목을 잡았다. 둘째, 공산당은 기술적·정치적 책략에 너무 집착한 탓에 상황에 맞는 정치적 과제들(대중 선동, 부분적 투쟁들을 지지하고 지도하기, 투쟁의 열기를 8월 수준으로 다시 끌어올리기 등)을 상대적으로 소홀히 했다.

10월 20일 제국 군대가 작센으로 쳐들어왔다. 작센 주 정부의 사회민주당 다수파는 무장 저항도 전국적 총파업 호소도 지지하기를 거부했다. 그러자 공산당 지도부는 이런 압력에 굴복해서 10월 22일로 예정된 전국적 무장봉기를 취소했다. 그러나 이 소식이 함부르크에 전달되지 않은 탓에 그곳에서는 고립된 봉기가 일어났지만 고립됐으므로 결국 분쇄됐다.

그래서 독일의 10월은 슈트레제만과 부르주아지의 승리로 끝났다. 그리고 이것은 코민테른의 운명을 결정하는 사건이었음이 드러났다.

독일 자체에서는 그것이 결정적 패배가 아니었다. 비록 1918년 이후 가장 심각한 후퇴였지만 말이다. '대연정'은 여전히 사회민주당에, 다시 말해 노동관료들에게 의존했다. 독일 노동자 운동은 힘이 약해지기는 했지만 파괴되지는 않았다. 공산당도 비록 한동안 불법화했지만 분쇄되지는 않았다. 사회민주당과 비교하면 공산당은 사실 1924년에 기반이 강해진 듯했다. 1920년 이후 처음 실시된 1924년 5월 총선에서 사회민주당은 600만 8900표를 얻어 99석을 얻은 반면, 공산당은 369만 3300표를 얻어 62석을 차지했다. 순전히 선거라는 관점에서 보면 이것은 발전이었고, 브란들러를 몰아낸 공산당 '좌파' 지도자들도 그렇게 주장했다. 총선 전에 공산당의 의석은 겨우 14석이었기 때문이다.

(나치는 공산당이 얻은 표의 절반이나 되는 191만 8300표를 얻었다. 이것은 1923년 패배 이후 또 어느 정도는 1923년 패배의 결과로 나치의 위협이 커졌음을 보여 줬다. 혁명의 물결이 일고 있지도 않은 때에 말이다.)

그러나 사실 이것은 독일공산당의 발전이 아니라 쇠퇴였다. 1924년 6월에 트로츠키는 다음과 같이 주장했다.

지난 총선에서 독일공산당은 370만 표를 얻었다. 물론 공산당은 프롤레타리아의 매우 뛰어난 중핵이다. 그러나 그 수치를 동태적으로 평가해야 한다. 지난해 8~10월에 선거가 치러졌다면 공산당은 비할 바 없이 많은 표를 얻을 수 있었을 것이라는 점은 의심할 여지가 없다. 다른 한편으로 선거가 두세 달 뒤에 실시됐다면 공산당의 득표가 더 적었을 것임을 시사하는 증거가 많다. 다시 말해 이것은 공산당의 영향력이 이제는 쇠퇴하고 있다는 뜻이다. 이 점을 보고도 못 본 체하는 것은 어리석은 짓이다. 혁명적 정치는 현실을 외면하는 정치가 아니다. …

[러시아의 ─ 지은이] 1905년 혁명이 패배한 후 운동이 레나 사태의* 자극을 받아 다시 고양되기까지 7년이 걸렸다. … 지난해 독일 프롤레타리아는 매우 심각한 패배를 당했다. 이 패배를 완전히 이해하고 그 교

---

* 레나 학살 1912년 4월 러시아 레나 금광에서 광원 6000여 명이 파업을 벌이다 수백 명이 학살당한 사건. 이에 분노한 노동자 30만 명이 항의 파업에 참가했다.

훈을 몸에 익히고 한 번 더 힘을 모아 패배의 아픔에서 벗어나려면 분명히 상당한 시간이 필요할 것이다. 그리고 공산당 자신도 지난해 경험의 교훈을 충분하고 완전하게 몸에 익혀야만 프롤레타리아의 승리를 보장할 수 있을 것이다.

이런 과정들이 진행되려면 얼마나 많은 시간이 필요할까? 5년? 12년? 정확히 몇 년이라고 얘기할 수 없다. … 그러나 지금 우리가 보고 있는 현상은 썰물이지 밀물이 아니므로 당연히 우리의 전술도 이런 상황에 맞는 것이어야 한다.[20]

그러나 독일공산당이 실제로 한 일은 완전히 부적절하게도 좌선회, 어느 정도는 초좌파적 바보짓으로 선회하는 것이었다. 그 뒤 1925년에는 다시 오른쪽으로 너무 틀어 버렸다. 그랬어도 공산당은 여전히 노동계급 안에 있는 하나의 세력이었다. 비록 사회민주당보다는 작은 세력이었지만 말이다. 공산당은 1930~1932년에 다시 한번 중대한 기회, 마지막 기회를 맞이하게 된다. 그러나 그때쯤 독일공산당은 코민테른의 도구로 전락해 있었고, 코민테른 자체도 순전히 소련 외교정책의 도구가 돼 있었다.

소련에서 일어난 반동

우리가 현실을 애써 외면하려 하지 않는다면, 지금 우리 당의 프롤레타리아 정책을 결정하는 것은 당의 사회적 구성이 아니라, 선임 당원이라 할 수 있는 소수 집단의 엄청난 신망이라는 사실을 인정해야 합니다. 그 집단 안에서 약간의 충돌만 일어나도 이 신망이 (파괴되지는 않더라도) 대단히 약해져서 그들의 정책 결정권이 산산조각 날 것입니다.

레닌, "중앙위원회에 보내는 편지", 1922년 3월

소련에서도 1923년 10월은 결정적이었다. 병들고 관료화한 노동자 국가가 급격하게 우경화했다. 관료들은 집단적 자의식을 갖기 시작했는데, 그것은 늘 그렇듯이 다른 집단들의 의식과 대립하는 그들만의 의식이었다. 1923년 10월에는 이미 관료의 지도자로 떠오른 스탈린조차 "독일의 다가오는 혁명은 우리 시대의 가장 중요한 국제적 사건입니다" 하고 쓸 정도였다.

독일 혁명이 패배하자 관료 집단 안에서 이런 분위기는 급속하게 사라졌다. 이 관료 집단을 더 자세히 살펴볼 필요가 있다. 1922년 3~4월에 열린 러시아공산당 11차 당대회(레닌이 참석할 수 있었던 마지막 당대회) 개막 연설에서 레닌은 다음과 같이 말했다.

4700명의 공산당원이 책임 있는 지위를 맡고 있는 모스크바의 저 어마어마한 관료 기구, 산더미처럼 거대한 관료 기구를 보면서, 우리는 도대체 누가 누구를 지도하고 있는지를 물어야 합니다. 공산당원들이 저 거대한 기구를 지도하고 있다고 진심으로 말할 수 있을지 정말 의심스럽습니다. 사실을 말하자면 공산당원들은 지도하는 게 아니라 지도받고 있습니다. … 러시아소비에트연방사회주의공화국과 러시아공산당의 책임감 있는 공산당원들이 스스로 행정 능력이 없다는 것을, 자신들이 지도하고 있다고 생각하지만 사실은 지도받고 있다는 것을 깨달을까요?[21]

이 관료들의 압도 다수는 정치적으로 "방울무" 같은 존재였다. 즉, 겉은 붉지만 속은 완전히 하얀 무 같았다. 그들은 소비에트 관리로 변신한 러시아 중간계급 출신들이었다. 어떻게 이런 일이 일어났을까? 레닌의 대답은 흥미로운 사실을 보여 준다. "그들의 문화는 보잘 것없고 하찮은 것이지만 그래도 우리의 문화보다는 수준이 높습니다. 비록 보잘것없고 수준 낮은 문화지만 그래도 책임 있는 지위에 있는 우리 공산당원 관리들의 문화보다는 수준이 높습니다. 왜냐하면 후자는 행정 능력이 없기 때문입니다."[22]

레닌의 대답이 흥미로운 이유는, 그가 《국가와 혁명》에서 "국가 아닌 국가"이자 "모든 요리사도 통치할 수 있는" 국가라고 묘사한 코뮌 국가가 더는 존재하지 않는다는 것을 당연시했기 때문이다. 국가를 통제하는 일은 더는 노동자 권력의 문제가 아니라 "방울무"의 문화 수준과 공산당원들의 문화 수준의 차이 문제라는 것이다!

그러나 이것은 [혁명적] 정당이 노동자들을 대신해서 국가를 통제하는 극단적 대리주의다. 그리고 레닌도 그것을 알고 있었다. 그는 마르크스주의자가 현실을 직시하지 않는다는 것을 상상도 할 수 없을 만큼 대단히 심오한 마르크스주의자였다. 그래서 외부의 지원을 받을 수 있을 때까지, 즉 공업화가 충분히 이뤄진 나라들의 노동계급, 완전한 자력 해방과 자치 능력이 있는 노동자들이 러시아 노동자들을 도와주러 올 때까지 버티며 그런 폐해를 최소화할 수 있는 임시

방편이라도 찾으려고 애썼다. 레닌은 의식이 깨어 있던 생애 마지막 몇 달 동안 반신불수 상태였는데도 국가와 당 안에 있는 관료들에 대항해 필사적으로 투쟁했다. 그래서 스탈린을 당 서기장 자리에서 해임할 것을 제안한 것이다. 그러나 그것은 위로부터 시작되는 투쟁이었고 당시 상황에서는 그렇게 할 수밖에 없었다. 그리고 국제적 계급 세력균형의 실질적 변화가 없이는 선임 당원들의 "엄청난 신망"으로도 "프롤레타리아 정책"을 오랫동안 유지하는 것은 불가능했다.

독일의 10월은 바로 그런 국제적 계급 세력균형의 변화였지만, 불리한 방향으로 변화였다. 레닌이 죽고 나서 트로츠키 반대 운동이 벌어졌다. 뒤이어 레닌의 이름을 딴 당원 배가 운동, 즉 '레닌 입당'이 대대적으로 전개됐다. 그것은 혁명과 내전 시기에 당에 가입하지 않은 사람들, 계급투쟁을 통해 가입하지 않던 사람들을 대거 받아들이는 것이었다. 이제서야 당에 가입한 그들은 대부분 후견과 승진, 점차 특권을 통제하는 사람들에게 빌붙으려는 자들이었다. 그리고 마침내 관료 집단의 '독립 선언'이 있었다. 그것이 바로 '일국사회주의'라는 새로운 이데올로기였다.

1924년 5월까지도 스탈린 자신이 정설 마르크스주의의 주장을 다음과 같이 되풀이했다.

사회주의의 주요 과제, 즉 사회주의적 생산을 조직하는 일은 아직 완수되지 않았다. 몇몇 선진국 프롤레타리아의 공동 노력 없이도 이 과제를 한 나라에서 완수하고 사회주의가 최종 승리를 거두는 것이 가능할까? 아니다. 그것은 불가능하다. ⋯ 사회주의적 생산을 조직하려면 한 나라의 노력, 특히 러시아 같은 농업국의 노력만으로는 충분하지 않다. 몇몇 선진국 프롤레타리아의 노력이 필요하다.[23]

그러나 1923년 10월 독일 혁명이 실패하자 국제사회주의 혁명이라는 목표를 계속 고수하는 것은 [관료들에게] 거의 매력이 없어졌다. 입지를 굳히고 갈수록 특권을 많이 누리던 관료 집단의 주된 관심사는 국내외의 반동 때문에 자신들이 쫓겨나지 않는 한 어떤 대가를 치르더라도 안정을 유지하는 것이었다. 계속되는 국제주의적 '모험'으로 혁명이 일어날 만한 위기가 발생하면 제국주의 열강이 다시 소련에 개입하는 사태가 벌어질 수도 있을 것이라고 관료들은 걱정했다.

이것이 기본적 진실이다. 그러나 그것을 너무 단순하게 보면 안 된다. '특권'은 매우 상대적이었다. 그것은 오늘날[1980년대] 소련의 평범한 노동자와 고위 관료 사이에 존재하는 엄청난 생활수준 차이 같은 것이 결코 아니었다. 그러나 당시 소련의 도시 노동계급 가운데 약 20퍼센트가 실업자였다. 그런 상황에서 안정된 사무직은 '특권'이었다. '당', 즉 당 기구에 충성하면 그런 자리를 얻을 수 있다는 것은 현실에 순응하게 만드는 강력한 유인이었다. 그리고 노동계급의 이런 보수화 추세를 강화한 것은 농민 대중 사이에서 비교적 부유한 농민층이 등장했다는 사실이다. 바로 이 사회 세력들이 스탈린의 당 기구를 떠받친 기반이었다.

'일국사회주의'는 신흥 관료 집단의 욕구와 열망에 잘 들어맞았다. 그것은 관료들이 통제할 수 없는 국제적 계급투쟁보다는 그들이 통제할 수 있는 일국의 영역에 관심을 집중하는 것을 뜻했다. 트로츠키가 말했듯이, 일국사회주의는 "바로 관료의 정서를 표현한 것이었다. 그들이 사회주의의 승리를 말했을 때 그것은 사실 관료 자신의 승리를 의미했다."[24]

그러나 이것은 싸움의 시작일 뿐이었다. 1923~1924년에 소련 관료들은 자신들이 독립적 사회 세력이라는 정치적 의식을 이제 막 느끼고 있었다. 격렬한 정치적·경제적 투쟁들을 많이 치른 뒤에야 비로소 관료들은 당과 국가를 모두 정치적·경제적으로 지배하면서 일국적 발전을 핵심 목표로 삼고 밀어붙일 수 있었다.

1923년 말까지도 스탈린의 당 기구는 여전히 주요 공산당들에 명령을 내릴 수 있는 처지가 결코 아니었다. 여전히 소련 안팎의 혁명적 경향들을 조심스레 다뤄야 했다. 스탈린의 당 기구는 자신들보다 혁명적 신망이 더 높은 동맹 세력들이 필요했고, 여전히 강력한 코민테른 1~4차 대회의 전통을 뒤엎으려면 시간이 필요했다. 따라서 독일의 10월 직후에 스탈린의 당 기구는 트로츠키가 대표하는 혁명적 국제주의라는 진품을 없애 버리기 위해 지노비예프의 [가짜] '좌파 노선'을 지지했다.

1924년 12월쯤에는 '일국사회주의'를 신봉한다는, 다시 말해 소련을 믿는다는 신앙고백이 당에 대한 충성심과 신뢰도를 측정하는 잣대가 됐다. 스탈린조차 겨우 몇 달 전에야 인정한 견해를 신봉한다고 고백하는 무분별한 사람들이 늘어났다.

이런 사태는 코민테른에도 심각한 영향을 미쳤다. 코민테른은 여전히 필요했다. 소련의 경제력과 군사력은 여전히 약했다. 소련 지배자들은 최대한 외부의 지지를 얻어야 했다. 그러나 이제 코민테른은 국제사회주의 혁명이 아니라, 소련의 외교정책에 점점 더 종속될 수밖에 없었다. 그 때문에 코민테른은 모스크바의 명령을 충실하게 따르는 도구로 전락해서 마침내 보수적 세력이 돼야 했다. 그 과정이 완료되기까지는 오랜 시간이 걸렸다. 그러나 1923년은 전환점이었다.

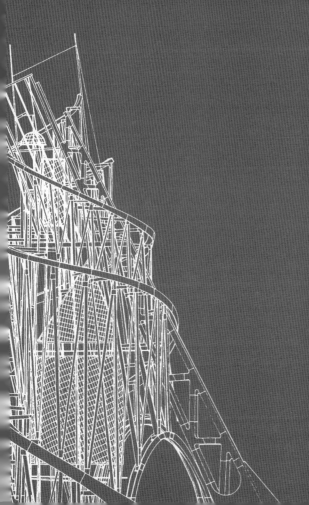

5장

좌우로 오락가락 1924~1928년

가장 중요한 공산당들의 정책은 5차 대회에 맞게 방향이 조정됐다. 그러나 곧 아무 효과도 없다는 것이 드러났다. 각국 공산당의 발전을 가로막은 가짜 '좌파 노선'의 오류는 [나중에] 새로운 경험주의적 우왕좌왕을 거쳐 급격한 우편향으로 이어졌다. … 모험주의적 좌파 노선은 우파 중간주의 형태의 노골적 기회주의로 바뀌었다.

트로츠키, "제국주의 시대의 전략과 전술"

독일판 10월 혁명이 실패하자 코민테른 지도부의 즉각적 반응은 코민테른이 모든 단계에서 올바른 구실을 했다고 주장하고 무고한 사람들을 속죄양으로 만들고 독일에서 혁명적 상황이 지속되고 있다고 선언하는 것이었다. 1924년 1월 코민테른 집행위원회는 다음과 같이 주장했다. "지난해 9월 코민테른 집행위원회가 독일 상황을 평가한 기본적 내용은 본질적으로 변하지 않았다. 투쟁 국면의 성격과 독일공산당의 주요 임무는 여전히 똑같다. 즉, 독일공산당은 무장봉기와 권력 장악 문제를 현안에서 제외해서는 안 된다."[1]

트로츠키가 시큰둥하게 말했듯이, 그것은 "혁명이 이미 등을 돌린 후에 그 등을 얼굴이라고 믿는" 것과 마찬가지였다.[2] 또, 그것은 단명한 '좌편향'의 전형이었는데, 그 특징은 미사여구와 허세, 몽상, 무엇보다도 정직한 평가를 회피하는 태도였다. 이와 함께 약간 수줍은 초좌파주의도 있었다. 그러나 모든 공산당이 다 그런 것은 아니었다. 영국·미국·중국·유고슬라비아의 공산당들은 '좌편향'의 영향을 받지 않았다.

또 각국 공산당 지도부의 변화도 있었다. 독일에서는 좌파들, 즉 아르카디 마슬로프와 루트 피셔와 그 지지자들이 공산당을 장악했다(독일공산당은 1924년 3월에 합법적 지위를 회복했다). 폴란드에서는 1923년 11월에 총파업이 벌어지고 크라쿠프에서 지역적 무장봉기가 있었는데, 아돌프 바르스키, 헨리크 발레츠키, 베라 코스트셰바로 이뤄진 '우파' 지도부가 헨리크 돔스키, 조피아 운슐리흐트, 율리안 렌스키 같은 좌파들로 교체됐다. 프랑스에서는 [트로츠키 지지자들인] 로스메르, 모나트, 보리스 수바린이 제거되고 지노비예프 추종자들인 알베르 트렝과 쉬잔 지로가 지도부에 임명됐다. 스웨덴에서는 우파인 칼 세트 회글룬드가 칼 킬봄으로 교체됐다.

그러나 이런 변화는 결코 정치적으로 똑같지 않았다. 아직까지는 스탈린의 코민테른이 아니라 지노비예프의 코민테른이었다. 지노비예프·스탈린·카메네프의 이른바 '삼두 체제'(트로이카)는 1924년 1월 소련공산당 13차 협의회와 5월 13차 당대회에서 [트로츠키의] 좌익반대파를 물리쳤다. 그들은 이제 '레닌주의'(당시 '레닌주의'는 트로츠키의 정치 노선에 반대한다는 것을 의미했다) 숭배를 강력하게 부추기고 있었고, 외국 공산당들도 '레닌주의'를 숭배하게 만들려고 열심히 노력한 끝에 결국 성공했다. 이제 코민테른은 지노비예프의 작은

왕국 비슷한 것이 됐다. 그러나 아직 각국 공산당 내에서는 어느 정도 논쟁이 있었다. 새로운 좌파 지도자들은 비록 정도 차이는 있었지만 저마다 당내에 진정한 지지 기반이 있었다. 그들이 모두 그저 소련의 꼭두각시에 불과한 것은 아니었다. 의미심장하게도, 그들 대다수는 곧 코민테른 집행위원회와 충돌하게 된다.

그래서 마슬로프·피셔파는 1924년 4월 독일공산당 프랑크푸르트 당대회에서 압도적 다수파가 돼, 코민테른이 파견한 대표 마누일스키가 새 지도부에 옛 지도부의 일부를 포함시켜 마슬로프·피셔파의 승리를 누그러뜨리려고 한 시도를 저지했다. 스웨덴에서는 킬봄이 의심할 여지없이 다수의 지지를 받았고, 아마 코민테른의 지지가 없었더라도 회글룬드를 축출할 수 있었을 것이다. 그러나 폴란드와 프랑스의 상황은 약간 달랐다.

1923년 가을 폴란드·프랑스·독일의 공산당 중앙위원회들은 트로츠키에 대한 비판이 너무 폭력적이라며 소련공산당 중앙위원회에 이렇게 저렇게 항의했다. … 이 사건은 심각한 결과를 낳았다. 스탈린은 이 항의를 결코 잊지도 않았고 용서하지도 않았다. 당시 코민테른 의장이던 지노비예프는 그런 항의를 자신에 대한 불신임투표로 여겼다.[3]

폴란드공산당KPP의 바르스키·발레츠키·코스트셰바 지도부가 비판받은 것은 그들이 1923년 11월에 우왕좌왕했다는 사실보다 그들이 트로츠키를 비난하기를 꺼렸다는 사실과 더 관계가 있었다. 그들 대신 지도부가 된 사람들은 진정한 지지를 받았지만 다수파는 아니었다. 새 지도부가 승리할 수 있었던 것은 코민테른 집행위원회가 개입한 덕분이었다. 프랑스의 트렝과 지로는 훨씬 더 그랬다. 결국 지노비예프가 아주 나쁜 선례를 남긴 셈이었다. 머지않아 지노비예프와 그 지지자들도 그 선례의 희생자가 됐다.

정치적으로, '좌편향'의 시기는 실천에서 공동전선 전술을 포기하고(특징처럼 입으로는 계속 얘기했다), 악명 높은 '사회파시즘' 이론이 처음 등장하고, '볼셰비키화'가 추진됐다는 점에서 중요하다.

'볼셰비키화'는 1924년 6~7월에 열린 코민테른 5차 세계 대회의 표어였다. 그것은 레닌 사후 소련에서 부추겨진 레닌 개인숭배와 정확히 짝을 이루는 것이었고, 그 실제 내용도 똑같았다. 즉, 정통 레닌주의의 수호자를 자처하는 '삼두 체제'에 무조건 복종하고, 모든 비판적 목소리, 특히 트로츠키를 적대시하는 것이었다. 당연히 이런 '레닌주의'는 레닌 자신의 정치적 정신과는 아무 공통점도 없었다. 그보다 몇 년 전[1917년]에 레닌 자신은 위대한 혁명가들의 운명에 관해 다음과 같이 썼다. "그들이 죽은 뒤에 [억압 계급은] 그들을 무해한 우상으로 개조하려고, 말하자면 그들을 성인의 반열에 올리려고 한다. 그래서 [피억압 계급을 '위안'하고 속이기 위해 어느 정도] 그들의 이름을 신성시하는 동시에 그들의 혁명적 이론에서 핵심 내용을 제거하고 혁명적 날카로움을 무디게 하고 그 이론을 비속화한다."[4] 이것은 당시 이른바 '레닌주의'가 한 구실, 또 코민테른에서 그것과 짝을 이루는 '볼셰비키화'가 한 구실을 정확히 묘사하는 말이다.

공동전선 전술에 관한 5차 세계 대회의 주장은 형식적으로는 올바른 것이었다.[5] 어쨌든 '삼두 체제'는 레닌의 망토를 걸치고 있었고,

공동전선 문제에 관한 레닌의 주장들은 아주 최근의 것인 데다 널리 알려져 있었다. 그러나 [코민테른의] 지향과 전술에 관한 지노비예프 연설의 전체적 강조점은 방향이 달랐다. 지노비예프 노선의 핵심은 '오직 아래로부터' [공동전선]이었는데, 그것은 공동 행동을 다른 정당이나 노동자 조직의 기층 조직원들에게만 제안해야지 그 지도부에게 제안해서는 안 된다는 것을 의미했다.

그런데 공동전선 전술이 분명히 적절하지 않은 상황, 즉 그릇된 전술인 상황이 실제로 존재한다. 러시아의 1917년 9~10월, 즉 무장봉기전 몇 주 동안의 상황이 바로 그랬다. 당시 볼셰비키가 멘셰비키와 우파 사회혁명당에 공동전선을 제안했다면, 권력 장악 투쟁에서 뒷걸음치겠다는 뜻이었을 것이다. 또 혁명적 좌파가 극히 허약할 때도 공동전선 전술은 그릇된 것이(거나 적절하지 않)다. 공동전선은 곧 **공동 행동**이므로 혁명가들이 그런 행동을 실행할 수 있는 실질적 힘이 없다면 아무 의미가 없는 것이다.

공동전선 전술이 적절하지 않다고 판단되면, 정치적으로도 그렇게 말해야 한다. 코민테른 5차 대회에서 채택된 정치 노선의 전반적 요점은 [노동계급의] **공세**가 여러 나라에서, 특히 독일에서 일정에 올라 있다는 것이었다. 이것은 완전히 잘못된 주장이었지만, 만약 그것이 사실이었다면 대회는 공동전선 전술(방어적 전술임을 명심해야 한다)을 적어도 부차적이거나 특정한 경우에는 완전히 잘못된 것으로 여겨야 했다.

그러나 그러지 않았다. 오히려 '오직 아래로부터' 공동전선 노선이 선포됐다. 그것은 말도 안 되는 헛소리였다. 공동전선 전술의 본질은 다른 노동자 조직의 기층 조직원들뿐 아니라 그 지도부에게도 공동 행동을 호소한다는 것이다(물론 모든 것은 기층 조직원들의 반응에 달려 있다). 그런 공동 행동을 통해 기층 조직원들이 자기 지도부의 정치보다 혁명적 정치가 우월함을 깨닫게 만드는 것이 공동전선 전술이다. 기층 조직원들에게만 공동 행동을 호소하는 것은 결코 공동전선이 아니다. 그것은 단순히 개인들에게 공산당과 협력하거나 공산당에 가입하라고 호소하는 것일 뿐이고, 어쨌든 혁명가들이 모든 상황에서 해야 하는 주장이다.

5차 세계 대회에서 나온 공세 요구가 옳다고 믿은(비록 실수로라도) 정직한 공산당 지도부라면 아마 이렇게 주장했을 것이다. 일부는 실제로 그랬다. 예컨대, 이탈리아공산당 지도부의 보르디가는 원칙적으로 공동전선에 반대했다. 폴란드공산당 지도부의 돔스키는 실천에서 공동전선을 거부했다. 그러나 지노비예프와 그의 지지자들이 내놓은 자기기만적이고 수치스러운 입장이 승리했다.

사실 이것은 당장 중요한 결과를 낳지는 않았다. 그러나 '오직 아래로부터' 공동전선 노선은 1929~1933년에 되살아나 정말로 끔찍한 재앙을 낳게 된다.

'사회파시즘'론도 마찬가지였다. 먼저, 순전히 원칙만 내세우는 구제 불능의 초좌파주의자 보르디가는 5차 대회에서 다음과 같이 말했다. "파시즘은 근본적으로 부르주아 좌파 정당들이 옛날부터 해 오던 놀이를 되풀이하고 있을 뿐이다. 즉, 파시즘은 프롤레타리아에게 사회적 평화를 호소하고 있다. 파시즘은 산업 노동자와 농업 노동자의 노동조합을 만들고 이 노동조합들이 사용자단체와 실천적 협력을 하게 해서 그 목적을 달성하려 한다."[6]

그렇다면 도대체 파시즘과 사회민주주의는 무슨 차이가 있을까? 이런 분석에 따르면 차이가 없다. 이것은 분명히 말도 안 되는 헛소리다. 파시즘의 본질적 특징은 노동자들의 자율적 조직을 혁명적 조직이든 개혁주의적 조직이든 모조리 분쇄하고, 노동계급을 원자화하고 정치적으로 무능력하게 만들려고 한다는 점이다. 이런 일은 보르디가가 [5차 대회에서] 연설하고 있던 1924년에 이미 이탈리아에서 일어나고 있었다. 반면에, 사회민주주의는 진짜 노동자 조직에 의존한다. 아니, 기생한다고 말해야 할 것이다. 노동자 조직들이 없으면 사회민주주의의 기반 자체가 사라져 버린다.

파시즘의 계급 기반은 사회민주주의와 근본적으로 다르다. 혁명적 사회주의자와 마찬가지로, 파시스트도 심각한 사회적 위기 상황에서만 진정한 대중적 기반을 얻을 수 있다. 그러나 혁명적 사회주의자는 조직된 노동계급이나 조직을 건설하려고 투쟁하는 노동자들에게 의존한다. 왜냐하면 이런 조직의 집단적 힘 덕분에 노동자들은 자본주의를 전복하고 새로운 사회를 건설할 능력을 얻기 때문이다. 반면에, 파시스트는 프티부르주아지와 미조직 노동자, '룸펜' 프롤레타리아에 의존한다. 심각한 사회적 위기에 시달리며 극도로 불안정한 상태로 내몰리고 [노동조합이 있는 노동자들과 달리] 자기방어 조직도 없는 그들은 쉽게 파시즘으로 이끌릴 수 있다. 왜냐하면 파시즘은 심각한 사회적 위기 때 편견과 준군사적 폭력을 통해 그들에게 허구적 연대를 제공하기 때문이다.

사회민주주의자와 달리 파시스트는 부르주아 민주주의를 지지하지 않는다. 혁명적 사회주의자와 달리 파시스트는 자본의 독재를 유지하는 데 헌신한다. 바로 이 때문에, 비록 파시즘의 지지 기반 일부가 자본주의의 피해자들이지만 파시스트가 권력을 잡으면 자기 지지자들인 '룸펜' 프롤레타리아 분파를 제거하는 것이다. 그래서 히틀러는 1934년에 나치당의 에른스트 룀과 그레고어 슈트라서 분파를 숙청했다.

그러나 5차 세계 대회는 "파시즘과 사회민주주의는 대자본의 독재가 휘두르는 똑같은 칼의 양날"이라는[7] 주장을 금과옥조로 여기며 보르디가의 어리석은 말을 지지해 줬다. 스탈린이 "사회민주주의와 파시즘은 대립물이 아니라 쌍둥이"라는 악명 높은 말을 한 것도 이때였다. 이런 주장도 그때 당장은 중요한 결과를 낳지 않았지만 1929~1933년에 되살아나서 재앙적 영향을 미치게 된다. 파시즘과 사회민주주의는 똑같은 칼의 양날이 아니라, 자본주의를 지탱하는 서로 다른 대안이다.

'좌편향'의 실제 결과는 코민테른과 몇몇 중요한 공산당의 지도부에서 '우파'든 '좌파'든(공산주의적 의미에서) 독립적 사고 능력을 가진 사람들이 제거됐다는 것이다. 그중 일부는 분명히 길을 잘못 들어 사회민주주의로 나아가고 있었지만, 다른 사람들은 비록 정도 차이는 있어도 올바른 비판을 했다. 몇 년 전에 레닌이 부하린과 지노비예프에게 다음과 같이 경고한 것과 비슷한 상황이 벌어지고 있었다. "별로 고분고분하지는 않지만 똑똑한 사람들을 모두 쫓아내고 말 잘 듣는 바보들만 주위에 남겨 두면, 분명히 당은 망하고 말 것이오."[8]

그것은 몇몇 비극의 원인이기도 했다. 성공을 절실히 원하던 지노비예프는 1924년 12월에 허약한 에스토니아공산당EKP을 부추겨 쿠데타를 일으키게 했다. "쿠데타 세력은 처음에 기습을 감행한 덕분에 수도 레발[탈린의 옛 이름]에서 어느 정도 성공을 거뒀다. 그러나 겨우 몇 시간 만에 모든 것이 끝났다. 그것은 가망 없는 쿠데타의 전형적 사례였다. 쿠데타가 실패한 뒤 당연히 탄압이 심해졌다. 그리고 쿠데타 자체는 군사독재 수립의 좋은 핑계 거리가 됐다."[9]

레발 쿠데타와는 다르게, 1925년 4월 불가리아판 '가이 포크스의 음모'는* 코민테른이 주도한 것은 아니었지만, 어느 정도는 지노비예프가 부추긴 '좌파주의' 분위기 탓이었다는 것은 의심할 여지가 없다. 당시 망명 중인 불가리아공산당 지도부 모르게 당 군사 기구가 계획한 그 작전은 불가리아 국왕과 정부·군대의 고위 인사들이 며칠 전 암살당한 장군의 장례식에 참석하려고 소피아 성당에 모일 때를 노려 그 성당을 폭파한다는 것이었다.

불가리아 관료들이 장례식에 대거 참석했다. 폭탄이 터져 100명 넘게 죽고 300명 넘게 다쳤다. 그러나 정부 인사들은 모두 기적적으로 살아남았다. … 불가리아공산당 군사 기구의 지도자 2명, 즉 얀코프와 민코프가 체포에 저항하다 살해됐고, 공산당원 수백 명이 체포됐다. 그들의 자백을 받아 내려고 고문이 자행됐고, 체포된 사람들의 다수는

---

* 화약음모사건이라고도 불린다. 1605년 영국에서 가이 포크스 등이 가톨릭교도 박해 정책에 반발해 국왕을 암살하려고 국회의사당 폭파 음모를 꾸몄다가 발각돼 처형당했다.

(심지어 일부는 재판도 받지 못한 채) 처형당했다.[10]

코민테른 집행위원회는 정통 마르크스주의가 개인적 테러리즘에 반대한다고 주장하며, 불가리아 사태에 대한 책임을 부인했다(그것이 공식적 진실이 됐다). 뒤따른 탄압으로 불가리아공산당은 일시적으로 파괴됐다.

단명한 좌편향의 시기는 1925년 3월 코민테른 집행위원회 5차 총회에서 끝났다. 집행위원회는 "중부 유럽에서, 즉 독일에서 혁명적 고양기는 이미 끝났다"는 사실을 뒤늦게 깨달았다.[11] 그래서 내린 결론은 다시 공동전선 전술을 강조할 필요가 있다는 것이었다. '오직 아래로부터' 공동전선 노선과 '사회파시즘'론은 곧 조용히 사라졌다. 반면에, '볼셰비키화'는 살아남았다. 오히려 점점 더 강조됐고, 갈수록 트로츠키와 그 지지자들을 공격하는 무기로 이용됐다. 우회전(비록 16개월이나 늦었지만 그 자체로는 옳았다)은 곧 노골적 기회주의로 발전했다.

트로츠키는 나중에 다음과 같이 썼다.

뜨거운 우유에 덴 고양이는 차가운 물을 피하는 법이다. 여러 공산당의 '좌파적' 중앙위원회는 그들이 5차 대회 전에 난폭하게 임명된 것과 마찬가지로 난폭하게 해임됐다. 모험주의적 좌파 노선은 우파 중간주의 형태의 노골적 기회주의로 바뀌었다.

이런 조직적 우회전의 성격과 속도를 이해하려면, 이 전환을 지휘한 스탈린이 1924년 [9월]에 이미 마슬로프, 루트 피셔, 트렝, 쉬잔 지로 등에게 공산당 지도권을 넘겨주는 것을 당의 볼셰비키화로 평가했다는 사실을 기억해야 한다. …

그러나 이 진정한 '볼셰비키'이자 '혁명적 지도자들'은 10개월 뒤에 사회민주주의자·배신자라는 낙인이 찍혀 지도부에서 쫓겨나고 당에서 제명됐다.[12]

머지않아 그들의 후원자인 지노비예프도 똑같은 처지가 됐다. 소련 국내의 우경화로 말미암아, '일국사회주의'라는 새 구호를 내건 관료들의 자신감이 증대해서 '삼두 체제'가 붕괴하고 지노비예프와 카메네프도 차례로 반대파에 합류하게 됐다. 스탈린의 별이 떠오르고 있었다.

코민테른에서 지노비예프가 지배하던 시기는 대실패로 끝났다. 앞으로 보게 되겠지만, '좌파주의적' 모험과 사이비 좌파주의적 모험들이 극도로 기회주의적인 모험들과 결합됐다. 그러나 지노비예프의 약점과 동요에도 불구하고 그가 넘을 수 없는 일정한 한계가 있었다. 그는 1903년부터 볼셰비키 당원이었고 1907년 이후 볼셰비키 중앙위원이자 초기에 레닌의 가장 가까운 협력자였으므로 레닌의 국제주의를 너무 많이 흡수해서, 갈수록 민족주의로 기우는 관료 독재의 도구가 되기에는 적합하지 않았다.

지노비예프는 비록 1926년까지 공식적으로 [코민테른 의장] 자리를 유지했지만 이미 1925년 3월 코민테른 집행위원회 5차 총회 이후 영향력을 상실했다. 이제는 스탈린이 지도자였다. 비록 아직까지는 새로 자의식을 얻게 된 관료 집단의 우두머리들이라는 "동급 가운데 일인자"였을 뿐이지만 말이다.

스탈린은 코민테른에 관해 아는 바가 거의 없었다. "코민테른이 살아 움직이는 듯하고 레닌·트로츠키·지노비예프가 끊임없이 열렬한 관심을 보이던 시절에, 그[스탈린 — 지은이]는 분명히 코민테른에 무관심했다. 스탈린은 1924년에야 비로소 코민테른에 관심을 가졌는데, 그때는 코민테른이 … 소련의 정책이나 스탈린 자신의 정치적 계획을 지연시키거나 진척시킬 수 있는 관료 기구가 된 뒤였다."[13]

스탈린에게 코민테른은 본질적으로 소련 외교정책의 도구였다. 그러나 이런 사정을 대놓고 이야기할 수는 없었다. 또 스탈린은 아직 독자적으로든 아니면 꼭두각시들을 통해서든 코민테른을 운영할 수 없었다. 그래서 우파적 지향의 필요성을 완전히 확신하고 어느 정도 진짜 자격을 갖춘 저명한 '볼셰비키 선임 당원'이 필요했다. 니콜라이 부하린이 바로 그런 사람이었다. 우편향의 시기는 부하린이 코민테른을 지배한 시기였다.

부하린은 말 그대로 교조적 이론가였다. 레닌은 죽기 직전에 남긴 '유언장'에서 부하린을 두고 다음과 같이 말했다. 부하린의 "이론적 견해들을 완전히 마르크스주의적인 것으로 보기에는 상당히 의심스럽습니다. 그는 상당히 현학적인 경향이 있기 때문입니다(그는 변증법을 결코 공부한 적도 없고 제대로 이해한 것 같지도 않습니다)."[14] 부하린은 러시아 혁명 직후 몇 년 동안 한결같이 초좌파적이었다. 그런데 이제는 소련 상황과 국제 상황에 대해 한결같이 또 기계적으로 우파적 견해를 드러냈다. 부하린 치하에서 코민테른은 더 심한 변질을 겪었다.

당시는 소련에서 '우파와 중도파의 연합', 즉 부하린과 스탈린의 동맹이 이뤄진 시기였고, "달팽이처럼 느리게 사회주의[물론 일국사회주의 ― 지은이]로 성장해 가는" 시기였고, (공산당이 농민에게 "스스로 부자가 되시오" 하고 말하는 등) 농민에게 의존해 완만한 경제성장을 하는 시기였으며(앞의 인용구는 모두 부하린 자신의 표현이다), 계획적 공업화를 '모험주의'로 여겨 배척하는 시기였다.

이에 상응하는 코민테른의 정책은 '좌파' 노조 관료, 노동자 정당의 '좌파' 정치인, 부르주아·프티부르주아 민족주의자와 동맹하는 것이었다.

프티부르주아 '동맹자들'

소련 관료들은 특권적 지위와 보수적 사고방식 때문에 … 프롤레타리아의 독자적·혁명적 주도력보다는 [중국의] '혁명적' 국민당, 영국의 '좌파' 노조 관료, 프티부르주아적인 '소련의 친구들', 자유주의적·급진적 평화주의자들을 훨씬 더 신뢰하는 경향이 있다.

트로츠키, "국제 좌익반대파", [1932년 12월]

우편향의 뿌리는 이미 '좌편향' 시기에 있었다. 즉, 우편향은 단지 '좌편향'에 대한 반발에서 비롯한 것만이 아니라, 지노비예프가 코민테른을 지배하던 시기의 특징인 관료적 모험주의 자체에 심각한 기회주의의 씨앗이 들어 있었기 때문이기도 했다.

이미 1923년 가을에 40개국의 농민 조직을 대표한다고 자처하는 사람들이 모스크바에 모여 국제농민협의회를 결성했다. 코민테른 5차 세계 대회는 이 실체 없는 조직을 일컬어 '[적색] 농민 인터내셔널'(크레스틴테른)이라고 했다. 5차 대회는 크레스틴테른 지지자가 600만 명이라고 주장하면서, 크레스틴테른이 중요한 성과를 올릴 수 있는 확실한 수단이라고 여겼다. 망명한 불가리아농민연합당 지도자들과 협상이 시작됐다. [코민테른은] 그 지도자들에게 만약 크레스틴테른에 가입하면 보조금을 주겠다고 약속했다. 교활한 그 불가리아인들은 돈(2000만 디나르였다고 한다)을 받고 사라져 버렸다.[15]

크로아티아농민당HSS 지도자 스테판 라디치는 그 불가리아인들의 성공을 보고 고무된 듯하다. [유고슬라비아로부터 크로아티아의 독립을 주창하던] 라디치는 1924년에 모스크바로 와서 실제로 자기 당을 크레스틴테른에 가입시켰다. 그렇게 해서 [세르비아인들이 지배하던] 유고슬라비아 정부를 놀라게 만든 그는 정부와 협상 끝에 자기 당을 이끌고 연립정부에 참여했다[라디치는 교육부 장관이 됐다]. 트로츠키는 다음과 같이 지적했다. "라디치는 녹색 자그레브[크로아티아 수도]에서 오는 도중에 자신이 백색 베오그라드[유고슬라비아 수도]에서 장관이 될 가능성을 높이려면 적색 모스크바에 모습을 나타내는 것이 좋겠다고 생각했다."[16]

크레스틴테른은 별로 알려지지 않았다. 그러나 앞으로 보게 되겠지만, 크레스틴테른은 오랫동안 살아남아서 코민테른이 1925~1927년 중국 혁명에 개입해 재앙을 낳는 데 일정한 구실을 하게 된다.

그사이에 [미국의] 농민노동연합당이라는 우스꽝스러운 막간극이 있었다. 코민테른 5차 세계 대회는 다음과 같이 주장했다. "미국에서는 소농들이 농민노동당을 결성했는데, 그 정당은 점점 더 급진화해서 공산주의자들과 더 가까워지고 있고, 당원들 사이에서는 미국에 노동자와 농민의 정부를 수립하겠다는 생각이 퍼지고 있다."[17]

이런 몽상의 이면에는 시카고노동총동맹의 좌파 지도자들(미국노동총동맹의 지역 지도부)을 중심으로 한 소규모의 노동당 운동이 있었다. 그들은 독자적으로 농민노동당을 만들었고(당명에 '농민'이라는 단어가 붙은 것은 순전히 선거를 의식해서 [농민] 표를 얻기 위한 것이었다), 1923년 7월 시카고에서 당대회를 열어 조직을 확대하려 했다.*

당시에 미국공산당은 미국노동자당WPA이라는 이름을 쓰고 있었는데, 이 시카고 당대회를 공략하려 했다. 노동당 운동이 성장하는 운동이라고 생각해서 그것을 장악하려 한 것이다. 노동자당은 작았다. 당원이 대략 1만 4000명이라고 주장했지만, 대다수는 최근에 이주한 이민자들이었고 그중에서 다수는 영어를 못하는 사람들이었다. 그리고 노동자당은 아주 최근까지도 극도로 초좌파적이었다. 그런데 코민테른에서 파견된 헝가리인 요제프 포가니(미국에서는 존 페퍼라는 이름으로 활동했다)의 지도 아래 이제 노동자당은 1924년 대통령 선거에서 공동전선형 정당을 통해 선거 정치에서 대성공을 거두자고

---

* 1919년 11월 시카고노동총동맹 주도로 결성된 미국노동당은 이듬해 7월 농민노동당으로 이름을 바꿨다. 그리고 1922년 전당대회에서 농민노동당은 영국 노동당처럼 노동자 조직들의 연합 기구로 확대 개편하기로 결정했다.

[농민노동당에] 제안했다.

> 약 60만 명의 노동자와 농민을 대표한다고 주장하는 대의원 수백 명
> 이 농민노동당 전당대회에 참석하기 위해 시카고에 왔다. … 노동자당
> 의 대표는 공식적으로 10명으로 제한됐다. … 그러나 공산주의자들은
> 다른 방식으로 참석했다. 수십 명의 공산주의자가 지역 노동조합 대표
> 자격으로 참석했고, 다른 공산주의자들은 리투아니아인 노동자 문학
> 협회나 루마니아인 진보 클럽, 노동자 가수 연합 등의 단체 대표 자격
> 으로 참석했다.[18]

진짜 농민노동당 지지자들은 미국 노동계급의 다수를 대표하지는
않았지만 뭔가를 대표하기는 했다. 1920년 미국 대통령 선거에서 그
들이 내세운 후보가 25만 표 넘게 얻었던 것이다. 노동자당은 사실상
아무것도 대표하지 않았지만, [농민노동당] 전당대회에 참석할 대표들
을 거느리고 있었고 그래서 시카고 전당대회를 장악할 수 있었다. 그
러자 진짜 농민노동당 지지자들은 퇴장했다. 당연히 노동자당이 지
명한 사람들이 이듬해 선거의 대통령 후보와 부통령 후보가 됐다. 노
동자당 지도자들은 승리감에 도취했다. "노동자당은 지도부 자리를
차지했고, 미국 노동자들의 최초의 대중정당인 농민노동연합당이 결
성됐다."[19]

사실 노동자당이 "지도부 자리를 차지"한 것은 껍데기, 즉 개혁주
의적 껍데기였을 뿐이다. 왜냐하면 실제로 채택된 강령은 옛 농민노
동당의 강령과 똑같았기 때문이다. 또 그 껍데기는 매우 깨지기 쉬워

서 1년 만에 산산조각 나 버렸고, 노동자당은 오히려 전보다 더 약해졌다.

이렇게 어리석은 기회주의적 책략은 '좌편향' 시기에 벌어졌다. 폴란드의 [1926년] '5월 오류'는 훨씬 더 심각했는데, 이것은 이미 '우편향'이 완전히 이뤄진 뒤에 일어났다.

폴란드공산당은 1924년 임명된 초좌파 지도부의 정책 때문에 심각하게 약화했다. 폴란드공산당이 진정한 노동자 정당이던 1919~1938년에는 불법 조직이었다는 사실을 명심해야 한다. 물론 반∞합법 활동의 가능성은 상당히 다양했다. 당시 폴란드공산당은 대개 합법 '외피' 조직들을 통해 활동했다.

1923년에는 공산당이 충분한 혁명적 활력을 보여 주지 않았다면, 1924년과 1925년에는 혁명적 활력을 과장하는 것이 공산당 정책의 특징이었다. 이것은 훨씬 더 해로웠다. 왜냐하면 1923년 11월 위기 뒤에는 혁명적 행동의 객관적 가능성이 감소했기 때문이다. 당시 공산당은 공동전선 전술을 완전히 거부한 채 쓸데없는 모험들에 노력을 허비했다. 결과는 어땠을까? 공산당은 영향력을 상실했고 노동 대중한테서 고립됐다.

1924년 초 지방선거에서 공산당이 사회당보다 훨씬 더 강세를 보였다는 점은 기억할 만하다. 그러나 이런 성공은 [정확히 독일에서 그랬듯이 — 지은이] 1923년에 진행된 대중의 급진화가 뒤늦게 반영된 것이었을 뿐이었고 새로운 혁명적 물결의 고양 조짐은 아니었다. 이듬해에 공산당의 영향력은 급격히 감소했다.[20]

이런 이유들 때문에, 더욱이 돔스키와 조피아 운슐리흐트가 정직하고 양심적인 지노비예프 지지자였기 때문에, 그들은 지도부에서 쫓겨났다. 한편 트로츠키를 비난하라는 요구를 충실히 수행한 바르스키와 그의 동료들이 1925년 12월에 다시 지도부가 됐다. 한 가지 중요한 변화가 있었다. 렌스키가 옛 동료들[돔스키·운슐리트흐]과 갈라서서 소련공산당(사실은 스탈린)을 무조건 지지한다고 선언하며 폴란드의 스탈린 신봉자([각국 공산당 지도자인] 독일의 에른스트 텔만, 프랑스의 모리스 토레즈, 미국의 얼 브라우더, 영국의 해리 폴릿 같은 전형적 스탈린주의자)가 된 것이다. 그는 새 지도부에 포함됐고, 그들은 폴란드공산당을 급격히 우편향으로 이끌었다.

1926년 5월 12일 유제프 피우수트스키(1920년에 폴란드 군대가 러시아 적군赤軍을 물리쳤을 때 총사령관이었다)가 농민당 지도자 빈첸티 비토스가 이끄는 우파 부르주아 민주주의 정부를 전복하려고 쿠데타를 일으켰다. 폴란드공산당은 그 쿠데타를 지지했다. 그래서 쿠데타는 성공했고 군사독재가 수립됐는데, 머지않아 코민테른은 그 군사독재를 "피우수트스키의 파시스트 정권"이라고 부르게 된다!

어떻게 이런 미친 짓이 가능했을까? 왜냐하면 한때 폴란드 사회당원이었고 1905~1906년에 사회당의 '혁명적 분파'(즉 테러리스트 분파) 지도자였던 피우수트스키를 사회당이 지지했고, 공동전선 정책이 이제는 공산당의 사회당 뒤꽁무니 좇기로 해석됐기 때문이다. 그런 터무니없는 생각은 트로츠키 비방 캠페인의 산물이었는데, 트로츠키[의 연속혁명론]를 비난하는 자들은 폴란드 혁명이 부르주아 혁명이어야 하므로 피우수트스키가 폴란드판 크롬웰이라고 주장했다.

바로 그때 코민테른은 트로츠키파와 지노비예프파 이단 무리를 뿌리 뽑느라 여념이 없었다. 이 이단 무리의 뚜렷한 특징은 '중간 계층과 동맹하는 것'을 거부하고 그런 동맹을 근본적으로 싫어하는 '초좌파적' 태도, (특히 후진국의) 부르주아 혁명은 역사 발전의 독립적 단계이며 거기서는 부르주아지가 진보적 구실, 심지어 혁명적 구실을 한다는 것을 인정하지 않으려는 태도라고 규정했다.

코민테른은 마치 맹목적으로 '동맹'에 집착하는 듯했다. 이런 맹목적 집착을 조금이라도 의심하는 사람은 트로츠키주의자라는 낙인이 찍혔다. 동맹에 대한 맹목적 집착은 두 가지 목적에 이바지했다. 소련 안에서는 부하린과 스탈린의 우파적 노선을 정당화했고, 국제적으로는 소련의 중국 정책, 즉 중국공산당을 국민당에 종속시켜 장제스의 명령을 따르게 만드는 정책을 정당화했다.[21]

물론 이 모든 쓰레기는 폴란드에서 아주 빨리 폐기 처분돼야 했다. 프랑스 제국주의의 믿음직한 동맹자 피우수트스키는 소련에 극도로 적대적이었고, 피우수트스키 정권은 노동자 조직들, 특히 폴란드공산당을 비토스 정권 때보다 훨씬 더 악랄하고 효과적으로 탄압했다.

영국 총파업

지노비예프는 영국공산당이라는 좁은 문이 아니라 노동조합이라는 넓은 대문을 통해서 혁명이 출구를 찾을 수 있기를 기대한다고 말했다.

노동조합으로 조직된 대중을 공산당이 획득하기 위한 투쟁은, 기존의 노동조합 기구를 혁명에 최대한 빨리 이용하고 싶은 희망으로 대체됐다. 이런 잘못된 견해에서 나중에 영·소위원회라는 정책이 튀어나온 것이다.

트로츠키, "우리의 득과 실: 영·소위원회 평가", [1927년]

[폴란드에서 군사 쿠데타가 일어난] 1926년 5월 바로 그때 영국 총파업이 벌어졌다. 대다수 [영국] 독자들은 분명히 1926년 총파업을 잘 알고 있을 것이다.[22] 앞서 말했듯이, 영국공산당은 '좌편향'의 영향을 받지 않았다. 1924년에 영국공산당의 가장 중요한 활동은 전국소수파 운동을 중심으로 노동조합에서 공동전선 활동을 하는 것이었다. 본질적으로 올바른 이 활동은 1925년 4월 (코민테른이 특히 열광한) 영·소노동조합위원회가 만들어지면서 우편향으로 기울었다.

1926년 3월 코민테른 집행위원회 6차 총회는 다음과 같이 선언했다. "영국 노동 대중과 대다수 조직 노동계급의 정서 변화는 영·소단결위원회 설립으로 표현됐다. 대중의 열렬한 환영을 받은 영·소위원회 설립은 국제 노동조합운동의 역사에서 새로운 단계를 나타낸다. … 그것은 통합 인터내셔널 창립의 실천적 가능성, 또 정치적 경향이 서로 다른 노동자들이 반동·파시즘·자본가의 공세에 맞서 공동 투쟁을 벌일 수 있는 실천적 가능성을 보여 준다."[23]

그러나 실제로 영·소위원회가 보여 준 것은, 영국 노총 중앙집행위원회를 일시적으로 지배한 좌파 개혁주의 관료들이 영·소위원회를 이용해 모종의 '좌파적' 탈을 쓰고 사실상 아무 부담 없이 공산당의 비판에서 벗어날 수 있었다는 것이다. 1925년 7월부터 1926년 5월까지 영국 정부는 광원노조의 힘을 분쇄하기 위해 냉정하고 신중하게 준비하고 있었다. 같은 기간에 영·소노동조합위원회의 영웅들인 좌파 노조 지도자들은 좌파적 미사여구로 지지자들의 넋을 잃게 만들고, 불가피한 대정부 투쟁을 전혀 준비하지 않은 채 우파 노조 지도자들을 감싸 줬다. 코민테른 집행위원회 6차 총회에서 그 좌파 노조 지도자들을 입에 침이 마르도록 칭찬한 지 두 달도 안 돼서 그들은 우파 노조 지도자들과 손잡고 총파업을 배신했다.

영국공산당 지도부는 이 좌파 관료들을 결코 모르지 않았다. 으레 그렇듯이 그 관료들은 1914년 이전의 신디컬리즘 운동과 노조 통합 운동에 참여한 사람들이었다. 그래서 다양한 노조 기구를 거치며 노조 기구 자체의 일부가 됐고, 따라서 노조 기구를 좌파적으로 색칠해 줬다. 그중 일부는 심지어 1920년이나 1921년에 공산당에 가입하기도 했지만 규율 있는 당원으로 활동하라는 압력을 받자마자 다시 탈당했다. 기껏해야 그들은 동요하고 믿을 수 없는 동맹이었을 뿐이다. 적어도 일부 공산당 지도자들은 이 사실을 잘 알고 있었다. 1924년 9월 공산당 월간지는 다음과 같이 주장했다. "그러나 공산당과 전국소수파운동이 이른바 좌파 관료들에게 너무 의존하는 것은 자멸적 정책일 것이다."[24] 그러므로 "관료의 세력에 대항하는 필수적 수단[으로서 — 지은이] 작업장위원회 건설"이 중요하다고 강조했다.

그런데 영·소위원회가 설립되자 이런 강조점은 표면상으로는 "국제 노동조합운동의 단결이라는 대의를 고취하는" 쪽으로 급격히 바뀌었고, 이것은 "전 세계 노동자의 국제적 단결"과 "평화와 경제적 안정에 대한 확고한 약속"을 향한 진일보로 평가됐다.[25] 1925년 9월 영국 노총은 소련 노동조합들과 맺은 협정을 만장일치로 승인했다. 그러자 영국공산당은 그런 "자멸적 정책"을 기꺼이 채택했다. 물론 공산당 지도부 중에는 영국 노총의 가짜 좌파에게 아주 기꺼이 적응한 '토착' 기회주의 경향도 있었지만, 그런 기회주의 노선이 일관되게 추진되도록 만든 것은 바로 코민테른과 소련 지도자들이었다.

당시에 소련 지도자들은 영국공산당이 작고 허약한 반면에 영국 노총은 소련의 이익을 위해서 힘을 쓸 수 있는 실세라는 생각에 사로잡혀 있었다. 따라서 그들은 공산당의 임무가 영국 노총을 격려하는 것이지 '조급한' 비판으로 영국 노총을 화나게 만드는 것이 아니라고 여겼다.

이 사건에서 범죄적 요소는 영·소위원회 자체가 아니었다. 위원회 자체는 암스테르담인터내셔널을 약화시키기 위한 일시적 묘책으로 정당화할 수도 있었다. 진정한 문제는 영국 노총 '좌파'에 대한 환상을 의도적으로 만들어 냈다는 것과 코민테른이 영국공산당을 정치적으로 마비시켰다는 것이다. 1926년 5월까지 9개월 동안 영국 정부와 노동조합 사이의 '휴전' 기간에 공산당은 정부가 결전을 준비하고 있는데도 좌파 노조 지도자들이 손을 놓고 있다는 것을 끊임없이, 구체적으로, 분명히 비판해야 했다. 또, 임박한 재앙을 경고하고 노조 관료들('좌파'든 우파든)과 독립적으로 현장 조합원들이 준비하도록 만드는 일에 온 힘을 쏟아야 했다. 그러나 공산당은 좌파 노조 관료들, 즉 "소련의 친구들"에 대한 환상을 부추기고 그들이 노동조합 운동을 계속 통제하도록 도와줬다. 이런 태도는 공산당이 내놓은 악명 높은 구호인 "모든 권력을 [노총] 중앙집행위원회로!"에 요약돼 있다. 곧 드러났듯이, 그것은 배신자들의 중앙집행위원회였다.

총파업이 배신당한 뒤에도 부하린·스탈린 지도부는 영·소노동조합위원회에 애처롭게 매달렸지만 거듭거듭 무시를 당했다. 그러다가 1927년에 영국 정부가 소련이 "인도에서 공산주의를 선전한다"는 것을 핑계로 소련과 외교 관계를 단절하자 영·소위원회의 진정한 가치가 바로 드러났다. 영국 노총은 위원회에서 탈퇴하고 소련을 비난한 것이다!

중국 혁명

중국국민당의 중핵은 공산당과 동맹하고 있다. 국민당은 노동자, 농민, 지식인, 도시 민주주의자[부르주아지]의 혁명적 연합이고, 그 연합의 바탕에는 이 계층들이 나라의 독립과 단일한 혁명적 민주 정부 수립을 위해 제국주의자들과 군국주의적 봉건 질서 전체에 대항하는 투쟁에서 계급적 이익이 일치한다는 사실이 놓여 있다.

"코민테른 집행위원회 결의안", 1926년 3월 [13일]

당시는 세계사적으로 중요한 엄청난 대격변인 1925~1927년 중국 혁명의 시기이기도 했다.

1920년대 초에 중국은 서로 경쟁하는 제국주의 열강(그중에서도 영국과 일본이 가장 중요했다)이 저마다 '세력권'을 분할해 지배하던 반#식민지였다. 제국주의 열강은 중국의 해안 도시에 확보한 조계지에 자국 군대를 주둔시키며 조차권을 행사해서, 또 중국 각지에 할거하는 깡패 같은 군벌들과 유착해서 자신들의 지배력을 유지했다. 군벌들 중에서 가장 중요한 자는 중국의 중부 지방을 대부분 지배한 '친영파' 우페이푸와 북부 지방을 지배한 '친일파' 장쭤린이었다. 또, 이런저런 큰 깡패들[즉, 대大군벌들] 사이에서 여기 붙었다 저기 붙었다 하는 소小군벌도 많았다. 남부의 광저우에서는 허약한 중국 민족주의 정부인 국민당 정부가 이런저런 지역 군벌과 동맹을 맺고 겨우 목숨을 유지하고 있었다. 수도 베이징에 있는 공식 중앙정부는 힘을 쓰지 못하고 있었다.

국민당은 모호한 좌파적 미사여구를 늘어놓는 부르주아 민족주의 정당이었다. "국민당이 선언한 목표들은 쑨원의 삼민주의, 즉 민족주의와 민주주의(민권)와 사회주의(민생)였다. 이 모호한 추상적 원칙들에 내용을 채워 줄 만한 구체적 제안은 아무것도 없었다. 진정한 목표는 군사력이었고, 쑨원은 소련의 군사원조 제안 때문에 [소련과 — 지은이] 동맹하는 쪽으로 이끌렸다."[26] 1923년 국민당과 소련 정부가 체결한 협정에 따라 이듬해 소련의 무기와 군사·정치 고문단이 광저우에 도착했다. 머지않아 국민당은 소련에서 군사훈련을 받은 장제스가 이끄는 비교적 유능한 군대를 거느리게 됐다.

1921년 7월 결성된 중국공산당은 1923년에도 여전히 작았다. 그해 1월 코민테른 집행위원회는 중국 공산당원이 모두 개인 자격으로 국민당에 입당해야 한다고 결정했다. 그와 동시에 다음과 같이 주장하기도 했다. "중국공산당은 자신의 독립적 조직을 유지해야 한다. …

공산당은 민족 혁명 전선에서 벌어지는 모든 투쟁에서 국민당이 객관적으로 올바른 정책을 실행하는 한 국민당을 지지하면서도 국민당과 융합해서는 안 되고 그런 투쟁을 할 때 공산당 자신의 깃발을 내려서도 안 된다."[27] 이렇게 서로 양립할 수 없는 목표를 어떻게 달성할 수 있는지는 설명하지 않았다.

1925년 5월 30일 영국이 통제하고 지휘하는 상하이 경찰이 [일본인 공장 관리자의 중국 노동자 살해에 항의하는] 시위대에게 발포해 12명이 죽었다.

그 사건의 효과는 신속하고 격렬했다. 외국 은행·공장과 외국인 거주지가 있는, 서구 열강의 근거지인 상하이가 총파업으로 마비됐다. 외국인 가정에서 일하는 중국인 하인들조차 집을 나와 파업에 참가했다. … 파업은 곧 전국으로 확산됐다. … 완전하지 않은 통계를 보더라도, 5월 30일 사건이 직접 발단이 돼 일어난 파업이 135건, 파업에 참가한 노동자가 거의 40만 명이었다. …

6월 11일 한커우에서는 영국 해병대가 노동자 시위대에게 발포해 8명이 죽고 12명이 다쳤다. 6월 18일 광저우에서는 영국 해운 회사에 고용된 중국인 선원들이 파업을 벌였다. … 6월 23일에는 학생·노동자·사관생도가 함께 광저우 거리를 행진하며 시위를 벌였다. … 영국과 프랑스 군대가 행진 대열을 향해 기관총을 발사했다. 학생과 노동자 52명이 죽고 117명이 다쳤다. 즉시 영국 상품 불매운동과 총파업이 선포됐다. 중국에서 영국 제국주의의 요새인 홍콩은 완전히 마비됐다. 단하나의 기계도 돌아가지 않았다. 단 하나의 화물도 운반되지 않았다.

단 한 척의 배도 부두를 떠나지 못했다.[28]

이 투쟁을 이끈 것은 반항적 개인들과 민족주의 청년들, 그리고 공산당이었다. 이 투쟁을 통해 공산당은 엄청나게 성장했다. 1924년에 1000명도 채 안 되던 공산당원 수는 금세 3만 명으로 늘어났고, 그중 압도 다수는 해안 도시의 노동자였다.

중국 노동계급은 생겨난 지 얼마 되지 않았지만 이미 많았다. 약 350만 명의 노동자가 주로 외국인이 소유한 현대적 공업 부문에서 일했고, 또 다른 1100만 명의 노동자가 주로 중국인이 소유한 소기업에서 일했다. 또 중국 노동계급은 몇몇 도시에 매우 집중돼 있었다. 5·30운동 전까지 노동조합은 신생 조직이었고 많은 경우 공산당원이 이끌었는데, 조합원 수가 기껏해야 수천 명에 불과했다. 그런데 1925년 말쯤에는 조합원이 300만 명이나 됐다. 동시에 [도시] 인접 지역, 특히 광저우 주변 지역에서 지대 납부 거부를 중심으로 농민운동도 성장하기 시작했다.

이 모든 일은 국민당 지도자들에게 매우 당혹스러웠다. 1924년 말* 쑨원이 죽은 뒤 장제스가 그 민족주의자들의 우두머리가 됐는데, 그들은 대중의 지지를 받지 못하면 제국주의자들과 제국주의자들을 등에 업은 군벌들의 권력을 분쇄할 가망이 없다는 것을 알고 있었다. 그래서 5월 30일 이후에 벌어진 항의 운동을 지지해야 했다. 그러나 또 국민당 지도자들은 중국에서 서로 얽히고설킨 집단인 상인·자본

---

* '1925년 초'의 오타인 듯하다.

가·지주와 수많은 혈연관계로 맺어진 부르주아 민족주의자들이었다. 노동자 권력과 농민 반란은 그들에게나 자딘매시선과 홍콩상하이은행HSBC의* 외국인 기업주들에게나 두려운 것이었다.

그래서 국민당은 대중운동을 이용하고 통제하고 나중에는 파괴하려 했다. 이것은 매우 어려운 일이었다. 그것은 사실 두 가지 조건이 충족되지 않으면 성공할 수 없었다. 첫째는 급속히 성장하는 공산당이 계속 국민당에 종속돼야 한다는 것이었다. 둘째는 소련이 계속 국민당에 무기를 공급하고 군사고문단을 파견해야 한다는 것이었는데, 소련의 지원이 없다면 국민당이 노동자·농민·군벌에 모두 대항해 써먹을 수 있는 믿을 만한 '전문적' 군대의 양성이 불가능할 터였다.

부하린·스탈린 지도부는 두 가지 조건을 모두 충족시켜 줬다. 장제스가 1926년 3월 광저우에서 첫 쿠데타를 일으켜 지역 공산당 지도자들과 파업위원회 활동가들(여전히 파업이 진행 중이었다)을 투옥했을 때, 중국공산당은 [장제스에게] 복종하라는 코민테른의 명령을 받았다. 이미 1월에 소련공산당은 다음과 같이 선언했다. "세계 최초로 승리한 프롤레타리아 혁명을 지도하는 자랑스러운 역사적 임무가 우리 당에 떨어졌다. … 우리는 국민당이 동방에서 그와 똑같은 구실을 하는 데 성공할 것이라고 확신한다."[29] 그래서 3월 쿠데타 이후 국민당에 대한 공산당의 종속은 더 심해졌다.

---

* 자딘매시선은 영국 동인도회사의 무역상이던 윌리엄 자딘과 제임스 매시선이 광저우에 설립한 무역상사였고, 자딘매시선이 아편 밀수와 차(茶) 수출로 벌어들인 돈을 영국으로 송금하기 위해 설립한 은행이 홍콩상하이은행이었다.

결국 중국공산당은 소련 관료 집단이 추진하는 외교정책을 위해서 중국 부르주아지에게 종속된 것이다. 스탈린이 중국에 파견한 최고위 특사 미하일 보로딘은 다음과 같이 말했다. "지금은 공산주의자들이 국민당을 위해 끽소리도 하지 말고 봉사해야 할 때다."[30] 같은 달에 국민당 우파의 지도자 후한민은 크레스틴테른 상임간부회의 일원으로 선출됐고 코민테른 집행위원회 6차 총회에 우애의 인사를 전했다!

1926년 3월 … 코민테른 집행위원회 6차 총회는 중국에서 '계급 동맹' 정책이 옳다고 인정했다. 장제스의 쿠데타는 그 정책의 바탕에 깔린 "계급적 이익이 일치한다"는 생각을 파탄냈다. 그러나 중국에서 강력한 동맹 세력을 얻고 싶은 마음이 간절한 소련 지도자들은 그것을 무시하고 광저우에서 장제스가 이끄는 국민당 극우파의 수중으로 권력이 넘어갔다는 사실을 은폐해서 이런 어려움을 극복했다. 그 직후에 소련공산당 정치국은 장제스의 국민당을 코민테른에 가입시키기로 결정했다. 그 결정에 반대표를 던진 사람은 트로츠키뿐이었다. 트로츠키는 장제스가 "사형집행인 노릇을 하려고 준비하면서 세계 공산주의의 엄호를 원했고 마침내 그것을 얻어 냈다"고 썼다.[31]

그래서 힘이 더 세진 장제스는 영국 상품 불매운동을 끝장내고, 영국 제국주의와 관계를 회복하고, (중국을 군사적으로 정복하려는 시도로) '북벌'을 시작했다. 북벌은 농민 반란 물결의 열렬한 환영을 받았고, 그 반란 물결은 국민당 군대의 진군 속도보다 빠르게 확산했다. 국민당 군대는 처음에는 작아서 겨우 6만 명밖에 안 됐지만, 수가 훨씬 더 많은 군벌 군대는 [농민 반란 덕분에] 와해됐다.

1927년 2월 장제스 군대는 양쯔강 근처까지 진격했다. 중국공산당은 아직 군벌 군대가 장악하고 있던 최대 도시인 상하이에서 국민당을 지지해 총파업을 일으켰다. 격렬한 투쟁 끝에 상하이 노동자들이 3월에 권력을 장악했다. 며칠 후 장제스가 도착했다. 그는 노동자 조직들을 분쇄하기 위해 믿을 만한 국민당 군대를 편성했다. 공산당은 [장제스에게] 저항하지 말라는 엄명을 받았다. 중국 주재 코민테른 대표들은 공산당에게 무기를 숨기고 어떤 일이 있어도 무기를 사용하지 말라고 지시했다. 공산당은 계속 장제스에게 잘 보이려고 애쓰면서, 자기 지지자들에게도 모든 일이 다 잘 되고 있다고 설득했다.

1927년 4월 12일 국민당 군대의 공격이 시작됐다. 이것은 단순히 광저우 쿠데타를 되풀이하는 수준이 아니라, 유혈 낭자한 학살이었다. 장제스는 중국의 여러 조계지에 여전히 군대를 거느리고 있던 제국주의 열강에게 국민당이 '위험하지 않다'는 것을 확신시키고 싶어 했다. 그래서 상하이의 공산당과 노동조합, 모든 종류의 노동자 조직을 완전히 쓸어버렸다.

그러나 이 중요한 순간에도 부하린과 스탈린은 국민당과 갈라서는 것을 지지하지 않으려 했다. 그들은 이제 장제스 대신 왕징웨이가 이끄는 국민당 '좌파'를 지지했다. 국민당 '좌파'는 우한에 독자적인 국민당 정부를 세우고 장제스와 경쟁했다. 이제 그들은 '혁명적 국민당'으로 일컬어졌다. 3개월도 못 가서 국민당 '좌파'의 지도자들도 장제스와 타협하고 공산당을 배신했다. 왕징웨이는 나중에 1938년부터

1944년에 죽을 때까지 일본 점령지에서 꼭두각시 정권의 우두머리 노릇을 했다.

대규모 농민 반란은 여전히 성장하고 있었지만, 도시 노동자 운동은 이제 파괴됐다. 도시 밖의 공산당 지도자들, 특히 마오쩌둥과 주더는 농민 게릴라 부대의 지도자가 됐다. 국민당은 최후까지 이 농민군을 물리칠 수 없었다. 그러나 이제 농민에 기반을 두게 된 공산당은 당연히 그 계급적 성격이 변질됐다.

도시에서 최후의 발작 같은 투쟁이 있었다. 공산당이 여전히 상당한 지하조직을 유지하고 있던 광저우에서 쿠데타를 감행한 것이다. 그것은 1927년 12월 소련공산당 15차 당대회 때를 맞춘 것이었다(그 당대회에서 소련의 좌익반대파가 최종 축출됐다). 이른바 '광저우 봉기'는 부하린·스탈린의 '승리'를 축하하기 위한 것이었고, 스탈린이 개인적으로 파견한 밀사 하인츠 노이만이 주도했다. 정치적 준비도 없었고, [대중의] 진정한 지지도 없었기 때문에 그 '봉기'는 며칠 만에 분쇄됐다. 뒤이어 노동자 학살이 다시 벌어졌다. 중국공산당의 마지막 노동계급 기반이 깨끗이 없어졌다.

바로 이것이 부하린[과 스탈린]이 코민테른을 지도하던 시기의 최종 결과였다.

6장

제3기 1928~1934년

안 됩니다, 동지들. … 결코 속도를 늦춰서는 안 됩니다. 오히려 우리의 온 힘을 다해 최대한 속도를 높여야 합니다. … 우리는 선진국들보다 50~100년 뒤쳐져 있습니다. 10년 안에 그들을 따라잡아야 합니다. 그러지 못하면 그들이 우리를 파멸시킬 것입니다.

스탈린, "산업 경영자들에게 한 연설", 1931년

1928년 무렵 소련의 신경제정책은 최후의 위기를 맞고 있었다. 소련공산당 내부의 반대파들은 분쇄됐다. 트로츠키와 지노비예프를 비롯한 많은 사람이 당에서 제명됐고, 투옥되거나 (재판받지 않고) 유배당한 사람도 많았다. 당내 민주주의의 마지막 잔재들이 파괴됐다.

관료 집단은 반대파들에 대항해, 또 노동계급이 부활하는 위험한 사태를 막으려고 소련의 소小자본가 세력과 동맹했다. 바로 이것이 부하린·스탈린 연합의 본질이었다.

그런데 [반대파에게] 승리를 거둔 순간에 관료 집단은 쿨라크[부농]의 공격에 직면했다. 1927년 말에 쿨라크들이 '곡물 파업'을 벌인 것이다. 소수의 부유한 농민인 쿨라크는 소련에서 시장에 내다 팔 수 있는 모든 곡물, 즉 농민이 소비하고 남은 곡물을 완전히 통제하고 있었다. 그들은 잉여 곡물을 팔지 않고 비축해서 가격을 끌어올리려 했다. "1927년 가을의 곡물 수집량은 가장 많아야 했지만 1926년 수집량의 절반에도 미치지 못했다."[1] 여전히 농업이 압도적인 나라에서 이것은 재앙이었다.

1928년 봄에 관료 집단은 곡물 강제 징발에 의존할 수밖에 없었다. 이 조치는 신경제정책의 근본적 토대를 무너뜨려 농민의 대대적 저항을 불러일으켰다. 그러자 강제 농업 집산화가 뒤따랐고, 스탈린은 반대파가 주장한 공업화 계획을 터무니없이 과장된 형태로 채택했다. 제1차 5개년계획이 시작된 것이다.

그리고 그것을 시작한 것은 스탈린이었다. 왜냐하면 부하린을 중심으로 하는 관료 분파는 5개년계획과 분리될 수 없는 대대적 강압 조치를 꺼렸기 때문이다. 시간이 흐르자 부하린파는 권좌에서 제거됐다. 스탈린을 지지하던 관료들도 같은 운명을 겪었다. 스탈린은 이제 더는 관료들의 대변자가 아니라 주인이었다. 그의 후계자 흐루쇼프가 1956년에 말했듯이, 스탈린은 "갈수록 변덕스럽고 화 잘 내고 잔인한" 독재자가 됐다.

소련은 근본적으로 변모했다. 1920년에 레닌이 "관료제로 일그러진 노동자 국가"라고 부른 것의 마지막 잔재조차 이제 깨끗이 제거됐다. 관료 집단은 자의식적 지배계급이 됐다. 관료적 국가자본주의가 확립됐다. 물론 관료 집단의 이데올로기는 '일국사회주의'였다.

5개년계획의 원래 구상은 1934년까지 곡물 생산 농가의 20퍼센트를 집산화한다는 것이었다. 실제로는 1930년 3월까지 전체 농가의 55퍼센트를 집산화했다. 그 뒤 스탈린이 "아찔한 성공" 운운하며 "도를 넘는 행위"를 지방 관리들 탓으로 돌리자, 잠시 집산화가 중단됐다. 스탈린이 그런 말을 한 뒤 3개월 만에 농가의 집산화 비율이 23퍼센트까지 떨어졌다는 공식 수치(스탈린 사후에 공개됐다)를 보면 당시 집산화가 얼마나 강압적으로 이뤄졌는지를 알 수 있다. 그 뒤 2차 [집산화] 공세가 있었는데, 이번에는 진짜 쿨라크와 빈농 대중이 모두 자기 땅에서 대거 쫓겨났다. 결국 1934년까지 농가의 71.5퍼센트, 경작지의 87.5퍼센트가 집산화됐다.[2]

그 결과 1928년에 7350만 톤이던 곡물 수확량이 (농업에 꽤 많은 투자를 했는데도) 1934년에는 6750만 톤으로 줄었다. 1930년대 하반기까지도 평균 곡물 생산량은 1920년대 말 수준을 회복하지 못했다. 가축은 상황이 더 나빴다. 절망한 농민들이 기르던 가축을 마구 도살했기 때문이다. (스탈린 사후에 공개된) 공식 통계를 보면 가축 수가 1928년 7050만 마리에서 1934년 4250만 마리로 줄었다. 도시에서는 식량 배급제가 다시 도입돼 1936년까지 지속됐다.

여기서 중요한 점은 그런 과정의 경제적 비합리성이 아니라 그것이 공포정치를 통해서만 가능했다는 사실이다. 강제 노동 수용소가 광범한 지역에서 건설됐고, 처음에는 주로 자기 땅에서 쫓겨난 농민이 수용됐다. 그런데 곧 노동자·기술자·관리가 대거 들어오고 '사보타주'와 좀도둑질, 다양한 저항 활동을 이유로 고발당한 온갖 부류의 사람들이 들어왔다. 1930년대 하반기에 강제 노동(현대판 노예제)은 소련 경제의 중요한 부문이었고, 새로운 독재 체제에 대한 저항을 철저히 억누르는 가장 강력한 수단이었다. 스탈린 시대의 절정기에 이 노예제의 엄청난 규모(최소 500만 명에서 최대 1500만 명에 이르는 것으로 추산된다)는 정치경찰인 게페우GPU[국가정치보안부]를 막강한 통치 기구로 만들어 줬고 그와 함께 정권의 전반적 잔혹성도 엄청나게 강화시켰다.

노동계급도 근본적으로 변모했다. 노동계급은 사무직 노동자를 포함해 1928년 1100만 명에서 1932년 2300만 명으로 늘어났다. 수많은 농민 출신들이 도시로, 또 급증하는 노동인구로 대거 유입되자 그나마 남아 있던 노동조합 권리들조차 모두 사라졌다. 노동조합은 비록 형식적으로는 국가기구가 아니었지만, 노동자에게 규율과 생산성 향상을 강요하는 사실상의 국가기구가 됐다. 이렇게 급증하는 노동자들은 악랄한 탄압 때문에 원자화했다. 그뿐이 아니었다. 숙련 노동자층은 경영직과 행정직으로 흡수됐고, 얼마 뒤에는 광범한 상여금 제도가 도입돼 노동자들 사이에서 엄청난 임금격차가 생겼다. 평균 실질임금이 대폭 삭감됐다. (스탈린 사후에 공개된) 공식 통계를 보면, 1928년과 1932년 사이에 평균 실질임금이 12퍼센트 하락했는데 이것은 확실히 과소평가된 수치다. 그러나 평균 소득수준이 여느 선진 공업국 노동자들보다 훨씬 더 높은 '노동귀족'이 생겨나기도 했다. 하나의 정치 세력으로서 노동계급은 더는 존재하지 않았다. 관료적 국가자본주의의 전체주의 체제가 확립된 것이다.

이렇게 해서 소련은 부분적으로 공업화를 이뤘다. 철강 생산량은 1927~1928년 400만 톤에서 1932년 600만 톤으로 늘어났다. 석탄 생산량은 그보다 더 빨리 늘어나서 같은 기간에 3500만 톤에서 6400만 톤으로 증가했다. 다른 부문들도 크게 성장했다.

소련 지배자들이 보기에 이제 코민테른은 이런 공업화 과정과 그 과정을 주도한 관료들을 방어하는 보조 기구에 불과했다. 외국에서 격변이 일어나거나 국제 관계가 혼란스러워지거나 소련의 대외무역에 역효과를 미칠 수 있는 일이 벌어지거나 해서는 절대 안 됐다(왜냐하면 제1차 5개년계획은 대외무역의 상당한 증가를 목표로 삼았기 때문이다). 역설이게도 코민테른 '제3기'의 지독한 '초좌파주의'는 소련 지배자들이 바라던 효과를 냈다.

역설이라고 말하는 이유는, 초좌파주의 정책으로 말미암아 소련 밖의 공산당들이 자국 정부와 충돌하게 됐을 것이라고 생각할 수도 있기 때문이다. 그러나 제3기의 초좌파주의는 너무 극단적이어서, 각국 공산당은 기권주의적·수동적 태도를 취하는 바람에 노동계급 운동에서 사실상 고립되고 말았다. 그래서 공산당들은 자국 지배계급에게 아무 위협도 되지 못했고 소련의 외교정책에도 전혀 위험 요인이 아니었다. 특히 독일에서 그랬다. 독일에서 스탈린의 외교정책은 대체로 독일군 수뇌부를 포함한 바이마르공화국과 화해하려는 시도에 바탕을 두고 있었다(그래서 독일군은 소련에 군사시설을 확보해서, 베르사유조약의 군비 제한 규정을 피해 나갈 수 있었다).

제3기의 초좌파주의는 코민테른이 각국 공산당을 고립시키기 위해서 의식적으로 강요한 것은 아니었다. 사실 초좌파주의 정책들은 소련 내부의 투쟁에서 발전한 것이었다. 즉, 소련의 관료 집단이 이제는 부하린을 중심으로 한 우파에 맞서 싸우고 있었던 것이다. 그러나 결과가 유리했다. 말하자면, 모자가 잘 맞았기 때문에 코민테른이 그 모자를 쓴 것이다.

새 노선

사회민주주의가 사회제국주의를 거쳐 사회파시즘으로 발전해 오늘날 자본주의 국가의 선봉에 서고 있는 것과 꼭 마찬가지로 … 사회파시스트 노조 관료들도 경제투쟁이 첨예해지는 시기에 완전히 대자본가 편으로 넘어가고 있고 … 개혁주의적 노조 기구는 파업 파괴 조직으로 변모하고 있다. 개혁주의적 노조 기구가 급속하게 파시스트화하고 부르주아 국가와 융합하는 이 과정에서 특히 해로운 구실을 하는 자들은 이른바 암스테르담인터내셔널 '좌파들'(쿡, 핌먼 등)이다.* 그들은 암스테르담인터내셔널의 반동적 지도자들에게 반대하는 척하면서 그런 과정의 진정한 의미를 노동자들에게 숨기려 하고, 사회파시즘 체제의 능동적 일부(결코 적지 않은 일부)를 이루고 있다.

"코민테른 집행위원회 10차 총회 결의안", 1929년 7월

코민테른의 새 노선은 1928년 7~8월 열린 6차 세계 대회에서 나타났다. 6차 대회는 자본주의의 안정기('제2기')가 끝나고 '제3기'가 도래했다고 선언했다. 제3기는 "세계경제의 모순들이 극심해지고 … 자본주의가 전반적 위기에 빠지는 시기"인데 "이 새로운 제국주의 전쟁의 시기에는 제국주의 국가들끼리 전쟁을 벌이고, 제국주의 국가

---

* 아서 J 쿡은 1924~1931년 영국광원연맹(전국광원노조의 전신) 사무총장이었고, 에도 핌먼은 1919~1923년 암스테르담인터내셔널의 사무총장과 1919년부터 1942년에 죽을 때까지 국제운수노조연맹의 사무총장을 지냈다.

들이 소련을 상대로 전쟁을 일으키고, 제국주의에 대항하는 민족해방전쟁이 벌어지고, 제국주의적 간섭 전쟁과 거대한 계급투쟁들이 벌어진다"는 것이었다.[3]

그렇지만 이 종말론적 전망에서 딱히 분명한 결론이 나오지는 않았다. 아마 부하린 지지자들이 여전히 후위 전투[승산 없는 싸움]를 하고 있었기 때문일 것이다*(부하린이 마지막으로 참석한 코민테른 대회도 6차 대회였다). 그러나 이런 단점은 1929년 7월 열린 코민테른 집행위원회 10차 총회에서 교정됐다.

제국주의의 모순이 심화하고 계급투쟁이 첨예해지는 지금 같은 상황에서 파시즘은 갈수록 우세한 부르주아 통치 방식이 되고 있다. 강력한 사회민주주의 정당이 있는 나라들에서 파시즘은 사회파시즘이라는 독특한 형태를 띤다. 사회파시즘은 파시스트 독재 정권에 대항하는 투쟁에서 대중을 마비시키는 도구 노릇을 하면서 갈수록 부르주아지에게 봉사한다.[4]

이렇게 혼란스럽고 터무니없는 주장이 실천에서 뜻하는 바는 공동전선을 거부하는 것이었다. 물론 솔직하게 거부한다고 말하는 것이 아니라, 또다시 '오직 아래로부터' 공동전선 행동을 제안하는 식이었다. 이제 주된 적은 실제 파시스트들이 아니라 사회민주주의자들이었

---

* 부하린은 1929년 4월까지 코민테른 집행위원회 사무총장과 〈프라우다〉 수석 편집자 자리를 유지했다.

다. '사회파시즘'론이 터무니없다는 것은 이미 드러났다. 물론 누가 주적인가 하는 물음에 시대를 초월한 일반적 주장으로 대답할 수는 없다. 그것은 전적으로 상황에 달려 있기 때문이다. 이 '새 노선'이 정말 중요해지고 있던 시기와 장소에서, 즉 히틀러가 권력 장악을 위해 진군하던 독일에서 주적은 분명히 나치당의 파시스트들이었지 사회민주당의 사회민주주의자들이 아니었다.

노조 관료들이 '사회파시스트'라는 생각은 논리적으로 노동조합의 분열, 즉 '적색' 노동조합을 따로 만들어야 한다는 생각으로 이어졌다. 그러나 이런 주장을 공식적으로 제기하지는 않았다. 왜냐하면 레닌이 '분리주의적 노동조합운동'을 분명히 비난했기 때문이다. 그래서 초좌파적이고 모험주의적인 정책들을 추진해서, 그것을 빌미로 노조 관료들이 좌파를 축출할 수 있게 하거나(독일·영국·미국에서 그랬다) 좌파 노조를 고립시킬 수 있게 해 줬다(프랑스·체코슬로바키아에서 그랬다). 그 결과는 어디서나 [노조 내에서] 우파가 더 강해졌다는 것이다.

물론 사회민주주의자들의 도발과 역겨운 계급 협력, 쓰라린 배신 행위는 헤아릴 수 없이 많았다. 예를 들어, 영국의 경우를 보면 1926년 이후에 영국 노총 지도자들이 여러 해 동안 '파업 파괴자' 구실을 했다는 것은 확실하게 사실이다. 그러므로 1929~1930년에 전국재단사·의류노동자노조에서 의류노동자연합이, 영국광원연맹(지금의 전국광원노조NUM)에서 스코틀랜드광원연합이 분리해 나온 것은 어느 정도는 우파 노조 관료들의 노골적 배신에 대한 대응이었다. 그 분리를 촉진한 공산당 투사들에게는 청중이 있었고 소수나마 실질적 지지 기반이 있었다.

그렇지만 정치적으로 그것은 완전히 잘못이었다. 영국공산당과 그들의 스승 노릇을 한 코민테른 지도부는 1920년에 레닌이 한 것과는 달리 '적색' 노조에 대한 초좌파주의적 환상을 강력하게 비판하지 않았을 뿐 아니라, 오히려 그런 환상을 부추겼다. 노조 관료들에 대항하는 투쟁과 관련해 코민테른의 '제3기' 노선에서 진짜로 비난받아야 하는 점은 그 노선이 사실상 노조 관료들을 도와줬고, 노조 관료들이 좌파와 우파로 분열하는 상황을 이용하지 못했고, 투사들과 그 주위 사람들이 노동조합원 대중에게서 고립되게 만들었다는 것이다.

[코민테른 지도부가] 초좌파주의로 선회한 것은 어느 정도는 기존의 우파적 정책들이 특히 영국과 중국에서 재앙적 결과를 낳은 뒤, 그 정책들을 비판한 좌익반대파의 영향력이 각국 공산당에 미치지 못하도록 차단할 필요성에서 비롯한 것이기도 했다. 그러나 더 중요한 것은 부하린 지지자들을 각국 공산당의 요직에서 제거할 필요성이었다. 그래서 "주된 위험은 우파에서 나온다"고 선포했고, 독자적 생각과 행동 능력이 있어서 걸림돌이 되는 당원들을 관료적으로 제거하는 기술, 즉 지노비예프가 개발하고 부하린이 발전시켜서 이제는 제대로 완성된 기술을 부하린 지지자들에게 가차 없이 사용했다.

그러나 부하린이 코민테른을 지배하던 시기에 제거된 진짜 초좌파들은 복권되지 않았다. 그 대신 '새로운 유형의 지도자들'이 떠올라서 개인숭배의 대상이 됐는데, 이것은 이제 소련에서 스탈린 자신이 개인숭배의 대상이 된 것을 반영했다. 스탈린에게 무조건 절대로 복종하고 그의 모든 저작을 무비판적으로 숭배하는 것이 이제는 필수 사항이 됐다.

독일공산당의 에른스트 텔만은 '새로운 유형'의 좋은 사례다. "진짜 노동자 텔만은 명목상의 지도자로 적임이었고 개인적 인기도 있었다. 그의 다른 재능들은 두드러진 것이 없었다."[5] 그러나 그는 언제나 변함없이 복종했(고 그 덕분에 소련 밖에서 가장 큰 공산당의 지도자가 될 수 있었)다.

모스크바의 코민테른 본부에서는 스탈린의 심부름꾼 몰로토프가 권좌에 올랐다. 몰로토프는 1928년 이전까지 코민테른에서 아무 구실도 하지 않았다.

제3기의 '좌파주의'와 1924~1925년의 '좌파주의' 사이에는 한 가지 차이점이 있었다. 1924~1925년에는 코민테른이 이러저러한 어리석은 실수를 저지르기는 했지만 혁명적 구실을 했다. 그렇지만 1928~1934년에는 그러지 않았다. 코민테른은 입으로는 극도로 급진적인 미사여구를 늘어놓으면서도 실천에서는 수동적 태도로 일관했다. 각국 공산당은 고립을 자초한 뒤 옆에서 구경하며 분노의 함성만 내질렀다.

이런 상황은 스탈린에게 딱 좋았다. 그는 여전히 공산당들이 필요했지만, 주로 소련을 위한 선전기구 차원에서 그랬다. 적극적 정책, 예를 들어 사회민주당과 연합해서 히틀러에 대항하는 공세적 공동전선을 결성하는 정책은 정치적 격변을 부를 위험이 있었다. 이것은 스탈린이 결코 원하지 않는 것이었다. 그의 정책은 보수적이었다. 다시 말해, 외국 상황에 휘말리는 것을 피하고, 그래서 외국의 간섭을 받을 위험을 피하는 것이 정책 목표였다. 제3기의 초좌파주의는 이런 목표를 달성하는 데 안성맞춤이었다. 코민테른은 이제 더는 혁명적 조직이 아니었다.

스탈린의 동기는 분명했다. 그리고 이제 소련에서 그의 말은 법이었다. 그렇다면 코민테른 정당들은 왜 새 노선을 받아들였을까? 가장 중요한 이유는 스탈린이 물려받은 러시아 혁명의 권위였다. 당시까지만 해도 러시아 혁명은 최근에 일어난 사건이었다. 소련은 공산주의자 투사들에게 희망의 상징이었다. 소련 외부 세계의 공산당이 패배할 때마다 오히려 러시아 혁명과 소련의 권위는 더 커졌다. 다른 나라들의 상황이 어려워질수록, 소련의 노동자 권력 신화(이제는 신화가 돼 버렸다)와 스탈린의 권위(당시 스탈린은 '오늘날의 레닌'으로 칭송받았다)는 더 중요해졌다. "밤이 캄캄할수록 별은 더 밝게 빛나는" 법이다.

그런데 1930년에 세계 정세가 실제로 극적인 변화를 겪었다. 1928년 여름에 새 노선이 채택됐을 때만 해도 세계경제는 1920년대 말의 호황이 한창이었고, 그 호황은 제3기의 처음 15개월 동안 지속됐다. 1929년 10월 미국 월가의 주식시장이 붕괴한 뒤 1930년에 엄청난 불황이 닥쳤다. 전 세계에서 생산이 급감하고 실업이 급증했다. 그러나 소련에서는 제1차 5개년계획이 추진되고 있었고, 생산이 빠르게 증대하고 있었으며, 신경제정책 시기에는 심각하던 실업이 사라졌다. 이 선명한 차이 때문에 소련의 신화와 코민테른 소속 정당들에 대한 스탈린의 권위가 확고해졌다.

그리고 대다수 공산당 내부에서는 지나친 우편향과 그 결과에 대한 정당한 반발이 있었다. 그것은 대체로 소수파의 반발이었지만, 이제 스탈린의 앞잡이로 전락한 코민테른 집행위원회가 각국 공산당의 '우파적' 지도부를 공격하는 데 그 반발을 이용했다. 그래서 영국공산당은 런던과 뉴캐슬 지구당, [공산당의 청년 조직] 청년공산주의자동맹을 중심으로 형성된 좌파적 반발 덕분에 '선회했다.'

그러나 대다수의 경우에는 많은 압력이 필요하지 않았다. 대규모 공산당들, 즉 독일·프랑스·체코슬로바키아의 공산당에서는 1925년까지 진짜 우파든 우파로 여겨진 지도자들이든 모두 제거됐다. 그 뒤 1925~1927년에는 역시 진짜든 가짜든 '좌파' 지도자들도 모두 제거됐다. 지도부 가운데 살아남은 사람들은 줏대가 없어졌고, 그래서 새 노선과 '새로운 유형의 지도자들'에게 별 어려움 없이 적응했다. 그들은 트로츠키와 지노비예프를 잇따라 비난했는데, 이제는 부하린을 비난할 차례였다.

예외도 있었다. 미국공산당 지도부에서 다수파인 우파가 제명될 때는 코민테른의 명령이 필요했다. 제명당한 사람들은 당원의 다수를 데리고 나가지 못했다. 그러나 스웨덴에서는 킬봄 지도부에 대한 비슷한 공격의 결과로 당원(1928년에 약 1만 8000명)의 다수가 킬봄과 함께 탈당해 버렸다. 그러나 대다수의 경우에 우파 지도자들은 아무리 저명한 사람이라도 제명당했을 때 소수의 당원만 데리고 나갈 수 있었다.

많은 경우에 공산당원 수가 급감했다. 프랑스공산당은 1928년에 5만 2526명이던 당원 수가 1930년 5월에는 3만 9000명으로 줄었고 1932년 3월에는 3만 명까지 떨어졌다. 체코슬로바키아공산당은 1928년에 15만 명이던 당원 수가 1931년에 3만 5000명으로 급감했다.[6] 영국공산당은 1928년 3월에 당원이 5526명이었지만 1929년 말에는 3500명이라고 했다. 노르웨이공산당은 1928년에 비록 작아도 여전히 중요한 노동자 정당이었지만 1932년 무렵에는 고립된 소종파로 전락했다.

여기서도 예외는 있었다. 남아프리카공산당CPSA은 1920년대 말에 백인들이 지도하는 소규모 조직이었고 쇠퇴하고 있었다. 새 노선과 어느 정도 흑인도 포함된 새 지도부 덕분에 남아프리카공산당은 흑인 노동자들의 많은 파업을 주도할 수 있었고 탄압에도 불구하고 영향력을 발휘할 수 있었다. 마찬가지로 호주공산당CPA도 1920년대 말에는 소규모 선전 조직이었다. 불황이 호주를 강타하고(1932년에 노동자 3명당 1명 꼴로 실업자였다), 집권한 노동당이 노동계급의 생활수준을 공격하는 데 앞장서고 있었기 때문에, 초좌파주의 노선이 노동계급 일부의 절망감에 들어맞았다. 그래서 호주 공산당원 수는 1928년 249명에서 1934년 2824명으로 늘어나 장차 공산당이 노동조합에 영향을 미칠 수 있는 토대가 마련됐다.[7]

그러나 단연코 가장 중요한 사례는 독일공산당이었다. "1920년대 말에 12만 5000명으로 꽤 안정적이던 전체 당원 수가 1930년에 17만 명, 1931년에는 24만 명, 재앙 직전인 1932년 말에는 36만 명까지 늘어났다."[8]

1931년에 트로츠키는 독일을 일컬어 "국제 정세의 열쇠"라고 했다. 그리고 심각한 사회적 위기가 악화하는 상황에서 새 노선이 대중정당의 실천을 통해 시험대에 오른 곳이 바로 독일이었다.

"히틀러 다음은 우리 차례다"

브뤼닝 씨[당시 독일 총리]가 매우 분명하게 말했듯이, 일단 그들[나치 ─
지은이]이 권력을 장악하게 되면, 프롤레타리아 공동전선이 등장해서
모든 것을 깨끗이 쓸어버릴 것입니다. … 우리는 파시스트들을 두려워
하지 않습니다. 그들은 다른 어떤 정부보다 더 빨리 무너질 것입니다.

독일공산당 지도자 헤르만 레멜레, "제국의회 연설", 1931년 10월

1928년 5월 독일 총선에서 사회민주당은 900만 표 넘게 얻어 득
표율이 29퍼센트였는데, 이 성과는 1924년 12월 총선 때보다 130만
표가 늘어난 것이었다. 공산당은 320만 표를 얻어 득표율이 10.6퍼센
트였는데, 이는 1924년 12월 총선 때보다 50만 표 늘어난 것이었지
만 1924년 5월 총선 때의 득표율 12.6퍼센트[369만 표]에는 미치지 못
하는 것이었다. 나치는 겨우 81만 표를 얻어 득표율이 2.6퍼센트였다.
그 결과 새로운 '대연정', 즉 사회민주당, 가톨릭 계열의 중앙당, 자유
민주주의 정당인 독일민주당, 우파 정당인 독일국민당으로 이뤄진 연
립정부가 구성됐고, 사회민주당 지도자 헤르만 뮐러가 총리가 됐다.
새 정부의 보수적 성격이 곧 드러났다. 새 정부는 '소형 전함' 도이
칠란트* 건조를 추진했다(선거운동 기간에 사회민주당은 이 계획을

---

* 도이칠란트 '덩치는 작지만 강력하다'는 의미로 '소형 전함'이라고 불렸을 뿐, 실제
로는 당시 중순양함의 표준인 8인치 주포보다 더 강한 11인치급 주포 6문을 장착
한 고화력의 중순양함으로 제2차세계대전 초기 독일 해군의 주력으로 활약했다.

격렬히 반대했었다). 1928년 가을에는 철강 회사 기업주들이 직장 폐쇄를 단행하자 그들을 지지했다. 그리고 '법질서' 세우기 정책도 강하게 추진했는데, 가장 악명 높은 사례는 1929년 메이데이 [시위 탄압]이었다.

당시 사회민주당 당원이며 베를린 경찰서장인 카를 최르기벨이 메이데이 시위를 금지했다. 공산당은 여느 때처럼 시위를 조직했다. 대규모 시위였고 사회민주당 당원도 시위에 많이 참가했다. 최르기벨의 경찰이 노동자들에게 발포해 25명이 사망하고 36명이 중상을 입었다. 그러나 최르기벨은 시위대가 먼저 총을 쐈다고 주장하며 경찰을 두둔했다. "군중이 총을 쏴서 경찰 총의 개머리판 14개가 산산조각 나거나 관통당했지만, 다행히도 경찰 측 사상자는 한 명도 없었다."[9] 사회민주당 소속 장관들은 최르기벨을 비난하지 않았다.

따라서 공산당은 사회민주당을 지지하는 노동자들에게 영향을 미쳐 그들을 끌어당길 수 있는 좋은 기회를 얻은 셈이었다. [그러나] 공산당은 신경질적으로 '사회파시즘'론을 떠들어 대고, 사회민주당원들을 "새끼 최르기벨"이라고 부르고, 사회민주당 좌파와 관계를 맺는 데 완전히 실패해서(공산당은 그들을 '좌파 사회파시스트'라고 불렀다) 그 기회를 계속 놓쳐 버렸다.

그런 상황에서 대불황이 닥쳤다.

1929년부터 실업자가 꾸준히 늘어나 1933년 1월에는 600만 명을 넘어섰다. 그것은 실업자로 등록된 공식 수치였다. 실제로는 800만~900만 명의 임금·봉급 생활자가 실직 상태였다. 그와 동시에 임금과 봉급이 삭감되고 실업급여도 줄어서 노동자의 구매력이 급감했기 때문에 수많은 구멍가게 주인과 소매상과 수공업자와 농민이 파산했다. … 근본적 해결책, 즉 충분히 근본적이고 효과적이라면 어떤 종류든 상관없는 그런 해결책을 원하는 독일인들이 갈수록 늘어났다. 그래서 당시 독일에서는 "이렇게는 못 살겠다"는 말이 "안녕하세요"만큼이나 흔한 말이 됐다.[10]

이런 상황에서 독일공산당에 필요한 것은 구체적 구호들이었다. 즉, 공산당원뿐 아니라 다른 노동자들에게도 점점 더 영향을 미칠 수 있게 해 줄 실질적·부분적 요구들이 필요했다. 그러나 공산당은 지지자들에게 "혁명적 투쟁의 고양", 갈수록 심각해지는 위기(그것은 누가 봐도 알 수 있었다), 소련의 제1차 5개년계획의 눈부신 성과, 사회 파시즘의 위협에 관한 이야기만 잔뜩 늘어놨다. 공산당은 맹렬한 선전 활동에도 불구하고 정치적으로 수동적이었다.

1930년 3월 말에 '대연정'이 붕괴했다. 사회민주당은 당내 우파조차 더는 대기업들이 요구하는 임금·실업급여 삭감을 받아들일 수 없었기 때문에 내키지 않았지만 야당이 될 수밖에 없었다.

지금이야말로 공산당이 공동전선 활동을 지속적으로 전개하기에 딱 좋은 때였다. 즉, 공산당은 공동전선을 정치적 지향의 중심으로 삼아야 했다. 트로츠키는 어리석은 '사회파시즘'론을 비판하면서 참을성 있게 다음과 같이 설명했다.

사회민주당은 오늘날 부르주아 의회 체제의 주요 대변자 노릇을 하지만 노동자들의 지지에 의존한다. 파시즘은 프티부르주아지의 지지를 받는다. 노동자 대중조직들이 없는 사회민주당은 아무 영향력도 없다. 파시즘은 노동자 조직들을 전멸시키지 않으면 자기 권력을 확고하게 만들 수 없다. …

독점 부르주아지에게 의회 체제와 파시즘 체제는 [선택 가능한] 다른 지배 수단일 뿐이다. [그들은 역사적 상황에 따라 둘 중 하나에 의지한다.] 그러나 사회민주당과 파시스트들에게는 어느 수단을 선택할지가 … 정치적으로 죽느냐 사느냐 하는 문제다. …

어떤 국가가 파시즘 체제로 바뀐다는 것은 단지 통치 형태와 방식이 무솔리니식으로 바뀐다는 것만을 의미하지 않는다. … 그것은 일차적으로 또 무엇보다도 **노동자 조직들이 전멸한다는 것**, 프롤레타리아가 원자화해서 무정형의 상태로 된다는 것, 대중 속으로 깊숙이 침투한 행정 체계가 만들어져서 **프롤레타리아의 독립적 조직 건설을 가로막는다는** 것을 의미한다. 바로 그것이 파시즘의 본질이다.[11]

따라서 반反파시즘 공동전선의 객관적 토대가 있었다. 즉, 독립적 노동계급 조직들을 보존하는 데 공통의 이해관계가 진짜로 있었던 것이다. 트로츠키는 사회민주당과 독일노동조합총연맹의 지도자들을 그냥 놔둬도 그들이 이 점을 인식할 것이라는 환상을 품지 않았다. 결코 그러지 않았다. 그러나 만약 공산당이 공동전선을 정치 활동의 중심으로 삼았다면 사회민주당과 독일노동조합총연맹의 지지자들 가운데 갈수록 많은 사람이 그 점을 인식할 수 있었을 것이고 실제로 인식했을 것이다. 그리고 공산당이 사회민주당의 영향을 받는 노동자들을 설득해서 끌어당기려면, 그들에게 직접 말을 걸어야 했을 뿐 아니라 그들의 지도자들에게도 말을 걸어야 했다. 투쟁이 새롭게 바뀔 때마다 구체적 제안들을 내놓고, 퇴짜를 맞더라도 거듭거듭 그래야 했다. 그래서 평당원들과 현장 조합원들에게 영향을 미치고 적어도 사회민주당과 독일노동조합총연맹의 일부 기구라도 공동전선으로 끌어당겨야 했다. 그러나 스탈린주의화한 독일공산당은 정반대 정책을 추진했다.

'대연정'이 붕괴한 후 새 총리가 된 중앙당 지도자 하인리히 브뤼닝은 의회에서 다수의 지지를 받지 못했기 때문에, 바이마르공화국 헌법에 규정된 [대통령] 긴급명령권을 발동해 통치할 수밖에 없었다.

1930년 9월 [14일] 총선이 실시됐다. 지난 2년 동안 독일공산당은 '사회파시즘'론에 따라 사회민주당을 집중적으로 공격했으므로 이제 공산당이 선거에서 거둔 성과는 사회민주당을 제물 삼아 얻은 것이었다. 공산당은 459만 2100표를 얻어 득표율이 13.1퍼센트였다. 사회민주당은 857만 7700표를 얻었는데 1928년에 915만 3000표를 얻은 것에 비하면 득표율이 29.8퍼센트에서 24.5퍼센트로 떨어졌다. 반면에 나치는 놀라울 만큼 성장해서 득표수는 1928년의 8배인 640만 9600표, 득표율이 18.3퍼센트였다. 게다가 노동자 정당들의 득표율을 모두 합쳐도 40.4퍼센트에서 37.6퍼센트로 하락했다. 브뤼닝은 여전히 의회에서 다수의 지지를 받지 못했지만 사회민주당의 '용인' 덕분에 계속 집권할 수 있었다. 사회민주당은 정부 신임투표에서 반대표를 던진 적이 없었다.

공산당 지도자들은 승리감에 기고만장했다. 이제 제국의회에서 공산당의 의석은 54석에서 77석으로 늘어났다. 공산당 지도자들은 나치의 성장을 대수롭지 않게 여겼다. 베를린에서 발행되는 공산당 일간지는 "9월 14일은 독일 국가사회주의[나치] 운동의 절정이었다. … 이제 남은 것은 패배와 쇠퇴뿐이다" 하고 선언했다.[12] 그 신문은 파시스트들이 권력을 장악할 위험에 관해 "파시즘의 독재는 더는 위협이 아니고 이미 독일에 존재한다"고 주장했다.[13] 이 말은 브뤼닝 정권도 사회민주당이 주도한 전임 정부와 마찬가지로 파시스트 정권이라는 뜻이었다.

그런 주장은 무지와 초좌파적 허풍, 의회 크레틴병이* 뒤섞인 것이었다.

1930년 9월 바로 그때 트로츠키는 이런 노선을 냉철하고 정확하게 비판했다.

[독일공산당은 1928년에 330만 표를 얻었는데 이번에는 약 460만 표를 얻었다.] '보통의' 선거 공학으로 보면, 130만 표를 더 얻은 것은 전체 유권자 수가 늘었다는 사실을 감안하더라도 대단한 성과다. 그러나 파시즘의 득표가 80만 표에서 640만 표로 급증한 사실에 비하면 공산당의 성과는 아무것도 아니다. 또, 선거 평가에서 마찬가지로 중요한 사실

---

* **의회 크레틴병**(parliamentary cretinism) 크레틴병(선천 갑상샘 기능 저하증)은 태어나면서부터 갑상샘 호르몬이 부족해 지능 저하나 성장 장애 따위를 일으키는 질환인데, 마르크스는 《루이 보나파르트의 브뤼메르 18일》에서 사회주의 사회를 의회 다수파의 표결로 평화적·점진적으로 실현할 수 있다는 주장을 바보 같은 견해라는 의미에서 의회 크레틴병이라고 비웃었다.

은 사회민주당이 비록 표를 꽤 많이 잃기는 했지만 그래도 주요 간부들을 유지하고 여전히 노동자들의 표를 공산당보다 훨씬 더 많이 얻었다는 것이다.

한편 국내외 상황이 어떻게 맞물렸을 때 노동계급이 공산당을 지지하는 쪽으로 빠르게 돌아설 수 있는지를 우리가 자문해 본다면, 그런 변화가 일어나기에 오늘날의 독일 상황보다 더 유리한 경우를 찾기도 힘들 것이다. … 공산당은 아주 유리한 상황에도 불구하고 '사회파시즘' 공식 때문에 사회민주당의 입지를 심각하게 뒤흔들 능력이 없다는 사실이 드러났다. 반면에 지금 진짜 파시즘이 사회민주당의 입지를 위협하고 있다. …

사회민주당이 온갖 정책을 통해 파시즘의 전성기를 준비해 줬다는 것이 아무리 사실이라고 해도, 파시즘이 바로 그 사회민주당에 치명적 위협이라는 것도 마찬가지로 사실이다. … 결정적 순간에 사회민주당 지도자들이 혁명적 프롤레타리아 독재보다는 파시즘의 승리를 선호할 것이라는 점은 의심할 여지가 없다. 그러나 바로 그런 선택 때문에 사회민주당 지도자들은 자기네 노동자들 사이에서 엄청난 곤경에 처하게 된다. 파시즘에 대항하는 노동자 공동전선 정책은 바로 이런 상황에서 비롯한다. 그것은 공산당에게 엄청난 가능성을 열어 준다. 그러나 그 정책이 성공하려면 '사회파시즘'의 이론과 실천을 거부해야 한다. '사회파시즘'론의 해악은 현재 상황에서 확실한 위협이 되고 있다.[14]

그러나 독일공산당 지도자들이 할 수 없는 일이 바로 그것이었다. 스탈린이 사회파시즘론을 결정하고 명령했으므로 오직 그만이 그것을 폐기할 수 있었다. 사실은 노선의 강조점 변화가 약간 있었다. 1931년 1월에 '민중 혁명'이라는 구호가 '공산당의 주된 전략 구호'가 됐는데, 이것은 민족주의적 데마고기에서 나치를 능가하려는 시도였다. 그러다가 5월에는 "사회(주의적) 파시즘을 타격하는 것은 곧 민족(주의적) 파시즘을 타격하는 것"이라는 구호는 "너무 단순하다"고 선언했다. 이런 식의 변화가 있었지만, 사회민주당이 주적이라는 노선의 핵심은 계속 유지됐다.

그래서 1931년 여름에 나치가 프로이센주써의 사회민주당 정부 퇴진을 요구하는 주민 투표를 추진하자, 공산당은 그것을 '붉은 주민투표'라고 부르며 지지했다. 유일한 대안적 정부가 나치와 보수파의 연립정부뿐인 상황에서 공산당은 사회민주당 주 정부를 무너뜨리기 위해 온 힘을 다했(지만 결국 실패했)다.

1932년에는 공산당이 나치와 함께 베를린 운수 노동자들의 비공인 파업을 지지했다.**

파업기금을 모으기 위한 길거리 모금이 조직됐고, 베를린의 일부 지역

---

* 나치당 내 '좌파'의 지도자 그레고어 슈트라서가 마르크스주의 구호인 계급 혁명에 반대하며 민중 혁명을 외치자 공산당은 "베르사유조약에 반대하는 민중 혁명" 운운하며 흔히 나치보다 더 민족주의적인 용어들을 사용해서 나치 지지자들을 끌어당기려 했다.

** 독일노동조합총연맹 지도부가 베를린 운수 노동자들의 임금 인상을 요구하는 파업을 외면하자 나치는 노동조합에 기반을 마련할 기회가 왔다고 보고 파업을 지지하고 나섰다. 그러나 이는 실패로 돌아갔고 나치는 두 번 다시 이런 시도를 하지 않았다.

에서는 공산당원과 나치당원이 나란히 서서 모금함을 흔들며 합창하듯이 다음과 같이 외치는 독특한 장면을 볼 수 있었다. "국가사회주의 공장세포조직NSBO[나치의 노동조합 조직]의 파업기금을 모금합니다, 혁명적노동조합반대파RGO[1929년에 독일공산당이 결성한 적색 노조]의 파업기금을 모금합니다." 이런 비정상적 공동전선을 보고 대다수 평범한 노동조합원들은 너무 역겨워서, 파업 노동자들에 대해 처음에 느꼈던 공감이 경멸과 적대감으로 바뀌어 버렸다.[15]

그 때문에 파업은 빠르게 붕괴했고, 공산당은 사회민주당을 지지하는 노동자 대중과 훨씬 더 멀어지고 고립됐다.

텔만은 히틀러가 독일 총리가 되기 4개월 전인 1932년 9월 말까지도 스탈린의 주장을 다음과 같이 충실하게 되풀이했다.

트로츠키주의자들은 대중의 단결 염원을 엉뚱한 정치적 방향으로 돌리려고 공산당과 사회민주당의 단결이라는 구호를 내놓고 있다. … 바로 지금 독일에서 그 둘[사회민주당과 나치 — 지은이]은 스탈린 동지가 매우 강조했듯이 '쌍둥이 형제'라는 본색을 드러내고 있다. … 최근에 우리 당은 사회민주주의에 대항하는 원칙적 투쟁을 약화시키려는 모든 경향에 맞서 대단히 성공적으로 싸웠고, 노동계급 안에서 더는 사회민주주의를 주된 공격 대상으로 삼아서는 안 된다는 모든 생각에 맞서 맹렬하게 싸웠다.[16]

사실 공산당의 정책은 오히려 사회민주당의 영향을 받는 노동자들 사이에서 사회민주당 지도부의 입지를 강화시켰을 뿐이다. 그런데도 공산당은 그 노선을 끝까지 밀어붙였다. 앞서 말했듯이, 공산당은 계속 성장했지만 그 사회적 비중은 증대하지 않았다. 1932년에 코민테른 조직 책임자가 보고한 것을 보면, 독일 공산당원 가운데 공장노동자 비율은 1928년에 62.3퍼센트, 1929년에 51.6퍼센트, 1930년에 32.2퍼센트, 1931년에 20.22퍼센트로 계속 하락했다.[17] 이것은 어느 정도는 불황의 불가피한 결과였지만 대부분은 그렇지 않았다. 공산당은 갈수록 실업자와 탈계급화한 사람들의 정당이 됐다. 공산당의 득표수도 계속 증가했다. 마지막 자유선거(1932년 11월)에서 공산당은 598만 표(16.9퍼센트)를 얻은 반면, 사회민주당은 724만 8000표(20.4퍼센트), 나치는 1173만 7000표(33.1퍼센트)를 얻었다.

그러나 득표수는 결정적인 것이 아니었다. 공산당의 실천적 수동성, 말도 안 되는 '사회파시즘'론, 현실에 대한 무지, 바로 이런 것들이 결정적이었다. 1930년과 1931년에, 심지어 1932년까지도 공산당이 공동전선 정책을 강력하게 추진했다면 히틀러를 물리칠 수 있었을 것이다. [그러나] 스탈린의 코민테른은 그런 정책이 추진되지 못하게 확실히 막았다.

왜 그랬을까? 나치가 집권해서 사회민주당과 노동조합뿐 아니라 공산당도 분쇄하고 대규모 재무장 계획을 실행하고 유럽에서 영국과 프랑스의 지배력을 의식적·의도적으로 약화시켜 대륙을 지배하고 착취하는 것은 확실히 소련의 스탈린주의 관료 집단에게 이익이 되지 않는 일이었다. 이것은 불가피하게 소련 자체에 대한 공격으로 이어질 터였기 때문이다(실제로 나치 독일은 1941년에 소련을 침공했다). 더

욱이, 히틀러는 일찍이 1923년에 쓴 책《나의 투쟁》에서* 이런 계획을 공공연히 밝혔다. 그렇다면 어떻게 스탈린은 그렇게 눈먼 사람 같을 수 있었을까?

두 가지 이유가 있었다. 첫째는 그냥 무식했기 때문이다. 스탈린은 파벌 정치의 우두머리로서는 엄청나게 약삭빠르고 무자비했지만 소련 밖의 계급투쟁 현실은 거의 알지 못했다. 1924년에 그가 한 말은 악명 높은데, 이미 두 번이나 언급했지만 여기서 길게 인용할 만하다. "파시즘은 부르주아지의 투쟁 조직이고, 부르주아지는 사회민주주의의 적극적 지지에 의존한다. 사회민주주의는 사실상 파시즘의 온건파다."[18] 따라서 "파시즘과 사회민주주의는 대립물이 아니라 쌍둥이다."

물론 이런 주장이 말도 안 되는 헛소리라는 것을 인식한 사람들은 코민테른 기구의 중앙에도 있었다. 그래서 한때 그람시 신봉자였다가 나중에 제2차세계대전 후 이탈리아공산당 지도자가 되는 팔미로 톨리아티는 (이미 초좌파 노선이 우세하던) 1928년 코민테른 6차 세계 대회 때까지도 사회민주주의와 파시즘의 이해관계가 근본적으로 충돌한다는 뛰어난 분석을 내놓았다.

톨리아티는 매우 유능한 사람이었지만 그람시와는 달리 소련 지도부에서 독립적인 정책을 생각하지 못했다. 그래서 트로츠키는 다음과 같이 썼다. 톨리아티는 "진리도 소중하지만 몰로토프는 더 소중하

---

* 히틀러는 1923년 11월 뮌헨에서 군사 쿠데타를 일으켰다가 실패하고 투옥됐을 때《나의 투쟁》을 쓰기 시작해서(5년 징역형을 선고받았지만 1924년 12월에 풀려났다) 1925년과 1926년에 1부와 2부를 각각 출판했다.

다는 사실을 서둘러 입증했고, … 사회파시즘론을 옹호하는 보고서를 썼다. 1930년 2월에 톨리아티는 '이탈리아 사회민주주의자들은 서슴없이 파시스트로 변신했다'고 선언했다. 유감스럽게도, 공산당 관료들은 훨씬 더 서슴없이 아첨꾼으로 변신했다."[19] 사실 1929년까지 공산당에서 제거되고 또 제거된 많은 사람은 오래전에 아첨꾼으로 변신한 자들이었다.

더 중요한 둘째 이유는, 스탈린의 지배를 그다지 열렬히 지지하지 않은 관료들을 포함해 관료 집단 전체가 소련 사회의 다른 집단들에서 고립될까 봐 걱정했기 때문이다. 소련 관료들은 주민 대중이(농민뿐 아니라 노동자도) 제1차 5개년계획이 강요한 엄청난 궁핍에 매우 적대적이라는 사실을 원칙적으로 인정하지 않을 수 없었다. 소련 정권은 1919년보다 훨씬 더 고립돼 있었다. 그런 상황에서 외국의 간섭은 치명적일 터였다. 왜냐하면 지금까지는 대체로 수동적이던 대중의 적대감이 외국의 간섭으로 말미암아 응집될 수 있었기 때문이다. 따라서 외국에서 일어나는 어떤 격변도 소련 관료들에게는 달갑지 않았다. 그리고 소련 관료들은 혁명 후 내전 기간에 소비에트러시아로 군대를 파병한 영국과 프랑스를 여전히 주적으로 여기고 있었다.

그래서 [당시 소련공산당 기관지] 〈프라우다〉(진실)는 1930년 독일 총선에서 나치가 성공한 덕분에 "프랑스 제국주의가 적지 않은 어려움"에 직면하게 됐다고 좋아했다.[20] 독일에 극우파 정부가 들어선다면 무엇보다도 프랑스에 반대하는 정부일 것이라는 간절한 희망이 그들의 생각을 지배하고 있었다.

그래서 독일공산당에 수동성이 강요됐다. 이미 1928년 여름에 독

일공산당 중앙위원회 다수파가 텔만의 권위에 도전했지만 역시 코민
테른 집행위원회의 압력에 가로막혔다(이것이 바로 비토르프를 비롯
한 텔만의 측근들이 공산당의 공금을 횡령한 사실이 드러났는데도
텔만이 이를 덮어 버린 비토르프 사건이었다). 모스크바를 등에 업고
독일공산당 최고 지도부가 됐던 노이만과 헤르만 레멜레가 나중에,
즉 1931~1932년에 차례로 제거됐다. 그들은 '새 노선'의 틀 안에서 독
일공산당이 매우 능동적 정책을 추진하게 만들려고 분투했다. 그런
데 모스크바는 모든 종류의 능동적 정책을 절대 반대했다. 그래서 스
탈린의 꼭두각시 텔만이 지도자가 돼야 했다.

결국 히틀러는 1933년 1월에 아무 저항도 받지 않고 집권할 수 있
었다. 그의 첫 내각에서 나치가 소수파에 불과했다는 것은 사실이
다. 히틀러의 정당은 그 전해 11월에 실시된 총선에서 겨우 33퍼센트
만을 득표했다는 것도 사실이다. 그러나 이 모든 것은 문제가 되지
않았다. 일단 집권한 히틀러는 노동자들이 사회민주당과 공산당으
로 심각하게 분열해 있어서 자신을 반대하는 행동으로 단결하지 못
할 것이라고 확신했으므로 처음에는 공산당을, 그다음에는 사회민주
당을, 또 그다음에는 노동조합을 불법화했다. 히틀러의 나치돌격대가
자행한 테러 통치에 대한 효과적 저항은 전혀 없었다. 노동자 정당들
을 제거하고 나서 히틀러는 나머지 제국의회 의원들이 자신을 독재
자로 선출하게 했다.

[레멜레의 말과는 다르게] 히틀러 다음은 "우리 차례"가 아니라 "우리
의 파멸"이었다. 독일의 노동자 운동은 분쇄됐고 노동계급은 원자화
했다. 트로츠키는 히틀러가 총리가 된 지 며칠 뒤에 독일의 경험을

다음과 같이 요약했다.

독일 노동계급의 역사는 현대사의 가장 비극적인 페이지다. 독일 노동계급의 역사적 정당인 사회민주당의 배신은 얼마나 충격적인가! 노동계급의 혁명적 분파[공산당]는 얼마나 어리석고 무능한가! 그러나 너무 멀리 거슬러 올라갈 필요 없다. 지난 2~3년 동안 파시스트들이 득세할 때 스탈린주의 관료들의 정책은 말 그대로 개혁주의를 구해 주고 그래서 결과적으로 파시즘의 승리를 준비해 준 범죄의 연속일 뿐이었다.[21]

7장

공포정치와 민중전선

1937년에 부하린·트로츠키 일당의 사악한 범죄 사실들이 새로 드러났다. … 지금까지 진행된 재판들은 이 인간쓰레기들이 인민의 적인 트로츠키·지노비예프·카메네프와 함께 10월 혁명 초기부터 레닌과 우리 당과 소비에트 국가에 반대해 음모를 꾸며 왔다는 사실을 들춰냈다. … 여러 재판에서 밝혀진 사실은 사악한 트로츠키·부하린 일당이 자기 주인들의 뜻에 따라, 즉 다른 국가들을 위해 간첩 활동을 하면서 우리 당과 소비에트 국가를 파괴하고 국방력을 약화시키고 외국의 무력간섭을 거들고 적군 패배의 길을 준비하고 소련을 해체하고 … 소련에 자본주의적 노예제를 부활시키려 했다는 것이다.

《소련공산당사》, 1938년

1934년 1월 소련공산당 17차 당대회가 열렸다. 소련의 공식 역사에 따르면 "17차 당대회는 역사에 '승리자들의 대회'로 기록돼 있다." 17차 당대회는 "국민경제의 모든 분야에서 사회주의가 승리해서, 인간이 인간을 착취하는 체제가 폐지된 것"을 축하했다.[1] 그런 환상 외에도 스탈린주의 관료들이 축하할 일은 많았다. "쿨라크라는 계급이 청산"됐고, 이제 농민 대중은 확실하게 집단농장에 갇혔으며, 무엇보다도 공업 생산이 엄청나게 증대했다. 공식 수치를 보면 1928년 이후 공업 생산이 평균 70퍼센트 증대했다. 관료 집단의 권력과 특권은 이제 확고해졌다.

그렇지만 17차 당대회에서 나타난 의견 일치(논쟁은 전혀 없었고 모든 결의안이 만장일치로 통과됐다)와 '위대한 지도자이자 스승'인 스탈린을 찬양하는 노래 이면에는 긴장이 숨어 있었다. 노동자들과 집단농장에 갇힌 농민 대중은 무기력하게 마비돼 있었지만, 그들의 노동생산성은 서방 기준에 비춰 보면 매우 낮았다. 관료 집단의 일부는 극도로 위험한 이런 상태를 끊임없는 감시와 공포정치만으로 개선할 수 있을지 의심하기 시작했다. 일부 관료는 강압 통치를 어느 정도 완화하고 유인책을 확대하는 방안을 선호했다. 이런 견해를 내놓은 사람이 정치국원이자 레닌그라드 지역 위원회 우두머리인 세르게이 M 키로프였다는 말이 있다(이 말이 참말인지 거짓말인지는 알 수 없다).

1934년 12월 1일 키로프가 암살당했다. 그의 죽음은 이후 5년 동안 계속될 새로운 국가 테러[공포정치] 물결의 시작을 알리는 신호였다. 1929년부터 계속된 공포정치와 달리, 이번 공포정치는 주로 노동자와 농민을 겨냥한 것이 아니었다(물론 공포정치의 희생자는 대부분 노동자와 농민일 수밖에 없었다). 스탈린은 지위 고하를 막론하고 모든 관료가 자신의 의지에 무조건 완전히 복종하게 만들 속셈으로 관료 집단 자체를 겨냥해 국가 테러를 자행했다.

1934년에 스탈린은 정부 직책을 전혀 맡고 있지 않았다. 그의 권위는 (그것이 어떤 '법적' 근거가 있는 것이라면) 순전히 소련공산당 서기장이라는 직책에서 나오는 것이었다. 그러나 이론적으로 서기장은 선출직이었다. (이제는 비대해진) 중앙위원회의 어느 회의에서라도 그를 해임할 수 있었다. 더 직접적으로는, 핵심 권력기관인 정치국도 이론적으로는 중앙위원회 산하 소위원회였으므로 스탈린의 직무를 정지하고 해임을 건의할 수 있었다. 따라서 스탈린으로서는 정치국의 동료들을 압도할 수 있는 확고한 우위를 차지하는 것이 결정적으로 중요했다. 그래서 스탈린이 차례로 임명한 보안경찰 총수들, 즉 야고다·예조프·베리야가 어마어마한 '음모들'을 밝혀 냈던 것이다(야고다와 예조프 자신도 스탈린 통치 기간에 반역자로 몰려 처형당했고, 베리야도 스탈린이 죽자마자 후계자들의 명령으로 총살당했다).

더 심층적 수준에서 보면, 대숙청과 (대숙청 와중에 벌어진) 여론 조작용 재판들은 10월 혁명에 참여한 사람들을 물리적으로 제거해서 10월 혁명과 결정적으로 단절했음을 알리는 것이었다. '볼셰비키 선임 당원'이 모두 제거됐다. 의미심장하게도, 사실상 오래전부터 죽어 있던 소비에트는 1936년에 전통적 선거구로 대체됐다.* 새로운 지배계급이 입지를 굳히고 있었다. 그리고 그 과정에서 혁명적 과거와 조금이라도 관련이 있는 사람들은 모두 제거됐다.

1917년의 '승리자들'이 어떤 운명에 부딪혔는지는 그 생존자들 가운데 한 명이자 스탈린의 후계자인 흐루쇼프가 1956년에 다음과 같

---

* 1936년에 개정된 소련 헌법(이른바 '스탈린 헌법')은 계급과 산업 집단에 따라 실시되던 소비에트 선거제도를 원자화한 유권자들의 '보통·평등·직접'선거에 바탕을 둔 부르주아 민주주의 제도로 돌려놨다.

이 밝혔다. "17차 당대회에서 선출된 당 중앙위원회 정위원과 후보위원 139명 가운데 98명, 즉 70퍼센트가 체포돼 총살당했습니다. … 표결권이나 심의권이 있는 당대회 대의원 1966명 가운데 1108명이 반혁명 범죄 혐의로 체포됐습니다."[2]

혁명의 시기를 거치며 살아남은 소수의 상징적 인물을 제외하면, 그렇게 체포되거나 살해된 사람들은 모두 스탈린주의자였다. 십중팔구 스탈린의 명령으로 암살당한 듯한 키로프 말고도 스탈린이 직접 선발한 정치국원 중에서 적어도 6명이 1940년 이전에 총살당했다. 그러나 정치적으로는, 스탈린에게 대항한 반대파 지도자들, 특히 '가장 사악한' 트로츠키의 영향과 명령을 받아서 이들이 범죄를 저지른 것으로 조작됐다. 1936년 8월, 1937년 1월, 1938년 3월의 세 차례 대규모 여론 조작용 재판에서 지노비예프·카메네프·부하린 등 당시 살아 있던 [10월] 혁명의 지도자들은 강압에 못 이겨 자신들이 트로츠키의 명령을 받고 소련에 "자본주의를 부활시키려는" 음모를 꾸몄다고 자백했다.

스탈린이 국제적으로도 자신의 권력을 강화하기 위해서는 각국 공산당이 혁명적 좌파의 비판에 면역력을 갖도록 만들어야 했다. 왜냐하면 이제 스탈린의 앞잡이들이 코민테른을 사회민주주의 정당 우파의 입장, 즉 계급 협력 입장으로 급속히 우경화시켰기 때문이다. 그런 입장은 제1차세계대전이 시작된 이후 사회민주주의 정당들이 취한 입장이었고 코민테른 창립자들이 격렬하게 반대한 입장이었다. 이제 '자유주의' 부르주아지와 체계적으로 계급 협력을 추구하는 '민중전선'이 각국 공산당의 원칙이 됐다(이번에도 이것은 스탈린의 외교정책을 위한 것이었다). 그래서 '트로츠키주의'를 비난하는 국제적 캠페인이 격렬하게 전개됐다(당시 트로츠키주의 운동에는 진짜 트로츠키주의자들뿐 아니라, 머뭇머뭇하면서 코민테른 초기 5년의 전통으로 기울던 좌파 경향도 포함돼 있었다). 특히 1935년 이후에 그랬다. 왜냐하면 당시는 이제 변질된 코민테른이 노동계급 운동을 극도로 우경화시키려 한 때였기 때문이다. 이런 우경화에 저항하는 사람들은 '트로츠키주의자 파시스트'라는 비난을 받았고, 트로츠키 자신도 히틀러의 끄나풀이라는 비방에 시달렸다.

여론 조작용 재판, 트로츠키 비방 캠페인, 새로운 '민중전선' 노선은 서로 뗄 수 없이 연결돼 있었다. 민중전선을 지지한 수많은 사회민주주의자, 자유주의 지식인, 다양한 '진보주의자'도 (거의 예외 없이) 모스크바 재판과 광기 어린 트로츠키 비방 캠페인을 지지했다. 그것은 아주 당연한 일이었다. 그들은 히틀러가 무서워서 스탈린에게 의지했을 뿐 아니라, 자신들이 혐오하고 무서워하는 혁명적 전통, 즉 마르크스와 레닌의 전통을 짓밟기 위해서도 스탈린과 손을 잡았다. 당시 스탈린주의화한 각국 공산당이 처음으로 중간계급 당원과 동조자를 대거 획득할 수 있었던 것은 결코 우연이 아니었다.

이런 바탕 위에서 코민테른 소속 일부 정당들은 크게 성장할 수 있었고 새로운 정당들도 건설될 수 있었다. 그래서 1935년에 코민테른은 (1920년대까지만 해도 오직 칠레공산당만이 크고 단단한 정당이었다가 그조차도 탄압 때문에 심각하게 약해진) 라틴아메리카에서 이제는 콜롬비아·코스타리카·페루·푸에르토리코·베네수엘라의 공산당들이 가입해 있을 뿐 아니라 전에는 아주 작은 정당이던 아르

헨티나·브라질·쿠바·멕시코의 공산당들도 상당히 성장했다고 주장할 수 있었다. 이 라틴아메리카 공산당들은 모두 새로운 계급 협력 정책을 바탕으로 성장했다.

프랑스 민중전선

오늘날의 상황은 1914년과 다르다. 이제는 노동계급과 농민과 모든 근로 민중뿐 아니라, 전쟁이 벌어지면 독립이 위태로운 피억압 나라들과 약소민족들도 평화를 지키겠다고 굳게 결의하고 있다. 전 세계 프롤레타리아와 모든 나라 피억압 민중을 보호하는 난공불락의 요새 소련은 평화를 지키려고 투쟁하는 모든 세력의 중심이다. 현재 국면에서는 일부 자본주의 국가도 평화를 지키는 데 관심이 있다. 따라서 제국주의 전쟁의 위험에 반대하는 노동계급, 모든 근로 민중, 모든 민족이 광범한 전선을 형성할 수 있게 됐다.

"코민테른 집행위원회 결의안", 1936년 4월

히틀러는 집권하고 나서 머지않아 (독일 육군 규모를 최대 10만 명으로 제한한) 베르사유조약을 파기하고 대규모 군비 증강에 나섰다. 히틀러가 전쟁을 준비하고 있다는 것은 분명했고, 그가 노리는 희생양 가운데 하나가 소련이라는 것도 분명했다. 그래서 스탈린은 여전히 유럽을 지배하던 열강, 즉 영국·프랑스와 군사동맹을 맺으려고 애를 썼다.

'민중전선' 노선은 순전히 영국과 프랑스 등 각국 정부에 압력을 가해서 소련과 반反히틀러 군사동맹을 맺게 하려는 것이었다. 이 목적 달성을 촉진하려고 1935년 7~8월에 소집된 코민테른 7차 세계 대회(마지막 세계 대회이기도 했다)는 다음과 같이 선언했다.

평화를 지키기 위한 투쟁은 각국 공산당이 가장 광범한 통일전선을 형성할 수 있는 가장 중대한 기회들을 제공한다. 평화를 지키는 데 관심 있는 사람들을 모두 이 통일전선으로 끌어들여야 한다. 전쟁을 선동하는 주범들(지금은 파시스트 독일과 그 동맹국 폴란드와 일본이다)에 반대하는 세력을 결집하는 일은 언제나 가장 중요한 전술적 임무다. … 모든 나라에서 전쟁과 전쟁을 선동하는 파시스트들을 반대하는 투쟁에서 결정적으로 중요한 것은 사회민주주의·개혁주의 조직들과 … 또 대중적 민족 해방 조직이나 민주적 종교 단체, 평화주의 조직, 또 그 지지자들과 통일전선을 형성하는 것이다.[3]

물론 이것은 공동전선 전술이 아니었다. 그것은 계급 정치의 문제가 결코 아니었다. 오히려 그것은 다른 나라의 모든 계급, 특히 지배계급이 스탈린의 외교정책을 지지하게 만드는 문제였다. 결국 코민테른은 한 바퀴 빙 돌아서 원래 [제2인터내셔널이] 있던 자리로 돌아온 셈이었다. 사회민주주의 정당의 민족주의·계급협력주의 정책을 비판하며 그들과 갈라섰던 코민테른이 이제는 가장 사회민주주의적인 세력들보다 더 노골적으로 계급 협력 노선에 관심을 쏟고 있었다.

민중전선은 또, 반反제국주의 투쟁을 강화한다는 명분으로 반半식민지 나라의 노동계급을 이른바 '진보적 민족 부르주아지'에게 종속시키는 문제도 더는 아니었다(그것 자체도 코민테른 2차 대회의 결정과 정반대되는 정책이었다). 이제 그것은 전 세계에서 가장 많은 식민지를 가진 두 제국, 즉 영국과 프랑스에 노동계급과 민족운동을 모두 종속시키는 문제였다!

코민테른 7차 대회의 가장 중요한 특징은 6차 대회까지도 두드러진 특징이던 반제국주의 발언들을 신중하게 회피했다는 점이다. 인도에서 온 대표들은 아무 말도 하지 않았는데, 이것은 1919년 이래로 처음 있는 일이었다. 인도네시아에서 온 대표들도 아무 말을 하지 않았다. 당시 영국의 지배를 받던 이집트에서 온 대표의 발언은 공식 기록에서 삭제됐다(그가 연단에 나와 발언하게 된 것은 분명히 코민테른 지도부의 실수였을 것이다). 프랑스 식민지인 시리아와 베트남에서 온 대표들도 발언을 했지만, 프랑스 제국주의에 관한 말은 어떻게든 회피했다!

'민중전선' 노선을 채택하면서 코민테른은 새로운 관리자를 얻었다. 즉, '제3기' 내내 독일에서 활동했고 [1933년 2월] 독일 국회의사당 방화 사건 공범으로 기소된 사람들의 재판에서 [변호사도 없이] 직접 변론해서 [무죄판결을 얻어 내] 유명해진 불가리아인 망명자 게오르기 디미트로프가 이제 코민테른 집행위원회 사무총장이 된 것이다. 그는 단순한 하수인이 아니라 실제로 새 노선을 열렬히 옹호하는 사람이었다.

1935년 5월 소련은 프랑스와 '상호 안보 조약'을 체결했다. 그러자 바로 직전까지도 제3기의 [혁명적] 미사여구를 남발하며 프랑스 정부를 파시스트 정부라고 비난하던 프랑스공산당이 이제 급격히 우경화했다. 공산당 지도자 모리스 토레즈는 다음과 같이 선언했다. "소련 정부의 평화 정책은 레닌의 역사적 가르침과 일치한다. 그 가르침은 이제 스탈린이 단호하게 실천하고 있다. 그것은 국제 프롤레타리아의 이익과 일치한다. … 이제 소련과 부르주아 국가 프랑스는 히틀러에 반대한다는 점에서 이해관계가 일치한다."⁴ 그러나 스탈린은 당시 피에르 라발이 이끌던 프랑스 보수 정부를 (옳게도) 신뢰하지 않았다 (라발은 나중에 히틀러의 협력자로 변신[했다가 전후에 총살당]했다). 프랑스공산당은 이듬해 봄에 실시될 총선에 대비해서 '민중전선'을 결성하자고 끈질기게 호소했고, 그 호소는 좋은 반응을 얻었다.

제3기 크레틴병에 대한 반발은 모스크바와 무관하게 나타났다. 독일에서 히틀러가 승리하자 각국의 정치의식 있는 노동자들 사이에서는 노동계급의 단결을 염원하는 분위기가 확산됐다. 여전히 어느 정도 만만찮은 노동계급의 지지를 받고 있던 공산당들은 이런 염원을 감지할 수밖에 없었다. 일부 공산당 지도자들은 심지어 공식 노선이 바뀌기도 전에 코민테른 지도부와 사실상 어긋나지는 않으면서도 공산당의 고립을 완화할 수 있는 길을 찾고 있었다. 또 사회민주주의 정당들도 노동자들의 단결 요구를 받아들이기 시작했다.

프랑스에서 변화가 시작된 것은 1934년이었다. 2월 6일 파시스트 조직들이 폭동을 일으키고 국회의사당을 공격해 정부를 강제 퇴진시키려 했다. 경찰과 싸움이 벌어져 13명이 죽고 300여 명이 중상을 입었다. 개혁주의적 노조 조직인 노동조합총연맹이 12일에 대중 파업과 시위를 벌이자고 호소했다. [공산당이 주도하는] 통일노동조합총연맹은 지도부 내에서 격렬한 논쟁 끝에 그 호소를 받아들였다. 12일 파업은 파리에서 많은 지지를 받았고, 두 노총이 따로 조직한 시위 대열이 결국 만나서 "단결! 단결!"을 외쳤다.

공동전선을 구축하라는 압력이 커졌다. 프랑스공산당 지도부는 머뭇거리면서도 노선을 바꾸기 시작했다. 5월에 토레즈는 모스크바에 있었고, 반파시즘 공동 행동을 위해 사회당에 접근해도 좋다는 모종의 허락을 받은 듯하다. 사회당 지도자들도 당원들에게 압력을 받고 있었다. 바로 그 1934년 2월에 오스트리아의 반동적 성직자들이 군대를 이용해 사회민주당과 노동조합을 분쇄하고 군대·경찰 독재 체제를 수립한 일이 있었다. 프랑스 사회당 지도자들은 경악했다. 그래서 여러 차례 협상 끝에 공산당과 사회당은 이브리[파리 남동쪽 교외에 있는 도시]에서 반파시즘 공동 행동을 위한 협정을 맺었다.

10월에는 두 노총의 통합 협상도 시작됐다. 통일노동조합총연맹은 제3기 시절의 터무니없는 행동 때문에 조직 노동자들 사이에서 다수파의 지위를 상실했다. 통합에 관한 최종 합의는 1936년에야 이뤄졌지만, 단결 분위기가 강력하다는 사실 덕분에 두 노총은 모두 성장할 수 있었다.

아직까지는 그런 단결과 통합이 노동자 조직들에 국한된 것이었다. 그러나 머지않아 [공산당은] 주요 부르주아 중도정당인 급진당도 끌어들였고, 몇몇 군소 정당도 여기에 합류했다. 민중전선은 ('집단 안보', 즉 군사력을 강조하는) 모호한 '진보적' 강령, 그러나 결코 사회주의적이지 않은 강령에 바탕을 둔 선거 동맹으로서 생겨났다. 그리고 1936년 4월과 5월에 [1차투표와 결선투표가] 실시된 총선에서 쉽게 승리했다. 결선투표 결과 사회당은 182석, 급진당은 116석을 얻었고, 공산당은 '강하고 자유롭고 행복한 프랑스'라는 구호를 내걸고 선거운동을 벌여서 72석을 얻었다.

토레즈는 다음과 같이 말했다. "우리는 적들이 훔쳐 가서 짓밟아 버린 것들을 대담하게 빼앗아 왔다. 삼색기[프랑스 국기]와 라마르세예즈[프랑스 국가]를 되찾아 온 것이다."[5]

두 노동자 정당의 득표수는 1932년보다 늘어났다. 사회당은 195만 표에서 220만 6000표로 늘어났고, 공산당은 80만 표에서 146만 8000표로 늘어났다. 우파는 말할 것도 없고 급진당도 득표수가 줄어들었다. 사회당 지도자 레옹 블룸이 공산당의 열렬한 지지에 힘입어 민중전선 정부를 구성했다. 그러나 공산당원 장관은 한 명도 없었다. 토레즈는 정부 구성에 관한 협상을 원했지만, 블룸과 스탈린은 저마다 다른 이유에서 이른바 '빨갱이'를 장관으로 임명해 부르주아지를 놀라게 하는 일은 현명하지 않다고 생각했다. 공산당은 끽소리 없이 그 뜻을 받들었다.

그 지도자들 가운데 어느 누구도 예상하지 못한 일이 총선 직후에 벌어지기 시작했다. 1930년대 세계 대불황은 프랑스에 뒤늦게 닥쳤지만 심대한 타격을 가했고, 사용자들은 불황을 이용해 임금을 삭감하려 들었다. 그런데 이제 우파가 총선에서 패배하고 경제가 어느 정도 회복되자 파업과 공장점거 물결이 분출했다. 6월에 600만 명이 넘는 노동자가 파업과 공장점거에 나섰다. 봄에 100만 명을 약간 웃돌던 전체 노동조합원 수(노동조합총연맹 80만 명, 통일노동조합총연맹 30만 명)가 여름에는 500만 명 이상으로 급증했다. 파업 물결은 단지 경제투쟁의 성격만 띠지는 않았다. 직무 통제, 국유화, 근본적 [사회] 변화를 원하는 온갖 요구가 등장했다. 그것은 정말이지 '차별받는 사람들의 축제'였다. 투쟁 경험이 전혀 없는 (보험 노동자와 은행 직원을 포함한) 미조직 노동자들도 작업장을 점거했다. 실제 요구들이 작성되기 전에 먼저 점거부터 시작한 경우도 있었다!

당시 노르웨이에 망명 중이던 트로츠키는 "프랑스 혁명이 시작됐다"고 썼다. 프랑스 사회당 좌파의 지도자 마르소 피베르는 "모든 것이 가능하다"고 선언했다. 이제는 혁명적 사회주의 정당이 노동자 투쟁을 노동자 권력을 위한 투쟁으로 발전시켜야 할 때였다. 그러나 프랑스공산당은 이제 더는 혁명적 정당이 아니었다.

겁에 질린 부르주아지는 블룸에게 호소했고, 블룸은 토레즈에게 호소했다. 단지 약속만 해서는 투쟁 물결을 가라앉힐 수 없다는 것을 누구나 알고 있었다. 실질적 양보가 있어야 했다. 그래서, 대부분 몇 주 전만 해도 노동조합조차 인정하지 않던 사용자들이 서둘러 노조 지도자들과 '새 협약'을 맺고 노조 인정, 광범한 임금 인상, 주 40시간 노동(당시에는 획기적 성과였다) 등을 양보했다. 그러나 이런 대폭 양보로 노동자 투쟁의 열기를 가라앉힐 수 있었을까? 노동자 투쟁이 너무 확대되고 심화해서 사회당과 노동조합총연맹의 지도자들만으로는 도저히 상황을 통제할 수 없었다. 이 '마티뇽 협정'을 노동자들에게 납득시키는 데서 결정적 구실을 한 것이 바로 공산당이었다.

---

* 블룸은 총리의 공식 거주지인 마티뇽 호텔로 노사 대표들을 불러 모아 협약을 체결하게 했다.

공산당은 1년 전만 해도 지역에서 파업이 벌어질 때마다 "혁명적 투쟁의 고양" 운운하며 "모든 곳에서 소비에트를 건설하자"는 (완전히 부적절한) 요구를 내놓았는데, 이제 새롭게 각성한 노동자들은 공산당을 진짜 '붉은' 정당으로 여겼다. 공산당원 수가 급격히 늘어나 10만 명을 넘어섰다.

그러나 공산당은 새롭게 얻은 권위를 이용해 운동을 발전시킨 것이 아니라 끝장냈다. 토레즈는 "파업을 끝낼 줄도 알아야 한다"고 선언했다. 공산당 일간지는 "모든 것이 가능하지는 않다"고 주장했나. 파업을 계속하는 것은 "트로츠키주의"이고, 모스크바 [재판]에서 입증됐듯이 "트로츠키주의"는 곧 파시스트의 앞잡이라고 떠들어 댔다. 일부 파업과 공장점거가 한동안 계속됐지만, 공산당은 마침내 운동을 죽일 수 있었다.

민중전선 시기에 공산당이 채택한 정책과 코민테른 초기에 나온 **공동전선** 전술의 차이는 강조할 만하다. 코민테른 2차 대회에서는 공산당의 정치적 독립성을 유지하는 것이 중요하다고 누누이 말한 반면에, 프랑스공산당은 동맹 세력인 사회당에 대한 비판을 완전히 중단했다. 공동전선 시기에 '단결'은 특정 **행동**을 통해 개혁주의 지도부를 그 지지자들이 보는 앞에서 검증하려는 실천적 합의였지만, 민중전선에서 '단결'은 아무도 검증받지 않는 선거 연합을 의미하게 됐다. 그리고 전에는 혁명가들이 노동계급의 다수를 획득할 필요성에 바탕을 두고 **노동자들**과 노동자 조직들을 중심으로 혁명가들과 개혁주의자들의 협력이 이뤄진 반면에, 이제 프랑스공산당은 부르주아 조직들까지 끌어들여서 수동적이고 무비판적인 단결을 추구했다. 파시즘에 반대한다는 명분을 내세워 노동자들의 이익을 프랑스 지배계급의 이익에 종속시킨 것이다.

민중전선은 노동자 권력을 수립할 수 있는 기회만 놓친 것이 아니었다. 부르주아지가 자신감을 회복하기 시작하자 민중전선 정부 자체가 우경화했다. 그래서 공산당도 우경화했다. 1936년 말에 공산당은 '민중전선'을 '프랑스 전선'으로 바꿔서, 민족주의 입장에서 독일을 강력하게 반대하는 보수 우파 세력도 포함시키자고 주장했다.

블룸은 마티뇽 협정으로 노동자들이 얻은 성과들을 (처음에는 조심스럽게) 잠식하기 시작했다. 노동계급의 사기 저하가 시작됐다.

그러더니 [1937년 6월] 블룸이 물러나고 급진당 지도자 카미유 쇼탕이 총리가 됐다. 공산당은 쇼탕을 지지했다. 그런데 쇼탕은 블룸보다 훨씬 더 공공연히 자본가들을 지지했다. 이윽고 쇼탕도 물러나고 그보다 더 보수적인 에두아르 달라디에가 [1938년 4월] 총리가 됐을 때도 공산당은 달라디에를 지지했다. 공산당이 정부 지지를 마침내 철회한 것은 1938년 9월이었는데, 정부의 국내 정책 변화 때문이 아니라 바로 그달에 영국과 프랑스 정부가 히틀러를 매수할 속셈으로 자신들의 동맹국인 체코슬로바키아를 히틀러에게 넘겨주는 뮌헨 협정에 서명했기 때문이다. 민중전선이 추구하는 외교정책이자 스탈린과 프랑스공산당이 민중전선의 존재 이유로 여긴 '집단 안보'가 가차 없이 폐기 처분된 것이다. 이제 소련은 고립됐다. 그제서야 프랑스공산당 국회의원들은 정부 신임투표에서 반대표를 던졌다(여전히 명목상으로는 민중전선 정부였다).

이때쯤 노동계급 운동은 완전히 후퇴한 상태였다. 사기 저하가 널리 퍼져 있었다. 노동조합원 수도 크게 줄어들었다. 히틀러의 힘은 갈수록 강해졌다. 모든 곳에서 패배의 냄새가 났다. 결국 1939년 9월 말 민중전선이 다수파인 바로 그 프랑스 의회가 공산당을 불법화했다! 그리고 1940년 6월에는 바로 그 민중전선이 [나치 독일 지지자인] 필리프 페탱과 라발이 이끄는 준準파시즘 체제를 수립하기로 결정했다. 그렇게 해서 프랑스 민중전선은 끝났다.

오직 한 가지 문제에서만 프랑스공산당은 처음부터 민중전선 정부를 비판했다. 그것은 스페인공화국에 무기를 판매하는 문제였다. 프랑스와 영국의 지배계급이 [스페인의 파시스트 장군] 프란시스코 프랑코를 지지했기 때문에, 블룸 등은 프랑코를 공격하는 데 이용될 수 있는 무기를 한사코 판매하지 않으려 했다. 프랑스공산당과 스탈린은 스페인공화국이 살아남기를 바랐다. 그러나 [스페인의] 민중전선 정부가 통치하는 부르주아 공화국으로 살아남기를 바랐다. 프랑스에서 그랬듯이 스페인에서도 민중전선 정책은 노동계급에게 참담한 패배를 안겨 줬다.

스페인 혁명

스페인 프롤레타리아는 최고 수준의 군사적 자질을 갖고 있음을 보여 줬다. 나라의 경제활동에서 차지하는 비중이나 정치적·문화적 수준에서도 스페인 프롤레타리아는 혁명이 시작된 날부터 1917년 초의 러시아 프롤레타리아보다 더 뛰어났다. [스페인에서] 프롤레타리아의 승리를 가로막은 주된 장애물 구실을 한 것은 바로 프롤레타리아 자신의 조직들이었다. … '공화국' 군대의 지휘관들은 내전에서 이기는 것보다 사회혁명을 분쇄하는 데 더 관심이 많았다. 사병들은 지휘관을 신뢰하지 않았고 대중은 정부를 신뢰하지 않았다. 농민들은 후퇴했고 노동자들은 기진맥진했다. 패배가 잇따랐고 사기 저하가 빠르게 확산됐다. … 민중전선은 자본주의 체제를 구출하는 임무를 스스로 떠맡았기 때문에 군사적으로 패배할 수밖에 없었다. … 스탈린은 혁명의 무덤을 파는 자 노릇을 완벽하게 해냈다.

트로츠키, "스페인의 교훈: 마지막 경고", 1937년

스페인 민중전선은 4개의 부르주아 정당(공화연합·공화좌파·카탈루냐민족당·바스크민족당)과 사회(주의노동자)당PSOE, 공산당PCE, (혁명적 정당을 자처했지만 실제로는 중간주의 정당인) 마르크스주의통일노동자당POUM으로 구성돼 있었다. 민중전선이 1936년 2월 총선에서 승리할 수 있었던 것은 스페인 최대의 노동조합 조직인 전국노동조합총연맹CNT을 통제하던 아나키스트들이 암묵적으로 지지해 준 덕분이었다. 새 정부의 수반은 보수 온건파이고 전에 국방부 장관과 총리를 지낸 마누엘 아사냐였다(1935년까지도 공산당은 아사냐를 파시스트라고 비난했다). 민중전선 정부는 처음에 온통 부르주아 정당 출신 장관들로 구성됐다.

통찰력 있는 부르주아 역사가인 E H 카는 다음과 같이 지적했다. "[민중전선 — 지은이] 강령의 가장 두드러진 특징은 아마도 만만찮은 사회적·경제적 요구가 전혀 없었다는 점일 것이다. 좌파는 이전에 농

민의 토지 점거와 노동자의 공장점거를 적극적으로 선동했다. … 그렇지만 이런 요구는 민중전선 강령에 반영되지도 않았고 민중전선 강령이 그것을 장려하지도 않았다. 당시의 뜨거운 논쟁에 비춰 보자면, 민중전선 강령은 부드럽고 온건한 문서에 불과했다. 그것은 다양한 이해관계와 견해를 가진 집단들이 공화국과 모종의 민주 정부를 지지하는 데에 그치는 광범한 연합을 건설하려고 작성된 것이 분명했다."[6]

그렇지만 다음과 같은 점들을 고려해야 한다. 즉, 스페인 왕정은 1931년에야 비로소 붕괴했고, 보수 우파는 결코 왕정 붕괴를 받아들이지 않았으며, 아사냐 정부는 약 3만 명의 정치수 사면을 약속했고 집권하자마자 실행했으며(그 정치수의 압도 다수는 좌파였고, 그중에 다수는 아나키스트였다), '민주주의'는 스페인 부르주아지(그들은 대체로 정치수 사면을 강력하게 반대했다)와 계급의식적 노동자·농민에게 사뭇 다른 것을 의미했다.

민중전선 정부는 아주 온건했지만, 그래도 민중전선의 집권은 노동자 파업, 농민의 토지 점거, 평소 증오의 대상이던 대표적 극우파 인사들에 대한 대중의 폭력이 봇물 터지듯 분출하는 계기가 됐다. 아사냐에게 권력을 넘겨준 강경 우파 정부의 너무 가혹한 탄압 때문에 노동자와 농민이 모두 급진화해 있었다. 파업의 규모만 보더라도 당시 투쟁이 어느 정도였는지를 알 수 있다. 6월 10일에는 노동자 100만 명이 파업을 벌이고 있었고, 10일 뒤에는 파업 노동자 수가 50만 명으로 줄었지만, 7월 초에는 다시 100만 명으로 늘어났다.

법질서가 붕괴하고 있었다. 정부 장관들과 사회당, 심지어 공산당도 사태를 진정시키려고 노력했지만 상황은 혁명적으로 바뀌어 가고 있었다.

결국 7월 17일 군사 쿠데타가 일어났다. 파시스트와 가톨릭교회의 성직자들, 사실상 상층계급 전체가 쿠데타를 지지했다. 그들은 아사냐가 상황을 통제할 능력이 없다고 본 것이다. 5월부터 대통령 자리에 앉아 있던 아사냐 자신은 쿠데타를 미리 알았고, 그의 장관들 가운데 일부도 그랬다. 그들은 쿠데타를 사전에 알고 있었으면서도 입을 다물고 있었다.

[쿠데타에 가담한] 수비대와 치안대가 주요 도시들을 장악하려 하자 이제껏 보지 못한 노동계급의 자발적 봉기가 엄청나게 분출했다. 7월 19일 바르셀로나에서 시작된 노동자 봉기가 스페인 전역으로 확산되자 수비대는 패배했다. 노동자 정당들의 상층 지도자들은 이 투쟁 과정에서 거의 아무 구실도 하지 않았다. 지역의 아나키스트 투사들과 사회주의자 투사들이 주로 투쟁을 이끌었다. [그런데 봉기가 확산되자] 이제 노동자 정당들의 지도부가 나서서 운동을 통제하려 했다. 그리고 공산당은 이 운동에서 극우파였다.

공산당 일간지 편집자 헤수스 에르난데스는 다음과 같이 선언했다. "지금의 노동자 운동이 내전 후 프롤레타리아 독재 수립을 목표로 삼는다는 것은 완전히 틀렸다. 우리가 내전에 참여하는 이유가 사회[주의]적 동기 때문이라고 말할 수는 없다. 우리 공산주의자들은 이런 생각을 가장 먼저 거부한 사람들이다. 우리의 동기는 오로지 민주공화국을 방어하는 것뿐이다."[7]

그 민주공화국은 더는 존재하지 않았다. 정부가 동원할 수 있는 군대나 경찰은 전혀 없었다. 군인들은 프랑코 장군과 파시스트 진영으로 넘어갔거나 아니면 노동자 시민군 편으로 넘어갔다. 이제 프랑코가 지배하는 매우 제한된 지역 밖에서는 노동자 시민군이 유일한 군대였다. 정부는 실질적 행정 기구조차 갖고 있지 않았다. 그래서 노동자 위원회들이 행정 기구 구실을 했다.

우리가 국경을 넘자마자 무장한 사람들이 정지 명령을 내렸다. 그들은 누구일까? 노동자들이다. 그들은 시민군, 즉 평상복을 입고 있지만 소총이나 권총으로 무장하고 팔에는 자신의 임무나 권한이 명시된 완장을 두른 노동자들이다. … 그들이야말로 … 우리를 통과시킬지 말지 또는 그 문제를 '위원회'로 넘길지 말지를 … 결정할 사람들이다.
국경을 지나 마을에 도착하면, 마을 전체를 책임지고 그곳에서 완전한 권력을 행사하는 사람들로 이뤄진 위원회가 있다. 일상적 자치 기능을 담당하고, 지역 시민군을 조직해 무장시키고, 모든 지역 주민에게 거둔 돈으로 시민군에게 식량과 숙소를 제공하는 것이 바로 이 위원회다. 우리가 마을에 들어와도 좋다고 허락하거나 마을을 떠나라고 명령하는 것도, 지역의 파시스트 상점들을 폐쇄하고 필요한 물자를 징발하는 것도 바로 이 위원회다.[8]

간단히 말해, 당시의 상황은 1917년 3월의 러시아나 1918년 11월의 독일과 비슷했다.
스스로 "우리 공산주의자들"이라고 말한 사람들은 이제 부르주아 공화국을 재건하는 일에 착수했다. 그것은 마치 1918년 독일에서 사회민주당이 한 일과 비슷했다. 스페인공산당은 사회당과 사회당의 동맹인 부르주아지의 도움을 받아 그렇게 했다. 그러나 사회당과 동맹한 이 부르주아지가 대표하는 세력은 거의 없었다. 현실의 부르주아지는 이제 프랑코 편이었기 때문에 공산당은 "부르주아지의 그림자"와 연합한 셈이라고 트로츠키는 지적했다.

물론 프랑코의 군사적 위협은 만만찮은 것이었지만, 민중전선은 노동자 봉기로 타격을 입은 프랑코가 회복될 수 있도록 사실상 도와줬다. 1936년 7월과 8월에 프랑코는 스페인령 모로코에서 독일제 수송기로 공수해 온 무어인* 군대에 크게 의존했다. 처음에 그의 야전군은 이 무어인 군대를 주축으로 편성됐다. 그런데 1920년대에 모로코(프랑스령 모로코와 스페인령 모로코)에서는 압둘 카림이 주도한 대규모 반란이 있었다. 이 반란을 진압하는 데 몇 년이 걸렸다. 군사 쿠데타 초기에 스페인공화국 정부가 즉시 모로코 독립을 선언했다면 프랑코의 힘은 크게 약해지고 적어도 그의 무어인 군대는 동요했을 것이다. 당시 블룸의 프랑스 민중전선 정부에 포로로 잡혀 있던 압둘 카림은 스페인 사회당 지도자 라르고 카바예로에게 [프랑스 사회당] '동지'인 블룸한테 자신의 석방을 탄원해 달라고 호소했다. 그러면 자신이 모로코에 돌아가서 프랑코에 맞서 싸우겠다고 말이다.

그것은 불가능했다. 스페인령 모로코가 독립하면 프랑스령 모로코에서도 반란이 일어날 것이 뻔했기 때문이다. 그러나 민중전선의 목

---

* 무어인 원래 8~15세기에 북아프리카와 이베리아반도에서 이슬람 문명을 건설한 이슬람교도를 일컫는 말이었는데, 점차 이슬람교도를 일반적으로 지칭하게 됐다.

적 자체가 프랑스·영국 제국과 소련 사이의 협력 관계를 강화하려는 것이었다. 결국 무어인 군대는 아무것도 얻은 게 없었으므로 그냥 프랑코 편에 남아 있었다.

모로코 문제는 예외가 아니었다. 다른 모든 문제들, 심지어 군사적 성격이 뚜렷한 문제들에서도 민중전선 정부는 영국·프랑스 정부와 관계를 강화하겠다는 헛된 희망 때문에 내전에서 승리할 수 있는 방안들을 포기했다. 예컨대, 스페인 해군은 내전 초기에 대다수 사병이 반란을 일으키고 공화국 진영으로 넘어왔는데도 계속 항구에 발이 묶여 있었다. 공화국 정부는 해군을 실전에 배치하면 프랑스·영국 지배자들의 심기를 거스를까 봐 두려워했다. 왜냐하면 당시 프랑스·영국은 독일·이탈리아와 함께 스페인에 대한 '불간섭'을 실행하고자 공동으로 해상을 봉쇄하고 있었기 때문이다(이 '불간섭'은 순전히 스페인공화국만을 겨냥한 것이었다').

프랑스공산당이 그랬듯이 스페인공산당도 '민주주의'를 수호하고 '트로츠키주의와 파시즘에 맞서 투쟁한다'는 명분으로 부르주아 민주주의 형태의 반反혁명을 위해 투쟁했다. 스페인공산당은 처음에 매우 약했기 때문에(1934년에 당원이 약 1000명이었고, 1936년 2월에는 3만 5000명, 1937년 7월에는 11만 7000명으로 늘어났다) 소련과 코민테른의 지원에 크게 의존했다. 소련은 스페인공화국에 공급되는 무기와 탄약을 주도면밀하게 통제했고, 사실상 유일한 지원국이었다. 왜냐하면 영국 정부와 프랑스 민중전선 정부는 파시스트 열강인 독

---

* 독일과 이탈리아는 프랑코를 군사적으로 지원했다.

일·이탈리아와 협정을 맺고 스페인공화국에 대한 무기 공급을 막았기 때문이다. 코민테른의 기여는 국제여단[을 창설해 스페인공화국을 지원한 것]이었다. 국제여단은 모두 합쳐 약 4만 명이었는데 그중 1만 명이 프랑스인이었다.[9] 역시, 매우 중요한 이 군사적 기여도 스페인공산당의 영향력 확대에 엄청난 도움이 됐다. 자원병들, 공산당원들, 그 밖의 사람들의 영웅적 행동은 소련의 외교정책을 위해 비극적으로 이용당했다.

그러나 스페인공산당은 단지 이것에만 의존하지 않았다. 스스로 중간계급 기반을 구축하기도 했다.

소규모 제조업자, 수공업자, 소매상인, 소小자작농, 소작농의 압도 다수는 사유재산의 폐지가 아닌 축적을 통해 삶이 나아지기를 기대하고 있었다. 그들이 원하는 대로 되려면, 거래의 자유, 이제 노동조합이 집산화한 대기업들의 경쟁에서 벗어날 자유, 개인의 이윤을 위해 상품을 생산할 자유, 원하는 만큼 많은 토지를 경작할 자유, 임금노동자를 아무 제약 없이 고용할 자유가 필요했다. 그리고 무엇보다도 그런 자유를 지키기 위해서는 그들 자신의 경찰·사법부·군대에 바탕을 둔, 그들의 입맛에 맞는 정권이 필요했다. 그래야 혁명적 위원회들의 도전이나 압력에 맞서 자신들의 힘을 지킬 수 있을 터였다. 그러나 이제 그런 정권에 대한 희망은 모두 사라졌다. 중간계급은 뒤로 물러서는 것 말고는 달리 대안이 없었다. 그들은 너무 신중해서 시류를 거스르지 못했고, 심지어 상황 변화에 맞춰 옷을 바꿔 입기까지 했다. 어떤 우파 공화주의자는 다음과 같이 말했다. "마드리드의 모습은 믿을 수 없을 정도였다. 부르주아지가 주먹을 치켜들고 팔뚝질을 했다. … 남자들은 [노동계급 ─ 지은이] 시민군 복장을 모방해 전신 작업복을 입고 맨발에 샌들을 신었다. 여자들은 머리에 아무것도 안 쓰고 돌아다녔다." …

그러나 혁명이라는 홍수 속에서 허우적대던 보수적 중간계급뿐 아니라 자유주의자들도 자기네 정당들이 너무 무력하다는 것을 통감하고 머지않아 (아나키스트 노조들과 사회당계 노조들이 일으킨) 혁명의 물길을 막을 방파제 구실을 할 수 있는 조직을 찾아 나섰다.

그들은 오래 찾아다니지 않아도 됐다. 몇 주가 안 돼, 그들이 당장 원하는 것을 성공적으로 실현하는 조직이 공산당이라는 사실을 깨달았기 때문이다. …

공산당은 머지않아 반프랑코 진영 안에서 사태의 흐름을 결정적으로 좌우하게 됐다. 공산당은 도시와 농촌 중간계급의 이익을 옹호했기 때문에(당시의 혁명적 분위기에서는 공화주의자들조차 그런 태도를 취하기 힘들었다), 몇 달 만에 (자체 통계에 따르면) 7만 6700명의 소자작농과 소작농, 1만 5485명의 도시 중간계급의 보호막이 됐다. 이 계층들 사이에서 공산당의 영향력이 이 수치를 훨씬 뛰어넘었다는 사실은 의심할 여지가 없다. 왜냐하면 도시와 농촌의 수많은 중간계급 사람들이 실제로는 공산당을 지지하지 않으면서도 스스로 공산당의 날개 아래로 들어갔기 때문이다. 혁명이 시작될 때부터 공산당은 자신들이 통제하는 카탈루냐통합사회당PSUC과 마찬가지로 중간계급의 대의를 내세웠는데, 중간계급은 집산화 운동의 소용돌이 속으로 빨려 들어가거나 상업의 붕괴, 금융 자원의 부족, 노동계급 시민군이 단행한 징발 때문에 심각한 손해를 보고 있었다.

마드리드에서 발행되는 공산당 기관지 〈문도 오브레로〉(노동자 세계)는 다음과 같이 선언했다.

"자본주의 사회에서 소규모 상인·제조업자는 프롤레타리아와 공통점이 많은 계급이다. 그들은 당연히 민주공화국 편이고, 대자본가들과 강력한 파시스트 기업 총수들을 반대하는 점은 노동자들과 마찬가지다. 그렇기 때문에 이 소규모 상인·제조업자의 재산을 존중하는 것은 모든 사람의 의무다.

따라서 우리는 우리 당원과 전체 시민군에게 이 중간계급 시민들을 존중하라고 강력히 촉구한다. 또 필요하다면, 그들에 대한 존중을 강요하라고 촉구한다. 왜냐하면 그들은 모두 노동자이므로 괴롭힘을 당해서는 안 되기 때문이다. 그들의 빈약한 자원으로는 감당할 수 없는 요구와 징발을 해서 그들의 얼마 안 되는 이익을 해쳐서는 안 된다."

카탈루냐에서 발행되는 공산당 기관지 〈트레발〉(노동)은 다음과 같이 말했다.

"우리 지역에 소상품 생산자·기업인이 많다는 사실을 잊어버리는 것은 결코 용서할 수 없는 일이다. 그들 가운데 다수는 그저 독립적 지위를 얻겠다는 일념으로 사업을 시작했다. 그런데 파시스트들이 기도한 쿠데타 때문에 상황이 완전히 바뀌었다. 소상품 생산자·기업인의 압도다수는 사태 전개 과정에서 완전히 주변으로 밀려나 살아왔는데, 이제 어느 누구보다 더 혼란에 빠져 있다. 왜냐하면 자신들이 손해를 보고 있고 임금노동자들보다 명백히 불리한 처지에 있다고 느끼기 때문이다. 그들은 아무도 자신들의 운명에 관심이 없다고 말한다. 그들은 어떤 반동적 운동도 지지할 가능성이 있는 집단이다. 왜냐하면 그들은 지금 우리 지역에서 수립되고 있는 경제체제보다 더 나쁜 것은 없다고 생각하기 때문이다. …

이 사람들의 다수는 고통스러운 상황에 처해 있다. 그들은 예비 자본이 전혀 없기 때문에 자신의 공장과 사업을 운영할 수 없다. 그들은 먹을 것조차 충분하지 않다. 특히 소규모 제조업자들이 그렇다. 왜냐하면 그들이 고용한 몇 안 되는 노동자들에게 임금을 지급하느라고 자신의 일상적 필요조차 충족하지 못하고 있기 때문이다. …

반파시스트 시민군에게 도움을 주는 모든 사람에게는 지급유예를* 허용해야 한다. 그래서 내전이 강요하는 징발의 부담을 전부 그들이 지지 않아도 되게 해 줘야 한다. 그들에게 지급유예를 허용하고 신용도 제공해서 그들의 사업이 망하지 않게 해야 한다."

공산당은 이 지역에서 도시 중간계급의 이익을 보호하기 위해 1만 8000명의 상인과 수공업자, 소규모 제조업자를 카탈루냐소상공인연합GEPCI으로 조직했다. 전국노동조합총연맹 기관지 〈솔리다리다드 오브레라〉(노동자 연대)의 표현을 빌리면, 그 회원들 중 일부는 전前 양복점협회 회장인 구리아를 포함해 "노동자에게 적대적인 비타협적 사용자들"이었다. …

공산당이 도시와 농촌 중간계급에게 활기차게 살아갈 수 있는 강력한 기회를 제공했기 때문에, 혁명이 시작되고 나서 몇 달 동안 공산당에 새로 가입한 많은 당원이 대부분 중간계급 출신이었다는 것은 놀라운

---

* **지급유예** 전쟁·지진 등 긴급사태가 발생했을 때 일정 기간 금전채무의 이행을 연장시키는 일.

일이 아니다. 물론 이 신입 당원들은 공산당의 원칙에 끌린 것이 아니라 낡은 사회체제의 폐허에서 뭐라도 건져 보겠다는 희망에 이끌렸다는 것은 두말할 나위 없다. 더욱이, 공산당은 중간계급의 재산권을 지켜 줬을 뿐 아니라, 당면한 사회적 격변의 성격을 프롤레타리아 혁명이 아니라 부르주아 민주주의 혁명으로 규정했다. 내전이 시작되고 나서 며칠 뒤에 공산당의 여성 지도자 돌로레스 이바루리(별명이 파시오나리아였다*)는 중앙위원회의 이름으로 다음과 같이 선언했다.

"우리나라에서 일어나고 있는 혁명은 1세기 전에 프랑스 같은 다른 나라들에서 이미 일어난 부르주아 민주주의 혁명이고, 우리 공산주의자들은 과거의 반反계몽주의 세력에 대항하는 이 투쟁의 선봉에서 싸우는 투사들이다."[10]

1936년의 이중[이원] 권력 상태가 끝나고 부르주아 공화국이 다시 노동계급을 통제할 수 있게 되기까지는 2년간의 복잡한 책략들이 필요했다.[11] 그 2년 동안 프랑코는 재래식 전쟁을 벌여서 스페인의 대부분을 점령할 수 있었다. 민중전선이라는 정치 노선이 혁명을 파괴하지 않았다면, 프랑코는 별로 가망이 없었을 것이다. 그러나 프랑코가 공화국을 쳐부수기 전에 먼저 민중전선이 노동자 혁명을 목 졸라 죽

---

* 파시오나리아(Pasionaria)는 스페인어로 시계꽃을 일컫는데, Pasion은 '예수의 수난'이라는 뜻도 있고 '정열'이라는 뜻도 있다. 이바루리(1895~1989)는 1918년 수난주간(예수가 죽기 직전에 겪은 고난을 기념하는 주간)에 나온 광원노조 신문에 처음으로 글을 썼을 때 그 시기와 글의 주제(예수의 수난과 어울리지 않는 기독교의 위선 비판) 때문에 Pasionaria라는 필명을 사용했다.

였다. 그래서 프랑코는 1939년 3월 내전에서 승리한 후 거의 30년 동안 지속된 우파 독재를 수립할 수 있었던 것이다.

스페인공산당은 자신의 영향력을 이용해 사회주의자들이 아니라 부르주아 장관들을 지지했다. 또, 사회당의 다수파인 좌파나 아나코신디컬리스트, 마르크스주의통일노동자당을 지지하지 않고 사회당 우파를 지지했다.

처음에 마르크스주의통일노동자당은 트로츠키주의자들이라는 비난을 받았고(사실은 트로츠키주의자들이 아니었다) 1937년에는 아나코신디컬리스트 좌파와 함께 탄압받았다. 많은 사람이 살해됐다. 소련의 [정치경찰] 게페우가 스페인 민중전선 정부의 비호를 받으며 자유롭게 활동했다. 총리 카바예로를 비롯한 사회당 좌파는 정부에서 쫓겨났다. 옛 경찰이 복원됐고 부르주아지의 재산권이 회복됐다. 군대에서는 장교들이 지배권을 되찾았다. 시민군은 흡수되거나 해산됐다. 1936년의 성과들은 야금야금 다시 빼앗겼다. 결국, 재건된 부르주아 국가기구가 세히스문도 카사도 장군을 앞세워 [민중전선] 정부를 전복하고 1939년 3월 프랑코에게 항복했다. 스탈린주의가 결국 스페인 혁명을 파괴한 것이다.

마지막 발작: 1939~1943년

코민테른은 부르주아지 편으로 분명히 넘어갔다. 전 세계에서, 특히 스페인·프랑스·미국 등 '민주주의' 국가들에서 코민테른은 반혁명적 구실을 기가 막히게 해냈다. 그 때문에 세계 프롤레타리아는 극도로 어려운 상황에서 또 다른 난관에 부딪혔다.

트로츠키, 《전환(기) 강령》, 1938년

1939년 8월 스탈린은 다시 외교정책을 180도 바꿨다. 영국·프랑스와 효과적 군사동맹을 맺을 가망이 없다고 생각해서 8월 23일 히틀러와 [독소불가침]조약을 체결한 것이다. 조약의 골자는 독일과 소련이 폴란드를 분할하고, 소련이 발트해 연안국들인 에스토니아·라트비아·리투아니아를 병합하고, 다가오는 전쟁에서 소련은 중립을 지키겠다고 약속한다는 것이었다. 1주일 후 전쟁이 시작됐다. 9월 1일 독일군이 폴란드를 침공한 것이다. 9월 3일 영국과 프랑스가 독일에 선전포고했다. 그러나 스탈린은 나치와 체결한 조약을 잘 지켰다. 9월 17일 소련군은 국경을 넘어 폴란드로 쳐들어가서 스탈린 몫의 전리품을 차지했다.

코민테른 지도부는 새로운 상황에 즉시 반응하지 않았다. 아마 무슨 말을 하라는 지시를 미리 받지 못한 듯하다. 어쨌든 영국공산당과 프랑스공산당은 즉시 노선을 바꾸지는 않았다. 비록 히틀러·스탈린 조약을 "위대한 사회주의 공화국 평화 정책의 승리"라고 환영했지만[12] 그들은 막상 전쟁이 터지자 자국 정부를 지지했다. 프랑스공산당 국회의원들은 다른 정당 국회의원들보다 더 열정적으로 전쟁에 찬성표를 던졌다. 또 영국공산당 지도자 해리 폴릿은 서둘러 《전쟁에서 어떻게 승리할 것인가》라는 소책자도 펴냈다.

그러나 이것은 결코 소련이 원하는 바가 아니라는 사실이 곧 드러났다. 소련은 이제 '반파시즘 동맹'이 끝났다고 선언했다. 각국 공산당은 또 한 번 태도를 180도 바꿔야 했다. 1939년 11월 초에 코민테른 집행위원회는 다음과 같이 선언했다.

영국·프랑스·독일의 지배계급은 지금 세계 패권을 위한 전쟁을 벌이고 있다. 이 전쟁은 자본주의 진영에서 오랫동안 계속된 제국주의적 충돌의 연장이다. 가장 부유한 세 국가, 즉 영국·프랑스·미국이 전 세계의 가장 중요한 판로와 시장을 지배한다. 그들은 주요 원료 공급지를 차지하고 있다. 어마어마한 경제적 자원이 그들의 수중에 있다. 그들은 인류의 절반 이상을 지배하고 있다. 그들은 근로 민중을 착취하고 피억압 민중을 착취하면서 민주주의라는 기만적 환상으로 그런 착취를 은폐하고, 그렇게 해서 대중을 더 쉽게 속이려 든다.

식민지 쟁탈전에 뒤늦게 뛰어든 다른 자본주의 국가들은 그 세 국가의 세계 패권에 맞서 그리고 자신들의 패권을 확립하기 위해 투쟁하고 있다. 그들은 자신들에게 이롭게 세계를 재분할해서 식민지의 원료와 식량과 금 보유고와 거대한 인민 대중을 지배하고 싶어 한다. 그것이 바로 이 전쟁, 즉 정의롭지 못하고 반동적인 제국주의 전쟁의 진정한 의미다. … **노동계급은** [독일에 대항하는 — 지은이] **그런 전쟁을 지지할 수 없다.**[13]

물론 1935년 이후 코민테른의 주장은 이와 정반대였다!

완전히 냉소적이고 뻔뻔한 이런 태도 돌변 때문에 특히 영국공산당과 프랑스공산당이 충격을 받았다. 프랑스공산당 국회의원 21명은 이미 히틀러·스탈린 조약 체결 발표 후 탈당했다. 이제 당원과 동조자도 떼 지어 두 당을 떠났다. 심지어 프랑스공산당이 불법 조직이되기 전부터 그랬다. 영국에서 폴릿은 당 지도자 자리에서 물러나 직장과 일거리를 찾아야 했다.*

그러나 각국 공산당의 핵심은 흔들리지 않았다. '사회주의 조국'이라는 신화, 영국과 프랑스 지배자들의 진짜 동기는 코민테른 성명서가 묘사한 바와 똑같을 것이라는 의심(실제로 충분히 근거 있는 의심이었다), 스탈린이 어쨌든 히틀러보다 한 수 위라는 믿음, 철저히 스탈린주의화한 당 기구, 오래전부터 확립된 복종 습관, 이 모든 것이새로운 노선 전환을 확실히 받아들이도록 만들었다.

새 노선이 코민테른 초기의 혁명적 입장으로 돌아간 것이라고 생각해서는 안 된다. 결코 그렇지 않았다. 이제 각국 공산당의 구호는평화, 다시 말해 새로운 현상 유지(여기에는 물론 소련이 폴란드의 절반과 발트해 연안국들을 차지한 것도 포함된다)를 바탕으로 히틀러·나치와 협상해서 얻은 평화를 지키자는 것이었다. 그것은 특히 독일외무부의 두 차례 '평화 노력', 즉 폴란드 점령 직후와 1940년 여름프랑스의 패배 후 히틀러가 취한 '평화공세'와 일치하는 것이었다.

2년이 채 안 돼 스탈린이 또다시 외교정책을 바꿀 수밖에 없게 만든 사건이 일어났다. 히틀러의 군대가 소련을 침공한 것이다. 코민테른은 다시 바뀐 노선을 고분고분 받아들였고(노선 변화의 이유를 설명하는 말은 전혀 없었다) "히틀러와 싸우는 나라들의 모든 세력을

---

* 1941년 6월 독일이 소련을 침공하자 다시 공산당 사무총장으로 복귀했다.

동원해 필사적으로 투쟁하자"고 호소했다.[14] 영국과 프랑스에서 1941년 6월 21일까지는 제국주의 전쟁이던 것이 다음 날인 22일부터는 민주주의를 위한 전쟁으로 돌변해 버렸다.

이제 코민테른은 스탈린에게 아무 의미도 없어졌다. 코민테른은 그 목적을 달성했다. 서구 지배계급의 대표자인 동시에 이제 스탈린의 동맹자인 처칠과 루스벨트는 자국 노동자들에게 혁명적 시기를 떠올리게 만들 수 있는 것이라면 죄다(단지 그것이 이름뿐이더라도) 싫어했다. 1943년 5월 코민테른 집행위원회는 코민테른 해체를 요구했다. 6월에 코민테른 집행위원회는 각국 공산당이 코민테른 해체 요구에 "만장일치로 동의했다"고 발표했다. 1943년 6월 8일 코민테른은 공식 해산했다.

스탈린은 모스크바 주재 로이터통신 특파원과 인터뷰할 때 다음과 같이 말했다.

문: 코민테른 해산 결정에 대한 영국의 논평은 매우 호의적이었습니다. 이 문제에 관한 소련의 견해는 어떻습니까?
답: 코민테른 해산은 바람직하고 시기적절한 일입니다. 왜냐하면 그 덕분에 모든 자유 애호국들이 공동의 적(히틀러 정권)을 함께 공격하기가 쉬워지기 때문입니다. … 코민테른 해산으로 모든 나라에서 애국자들이 정당이나 종교 신앙의 차이를 떠나 자국의 진보적 세력들을 단일한 민족 해방 진영으로 단결시키기가 쉬워질 것입니다.[15]

"애국자들", "자유 애호국들"이라니! 마르크스는 모든 역사는 계급

투쟁의 역사라고 했다! 코민테른의 공식 해산은 혁명적 노동자 인터
내셔널로서 이미 사망한 지 한참 뒤에 이뤄진 것이었다.

또 코민테른 지도자들의 청산은 더 일찍 이뤄졌다. 초기 코민테른
의 원동력이던 볼셰비키당은 1917년에 중앙위원이 24명이었다. 그중
에서 7명은 스탈린의 독재가 확립되기 전에 죽었고 2명, 즉 스탈린
자신과 알렉산드라 콜론타이는 1943년에도 여전히 살아 있었다. 나
머지 15명은 모두 스탈린 정권에 의해 살해당했다('재판'을 받은 사람
도 있고 받지 않은 사람도 있다). 코민테른 초기에 코민테른 집행위
원회에서 볼셰비키 대표로 활동한 모든 사람(부하린·라데크·트로츠
키·지노비예프)의 운명이 그랬다. 유일한 예외는 레닌이었다.

폴란드공산당 지도자들은 소련으로 도망가거나 때때로 소련에서
회의를 소집했는데, 그 지도부 전원이 1930년대 대숙청 과정에서 목
숨을 잃었다. 바르스키, 발레츠키, 베라 코스트셰바 같은 당내 우파
뿐 아니라 돔스키와 운슐리흐트 같은 좌파, 심지어 1929년 이후 사
무총장이던 스탈린주의자 렌스키까지 모두 숙청됐다. 살아남은 주요
당원들은 운 좋게도 폴란드 감옥에서 오랫동안 복역한 사람들뿐이었
다(그중에서 두드러진 인물이 [나중에 서기장이 되는] 고무우카였다). 폴
란드공산당 자체도 1938년에 스탈린의 앞잡이들이 해산시켜 버렸다.

독일 공산당원들의 운명도 별로 나을 게 없었다. 창당 때부터 당원
이던 빌헬름 피크가 명목상의 지도자로 [소련에] 남아 있었다. 그러나
소련으로 도망간 다른 주요 지도자들은 살해당했다. 그중에는 1919
년 코민테른 창립 대회에 참가한 유일한 독일인 대표였고 코민테른
집행위원회의 일원으로 오랫동안 활동한 후고 에벌라인도 있었다. 악

명 높은 '제3기'에 독일공산당을 이끌던 세 사람 가운데 노이만과 레멜레도 소련에서 살해당했다. 텔만은 나치 수용소에서 죽었다.

소련에 살던 동유럽 각국 공산당의 지도자들도 대부분 스탈린의 명령으로 체포돼 총살당하거나 강제수용소에 끌려가 죽었다. 나중에 유고슬라비아 통치자가 되는 요시프 브로즈 티토는 오랜 세월이 흐른 뒤에 다음과 같이 증언했다. "1938년에 나는 모스크바에 있었는데 … 우리는 유고슬라비아공산당을 해산할지 말지 논의하고 있었다. 당시 소련에 있던 유고슬라비아공산당 지도자들은 죄다 체포돼서 나 혼자 남았다."[16]

마찬가지로, 벨러 쿤을 비롯한 헝가리공산당 지도자들, 1918년에 수립됐지만 단명한 핀란드사회주의노동자공화국 수반을 지냈고 당시에 코민테른 집행위원이던 쿨레르보 만네르를 비롯한 핀란드공산당 지도자들, 치머발트 회의에 참석해 '치머발트 좌파' 선언에 서명한 J A 베르진시를 비롯한 라트비아공산당 지도자들도 대부분 제거됐다. 불법 상황에서 활동한 주요 공산당들 가운데 이탈리아공산당과 중국공산당의 지도자들만이 목숨을 건졌다. 이탈리아공산당은 무솔리니의 권력 장악 후 대다수 지도자가 프랑스로 망명해 있었고, 중국공산당은 이제 일부 지역을 차지해서 지배하고 있었다. 그 밖의 모든 사람에게 자국 정권의 탄압을 피해 '사회주의 조국'으로 도망가는 것은 곧 죽음을 뜻했다.

소련의 새 지배계급을 대표하는 지도자로서 스탈린은 혁명적 마르크스주의 전통을 물리적·정치적으로 파괴했다.

8장

코민테른의 유산

코민테른이 1919년에 창립했을 때는 '치머발트 좌파'를 계승한, 일관되게 국제주의적인 조직이었다. 그래서 모든 나라 지배계급에 적대적이었고, 노동계급 "운동을 좀먹는 기회주의와 사회(주의적) 애국주의"를 비타협적으로 반대했다.

코민테른이 1943년에 해체될 즈음, 또 그 전의 거의 10년 동안은 각국 지배계급이 서로 다툴 때 노동계급을 동원해 자국 지배계급을 지지하게 만드는 민족주의 정책의 도구 노릇을 했다. 그래서 코민테른은 "기회주의와 사회(주의적) 애국주의"를 새롭게 심화시켰다.

1919년에 코민테른은 혁명적 노동계급 투쟁을 지지했다. 1943년에, 또 그 전에 오랫동안 코민테른은 여러 나라의 부르주아·프티부르주아 세력과 체계적 계급 협력 정책을 추구했고, 소련 외교정책의 필요에 따라 노동계급의 이익을 부르주아·프티부르주아 동맹 세력의 이익에 종속시켰다.

창립 당시 코민테른은 모든 제국주의를 반대하고 모든 [피억압] 민족의 자결권을 지지한다고 선언했다. 1943년에는(실제로는 더 일찍부터) 코민테른은 소련 동맹국의 식민지와 '세력권'에서 일어나는 민족 해방 투쟁에 반대했다. 그래서 1942년에 영국이 지배하던 인도에서 인도국민회의가 '당장 독립' 운동을 시작하자 인도공산당은 국민회의 지도자들을 "배신자", "일본의 앞잡이"라고 비난했다. 영국이 간디와 네루 등 국민회의 지도자들을 투옥했는데도 그랬다. 인도공산당 지도자들은 뒤이어 일어난 대중 파업과 시위 등 소요 사태를 가라앉히려고 온 힘을 다했고 영국 정부의 온갖 탄압 조치를 옹호했다. 1943년에 스탈린·루스벨트·처칠은 테헤란에서 회담을 열고, 전 세계를 새로운 세력권으로 재분할한다는 데 합의했다. 소련은 스스로 제국주의 열강 대열에 합류한 것이다.

1919년에 코민테른은 노동자 혁명과 노동자 평의회 체제에 바탕을 둔 노동자 권력을 분명하게 옹호했다. 1919년에 채택된 코민테른 강령은 다음과 같이 선언했다. "노동계급이 승리하려면 적의 권력을 해체하고 노동자 권력을 조직해야 한다. 즉, 부르주아 국가기구를 파괴하고 노동자 국가기구를 건설해야 한다." 이 모든 것은 1935년 코민테른 7차 세계 대회에서 분명히 폐기됐고 다시는 복원되지 않았다. 트로츠키는 7차 대회를 "코민테른 청산 대회"라고 불렀다. 각국 공산당은 뻔뻔하게도 소련 노동계급을 지배하는 스탈린의 잔혹하고 폭압적인 독재를 극구 칭송했다. 코민테른은 소련 관료들의 계급 지배 도구로 전락해 버렸다.

한 바퀴 빙 돌아서 제자리로 돌아온 셈이었다. 코민테른은 처음에 쟁취하고자 했던 것을 모두 부정하기에 이르렀다. 이것은 단지 상황 변화에 맞게 전술을 바꾸는 문제가 아니었다(물론 새로운 배신을 할 때마다 정당화하려고 계속해서 그렇게 주장했지만 말이다). 국제주의, 노동자 권력, 반제국주의는 전술이 아니라 원칙이고, 사회주의를 위한 투쟁이 성공하는 데 반드시 필요한 것들이다. 무엇보다도 코민테른이 창립된 것 자체가 사회민주주의 정당들이 그런 원칙을 포기했기 때문이다.

그런 결과 때문에 초기 코민테른의 전통 자체가 타당한지를 의심하는 사람이 많은 것도 당연하다. 처음부터 코민테른에는 모종의 오점, 결함 또는 왜곡이 있었기 때문에, 결국 스탈린의 외교정책 도구로 전락한 것 아닐까? 적어도 그런 변질이 쉬워진 것 아닐까?

[레닌의 《무엇을 할 것인가?》가 출간된] 1902년까지 거슬러 올라가는 볼셰비즘의 '원죄' 신화, 즉 지도부의 의지에 따라 일사불란하게 움직이는 획일적 정당이라는 오래된 신화는 비판적 검증을 통과하지 못한다(물론 그렇다고 해서 사회주의를 반대하는 온갖 사람들이 그런 신화를 반박할 수 없는 진실인 양 주장하지 않는 것은 아니지만 말이다). 사실 볼셰비즘의 역사를 대충 훑어보기만 해도 볼셰비키가 결코 획일적 조직이 아니었음을 알 수 있을 것이다. 볼셰비키 내부에서는 날카로운 충돌이 여러 번 일어났고, 그런 충돌은 (때때로 공개적인) 논쟁과 당대회 표결을 통해 해결됐다. 흔히 '독재자'로 여겨지는 레닌 자신이 여러 번 소수파가 됐다. 게다가 당 조직에 관한 그의 견해도 볼셰비키당이 활동하는 주위 상황의 변화에 따라 여러 번 바뀌었다.[1]

더 만만찮은 주장은 러시아 상황에서 영감을 얻은 조직 형태가 다른 나라에는 적합하지 않았는데도 코민테른이 그것을 각국 공산당에 강요했(고 이것이 결국 그들을 변질시킨 주된 요인이었다)는 것이다. 앞서 봤듯이 레닌 자신은 1922년에 러시아의 경험을 기계적으로 모방하는 경향을 우려했다.

그러나 대다수 비판자는 1922년보다 전에 이미 코민테른이 변질되기 시작했다고 생각한다. 그들이 보기에 악의 근원은 1920년의 21개 조건이었다. 그래서 스페인공산당 지도자였던 페르난도 클라우딘은 [공산당에서 제명된 후인 1970년에] 21개 조건이 "노동계급 운동의 역사에서 종파주의와 관료적 방식의 본보기"였다고 말한다.

[21개 조건은 — 지은이] 사실상 공산당이 노동운동을 분열시킨다는 것, 그것도 노동자들이 스스로 그런 분열이 필요하다고 확신하게 만들 정치적·이데올로기적 과정을 통해서가 아니라 기계적으로 운동을 분열시킨다는 것을 의미했다. … 많은 사회주의자와 노동조합 활동가는 러시아 혁명에 공감하고 대체로 새 인터내셔널의 혁명적 목표를 공유했기 때문에 코민테른에 가입하고 싶어 했지만, 그래도 특정 문제들에 관해서는, 특히 활동 구조와 방식에 관해서는 코민테른과 견해가 달랐다.[2]

이런 비판들을 진지하게 살펴보자. "노동운동을 분열시킨다"고? 그러나 노동운동의 주된 분열은 코민테른이 창립하기 거의 5년 전인 1914년 8월에 일어났다. 그때 가장 큰 사회민주주의 정당들이 제2인터내셔널의 슈투트가르트 대회와 바젤 대회에서 스스로 동의했던 국제주의적 태도를 거부하고 제1차세계대전이라는 대량 학살극에서 '자국' 정부를 지지한 것이다. 리프크네히트, 룩셈부르크, [아일랜드의] 제임스 코널리, [영국의] 존 매클린, 레닌, 트로츠키, [미국의] 유진 데브스 같은 사람들이 전쟁 지지를 거부한 것이 '종파주의'였을까? 리프크네히트가 "주적은 국내에 있다"고 말한 것이 종파주의였을까? 코널리가 "영국 국왕도, 독일 황제도 아니다" 하고 말한 것이 종파주의였을까? 레닌이 1914년에 다음과 같이 쓴 것이 종파주의였을까? "지금 프롤레타리아에게 최악의 족쇄 구실을 하고 있는 자들은 기회주의와 혁명적 사회민주주의 사이에서 동요하는 사람들, … 즉 제2인터내셔널의 붕괴를 은폐하려 하거나 그것을 외교적 미사여구로 위장하려는 사람들이다."[3]

제2인터내셔널은 1914년에 붕괴했다. 그 붕괴 후에 분열이 일어났다. 붕괴와 분열의 책임은 전적으로 사회민주주의 우파에게 있었다. 그 분열은 1918년 독일 혁명 때 사회민주당 지도자들이 노골적으로 반혁명적 행위를 한 것 때문에 더 심해졌다.

그것은 결정적 분열이었고, 다른 분열들이 뒤따라 일어난 핵심적 분열이었다.

클라우딘 같은 사람들이 반대하는 것은 그 뒤에 일어난 분열, 즉 1920년에 중간주의자들과 갈라선 분열이다. 정치적 의미에서 이 분열은 이미 1916년 키엔탈 [반전 회의]에서 일어났다. 그러나 1920년에 일부 중간주의 정당들은 "혁명적 노동자들의 대규모 가입"을 경험했다. 이 노동자들을 [공산주의로] 설득해서 끌어당겨야 했고, 그러려면 동요하고 성의 없고 흔히 배신을 일삼는 중간주의 지도자들과 반드시 갈라서야 했다. 그래서 21개 조건이 필요했던 것이다. 특히 혁명적 사회주의의 미사여구를 기꺼이 사용하지만 행동에서는 전혀 그렇지 않은 지도자들, 즉 램지 맥도널드, 카를 카우츠키, 레옹 블룸 등과 갈라서야 했다. 그러지 않으면 운동은 1914년 8월 같은 사태를 되풀이할 위험이 있었다.

그러나 어쩌면 21개 조건이 바람직하지 않은 부작용을 낳은 것은 아닐까? 물론 우리가 21개 조건을 이상화할 필요는 없다. 21개 조건은 약간 급조한 탓에(2차 대회 직전까지는 19개 조건이었다가 대회 막판에 2개가 추가됐다) 꽤 무딘 도구였지만, 주요 목표를 달성하는 데는 효과적이었다. 앞서 봤듯이, 모든 중간주의 지도자를 배제하지는 못했지만 최고의 악당들은 배제할 수 있었다. 클라우딘이 말한 "특정 문제들에 관해서는 … [코민테른과] 견해가 달랐다"는 것은 사실 근본적 문제들에 관한 이견이었다. "정치적·이데올로기적 과정"으로 말하자면, [독일의] 할레와 [프랑스의] 투르에서 [코민테른 가입 여부를 놓고] 벌어진 논쟁들은 과연 "정치적·이데올로기적 과정"이 아니고 무엇이었을까? 당시 코민테른은 중간주의자들이나 사회민주주의자들과 달리 중서부 유럽에서 사용할 수 있는 '관료적' 수단이 전혀 없었다. 그리고 실제로는 어떤 공산당도 혁명적 시기에 21개 조건을 충실히 실행한 적이 결코 없었다. 흔히 나쁜 이유 때문이었지만 때로는 좋은 이유 때문에 그러기도 했다. 클라우딘의 주장은 겉으로만 그럴싸하다.

물론 여기서 진정한 문제는 21개 조건 자체가 아니라 '모스크바의 지배'다. 그것은 정말 어려운 문제다. 러시아 혁명의 쇠퇴와 뒤이은 스탈린의 반혁명으로 코민테른은 정말로 파괴됐다. 그것은 결코 부인할 수 없는 사실이다. 그러나 거듭거듭 주장했듯이, 러시아 혁명의 운명과 코민테른의 운명은 결코 분리할 수 없는 관계였고 또 그래야만 했다. 소비에트러시아(1920년에는 여전히 소비에트러시아였다)와 분리된 혁명적 인터내셔널을 생각한다는 것은 완전히 몽상이었다.

더욱이, 코민테른 초기에 각국 공산당 내부의 '모스크바에 반대'하는 다양한 '자율적' 분파들의 주장보다 코민테른 집행위원회의 조언이 결정적으로 우월했다는 점을 기억해야 한다. 역사의 기록을 보자. '모스크바'가 프랑스·독일·노르웨이의 중간주의 지도자들을 평가한 것이 틀렸는가? 안톤 파네쿡과 다비트 베인코프 같은 수동적 선전주의 형태의 종파주의자들이나 벨러 쿤, 피셔, 탈하이머 같은 모험주의 유형의 종파주의자들에 맞서 강경하게 투쟁한 것이 틀렸는가? 물론 아니었다.

1921년에 코민테른이 이제 혁명의 물결이 가라앉았으니 후퇴가 필요하고 공동전선 전술을 중심으로 삼아야 한다고 주장한 것이 틀렸는가? 물론 아니었다.

당연히 코민테른의 이런저런 실수를 지적할 수 있다. 이탈리아 중간주의자들과 갈라서는 문제를 더 잘 처리할 수 있었다는 것은 의심할 여지가 없다. 적색노조인터내셔널이라는 관점은 잘못된 것이었고, 따라서 1921년에 그 점을 인정하고 필요한 결론을 이끌어 냈어야 했다. 그러나 주요 쟁점들에서, 즉 코민테른 정치 노선의 핵심과 관련된 문제들에서는 코민테른 지도부가 옳았고 다양한 반대파가 모두 틀렸다. 바로 그런 이유 때문에 코민테른 1~4차 대회의 유산이, 즉 원칙·전략·전술의 문제에 관한 유산이 오늘날의 혁명적 사회주의자들에게 꼭 필요한 교훈인 것이다.

물론 코민테른의 결의안 문구를 상황과 관계없이 기계적으로 적용한다면 잘못일 것이다. 그러나 거기에는 기본적 원칙들이 담겨 있다. 예컨대, 계급 세력균형, 노동자 조직들의 상태, 개혁주의 정당들의 영향력을 자세히 검토해서 공동전선 활동을 하는 것이 적합하다고 판명된다면, 그런 활동의 기본적 지침을 초기 코민테른에서 배울 수 있을 것이다. 그때나 지금이나 모든 공동전선은 선전이 아니라 모종의 **행동** 통일을 위한 합의를 중심으로 이뤄져야 한다. 또, 독립적이고 정치적으로 명료한 혁명적 정당의 존재가 [공동전선 활동의] 전제 조건이라는 것, 단결 압력에 떠밀려 본질적 문제들에 관한 차이를 숨겨서는 안 된다는 것도 그때나 지금이나 마찬가지다. 우리가 알고 있는 이런 내용들은 단지 제1차세계대전 이후의 혁명적 경험(코민테른 1~4차 대회에 응축돼 있는 바로 그 경험)뿐 아니라 1930년대(그런 원칙들이 적용되지 않은 시기)에 **민중전선**이 낳은 재앙들에서도 끌어낸 교훈이다.

1923년은 전환점이었다. 1923년은 독일의 10월 [혁명]이 패배한 해였고, 소련 관료들이 자의식적 집단으로 성장하기 시작한 해였고, 좌익반대파가 등장한 해였고, 관료들이 좌익반대파에게 폭력적으로 대응한 해였다.

1923년 말까지는 코민테른이 불가피한 약점과 오류에도 불구하고 진정한 노동자 인터내셔널이었다. 코민테른의 주된 관심사는 여전히 노동계급 투쟁이었다. 앞서 봤듯이, 당시 코민테른이 저지른 실수들은 그런 관심사가 변했기 때문이 아니라, 정치적으로 미숙하고 계급 세력균형을 잘못 판단한 탓이었다. 그러나 관료 집단이 성장하고 '일국사회주의' 이론이 공식화하자 관심의 초점이 노동계급 투쟁에서 다른 것으로 바뀌기 시작했다. 1925년에 코민테른은 중국에서 노동자 조직들이 아니라 부르주아지의 조직인 국민당에 의지해서 혁명적 변화를 추구했다.

1924~1928년에 코민테른은 '중간주의적' 기구가 됐지만(트로츠키는 '관료적 중간주의'라는 말로 코민테른의 정책들을 설명했다), 갈수록 왜곡되고 변질되면서도 여전히 혁명적 시기의 전통을 어느 정도 간직하고 있었다. 1928년 이후 그런 전통의 마지막 잔재들이 점차 청산됐다. 당시는 소련에서 노동자 권력의 마지막 잔재들이 청산된 바로 그때였다.

이런 결과는 불가피한 것이 결코 아니었다. 1923년에 독일 노동계급이 권력을 장악했다면, 유럽·소련·세계의 미래는 매우 달라졌을 것이다. [그러나] "성공에 이를 수 있는 좋은 기회"를 놓쳐 버렸다. 그러자 소련에서 새로운 계급 지배가 확립되면서, [국제] 노동계급 운동에 스탈린주의의 해악을 끼쳤고, 이에 대한 반발로 사회민주주의가 강화했다.

당시 좌익반대파가 영국·중국·독일 등에 관한 코민테른의 정책을 비판한 것은 여전히 적절하다. 트로츠키는 1929년 소련에서 추방당한 뒤에도 계속 비판했고, 그 내용은 이 책에도 영향을 미쳤다. 그렇게 진정한 공산주의 전통은 이어지고 있다.

1929년에 트로츠키는 다음과 같이 썼다. "역사의 실은 종종 끊어진다. 그때마다 새로운 매듭으로 이어 줘야 한다. 바로 그것이 우리가 [1915년 9월] 치머발트에서 하고 있었던 일이다."[4] 또, 바로 그것이 그가 국제 좌익반대파를 통해, 또 1938년 이후 제4인터내셔널을 통해 하고자 했던 일이다. 그러나 그 전통이 비록 살아서 이어지기는 했지만, 노동계급 기반이 극소수에 불과한 조직을 통해, 또 성공한 대중적 노동계급 투쟁이 거의 없어서 배울 만한 교훈이나 조직 건설의 밑거름을 남기지 못한 시기에 그랬다.

이 전통을 계승한 사람들은 나중에 트로츠키도 예상하지 못한 시험대에 오르게 된다. 1944년 이후 스탈린주의 체제가 (군사적 점령, 서방 지배계급과 맺은 협정을 바탕으로) 크게 확대됐다. 실제로는, 서로 다르지만 상호 연관된 세 가지 사태 전개가 있었다. 첫째, 소련 군대가 동유럽을 대부분 점령해서, 전후 중부 유럽을 분할할 때 소련 '세력권'으로 편입시켰다. 당시, 그러니까 1947~1948년에 이 동유럽 나라들은 위로부터 체제 변화를 통해 스탈린 치하 소련과 거의 똑같은 사회가 됐다. 둘째, 서방 공산당들은 1947년 냉전이 시작되기 전까지는 민중전선 시기보다 더 우파적인(그럴 수만 있다면) 계급 협력 정책을 추진했다. 그들은 크게 성장했고, 프랑스·이탈리아·벨기에·덴마크와 그 밖의 여러 나라(예컨대, [친미 독재자] 풀헨시오 바티스타가 지배하는 쿠바 등)에서 정부에 참여했다. 셋째, 1944년에는 알바니아와 유고슬라비아에서, 1948~1949년에는 중국에서, 나중에는 베트남과 쿠바에서 본질적으로 소련과 비슷한 체제가 군사적 수단을 통해 수립됐다. 즉, 지식인들이 이끄는 농민 군대가 허약한 토착 부르주아 정권들(본질적으로 외세 열강의 꼭두각시 정권들)을 전복하고 소련과 비슷한 체제를 수립한 것이다.[5]

제4인터내셔널 소속 단체들은 이 세 가지 과정을 분명히 식별하지 못했다. 이런 혼란의 원인은 트로츠키가 소련에서 반혁명이 일어났다는 사실을 인정하지 않고, 비록 아무리 왜곡됐어도 소련은 여전히 모종의 노동자 국가라는 견해를 고수했기 때문이다. 그래서 스탈린주의자들이 세계는 사회주의 대 제국주의라는 두 적대 진영으로 나뉘어 있다고 주장하던 냉전 시기에, 제4인터내셔널 소속 단체들도 그와 비슷한 세계관, 즉 세계가 노동자 국가들 대 제국주의 진영으로 나뉘어 있다는 견해로 이끌렸다. 결국 그들은 대부분 스탈린주의를 '비판적으로 지지'하는 쪽으로 기울었고, 이제 '노동자 국가'는 노동계급 혁명이 아닌 다른 수단으로도 수립될 수 있는 것처럼 생각됐으므로 노동계급이 아닌 다른 사회 세력도 사회주의 변혁의 주체가 될 수 있다는 정치사상을 (정도 차이는 있었지만) 받아들였다. 따라서 그들은 실천에서는 공산주의 전통의 핵심, 즉 트로츠키 자신이 지키려고 싸우다 죽은 혁명적 코민테른의 전통을 대부분 포기하게 됐다.

왜냐하면 그 전통은 노동계급의 자력 해방이 곧 사회주의라고 보기 때문이다. 그것의 본질적 내용은 비타협적 국제주의, 모든 나라의 지배계급에 대항하는 노동자 투쟁을 무조건 지지하기, 노동자 평의회에 바탕을 둔 노동자 국가가 사회주의로 이행하는 과정을 담당하는 기관이라는 것, 다른 어떤 계급이나 계급 동맹 또는 정치 집단이나 정당도 노동계급을 대신해 사회주의를 가져다줄 수 없다는 것이다.

노동계급의 투쟁 과정에서 그 전통을 적용하고 발전시키기 위한 투쟁으로부터 새로운 노동자 인터내셔널이 탄생할 것이다. 그것은 반드시 "코민테른 1~4차 세계 대회의 기반 위에 서 있을" 것이다. 1980년대[지은이가 이 책을 쓴 시점]의 상황은 국제적인 혁명적 노동자 운동이 부활하기에 전보다 훨씬 더 유리하다.

스탈린주의 운동은 국제적으로 이미 와해되고 있다. 스탈린주의 국가들 자체가 국내 계급투쟁에 시달리고 있다(1980~1981년에 폴란드에서 벌어진 연대노조 운동은 가장 두드러진 사례일 뿐이다). 흔히 스탈린주의 국가들 사이의 긴장 관계는 가까스로 은폐되거나 아니면 노골적으로 드러나서 때로는 무력 충돌로 비화하거나(예컨대, 1960 년대에는 소련과 중국이 그랬고 1982년에는 중국과 베트남이 그랬다) 심지어 베트남과 캄보디아처럼 침공과 점령으로 이어진다. 이른바 '사회주의 진영'이라는 신화는 정말이지 산산조각 났고, 그것의 이데올로기적 효과는 심각하다. 다른 나라의 공산당들(중요한 일본공산당 등)은 쇠퇴하고 있고, 경쟁자인 사회민주주의 정당과 어쨌든 갈수록 분간하기 어려워지고 있다.

사회민주주의 정당들은 다시 시작된 자본주의 경제 위기에 직면해서 갈수록 어려움을 겪고 있다. 1980년대의 사회민주주의 정부들, 즉 프랑스·스페인·포르투갈·그리스의 정부들은 경제 위기를 해결하거나 심지어 완화할 능력도 없음을 드러내고 있을 뿐이다.

그 위기는 스탈린주의 국가들에도 (정도 차이는 있지만) 영향을 미치고 있고, 시간이 지나면 계급투쟁을 격화시킬 것이다(일시적으로는 계급투쟁을 억제하는 효과를 낼 수 있지만 말이다). 세계경제의 생산능력은 그 어느 때보다 더 크다. 세계의 노동계급도 과거 어느 때보다 더 많다. 물론 우리가 직면한 어려움도 엄청나다. 그러나 그런 어려움은 해결할 수 있다. 노동자 혁명과 노동자 권력은 공상이 아니다. 인류가 나아갈 길은 오직 그것뿐이다.

후주

머리말

1   V I Lenin, *Collected Works*, vol 26 (Moscow: Progress Publishers, 1963~1970), p 465.

2   Lenin, *Collected Works*, vol 28, p 24.

3   Lenin, *Collected Works*, vol 29, p 58.

4   Leon Trotsky, *Writings 1932~33* (New York: Pathfinder Press, 1970), pp 51~52.

1장 결성 초기

1   Jane Degras, *The Communist International 1919~43: Documents*, vol 1 (London: Oxford University Press, vol 1, 1956; vol 2, 1960; vol 3, 1965), p 16에서 인용.

2   같은 책, p 6.

3   Lenin, *Collected Works*, vol 28, p 455.

4   Sebastian Haffner, *Failure of a Revolution: Germany 1918~19* (London: Andre Deutsch, 1973), p 152. Chris Harman, *The Lost Revolution* (London: Bookmarks, 1982)[국역: 《패배한 혁명》, 풀무질, 2007]은 당시의 사건들과 1924년까지의 독일 상황을 설명해 주는 가장 뛰어난 책이다.

5   Lenin, *Collected Works*, vol 21, p 40.

6   Julius Braunthal, *History of the International*, vol 1 (London: Thomas Nelson and Sons, 1966), pp 196~197.

7 Carl E Schorske, *German Social Democracy 1905-17* (New York: John Wiley and Sons, 1965), p 3.

8 Daniel Bell, *Marxian Socialism in the United States* (Princeton, NJ: Princeton University Press, 1967), pp 71~72.

9 Wolfgang Abendroth, *A Short History of the European Working Class* (London: Monthly Review Press, 1972), pp 56~57[국역: 《1968년 이전의 유럽 좌파》, 책벌레, 2001].

10 John Riddell, ed, *Lenin's Struggle for a Revolutionary International* (New York: Monad Press, 1984), pp 76~77에서 인용.

11 Leon Trotsky, *My Life* (New York: Pathfinder Press, 1970), p 233[국역: 《나의 생애》, 범우사, 2001].

12 Riddell, *Lenin's Struggle*, p 103에서 인용. 강조는 원문대로다.

13 Sidney Hook, *Toward the Understanding of Karl Marx* (London: London School of Economics, 1933), p 32에서 인용.

14 J H Plumb, *England in the Eighteenth Century* (London: Pelican Books, 1963), p 97에서 인용.

15 Abendroth, *Short History*, p 57.

16 Lenin, *Collected Works*, vol 21, pp 242~243.

17 Trotsky, *My Life*, p 249.

18 Lenin, *Collected Works*, vol 21, p 387.

19 Lenin, *Collected Works*, vol 22, pp 178~179.

20 Franz Borkenau, *World Communism* (Ann Arbor: University of Michigan Press, 1962), pp 91~92.

21 A Ramos Oliveira, *A People's History of Germany* (London: Victor Gollancz, 1942), p 93.

22 같은 책, p 97.

23 Degras, *Communist International*, vol 1, p 19.

24 Lenin, *Collected Works*, vol 25, p 393에서 인용.

25 Lenin, *Collected Works*, vol 29, p 11.

26 Degras, *Communist International*, vol 1, p 13.

27 Trotsky, "What Is Centrism?" in *Writings 1930* (New York: Pathfinder Press, 1975), p 237.

2장 대중정당들

1   Lenin, *Collected Works*, vol 31, p 206.

2   Degras, *Communist International*, vol 1, p 109.

3   같은 책, p 172.

4   Lenin, *Collected Works*, vol 31, p 21.

5   Degras, *Communist International*, vol 1, p 170.

6   *Workers of the World and Oppressed Peoples Unite: Proceedings and Documents of the Second Congress, 1920* (New York: Pathfinder Press, 1991), p 186. *The Second Congress of the Communist International*, vol 1 (London: New Park Publications, 1977), p 247에는 다음과 같이 기록돼 있다. "그러나 분열은 가볍게 시작할 수 있는 것이 아닙니다. 분열을 꼭 해야 하는 상황을 생각해 볼 수는 있습니다. 독일의 독립사회민주당이 그 증거입니다. 그러나 그것은 가슴이 쓰라리지만 꼭 해야 하는 일입니다. 분열하기 전에 먼저 근본적으로 명확한 태도로 노동자들을 설득하려고 노력해야만 합니다. 그러려면 시간과 참을성이 필요합니다. 독일에서는 노동자들을 설득해서 혁명의 편으로 단결시키기보다는 분열시키기가 훨씬 더 쉽습니다."

7   *Proceedings of Second World Congress*, p 184.

8   같은 책, pp 217~218.

9   Lenin, *Collected Works*, vol 31, pp 250~251.

10 Trotsky, *The First Five Years of the Communist International*, vol 1 (London: New Park Publications, 1974), p 97.

11 *Proceedings of Second World Congress*, p 65에서 인용.

12 같은 책, pp 66~67.

13 Trotsky, *First Five Years*, p 98.

14 *Proceedings of Second World Congress*, pp 56~57에서 인용.

15 Braunthal, *History of International*, vol 2, p 175에서 인용.

16 *Proceedings of Second World Congress*, pp 55~56에서 인용.

17 Degras, *Communist International*, vol 1, pp 129, 131에서 인용.

18 Solidarity Aberdeen, *Spartakism to National Bolshevism: The KPD 1918-24* (Aberdeen, Scotland: Solidarity UK, 1970), p 9에서 인용.

19 Lenin, *Collected Works*, vol 31, p 40에서 인용.

20 Ruth Fischer, *Stalin and German Communism* (London: Geoffrey Cumberlege, 1948), p 108.

21 Lenin, *Collected Works*, vol 31, p 40에서 인용.

22 Degras, *Communist International*, vol 1, pp 146~147에서 인용.

23 같은 책, p 152.

24 같은 책, pp 153~154.

25 Fischer, *Stalin and German Communism*, p 119.

26 Degras, *Communist International*, vol 1, p 82에서 인용.

27 Fischer, *Stalin and German Communism*, p 134. 한스 폰 제크트는 새로운 독일 군대의 참모총장이었다.

28 Tony Cliff, *Lenin*, vols 1 and 2 (London: Pluto Press, 1975 and 1976)[국역: 《레닌 평전 1~2》, 책갈피, 2009~2010] 참조. 또 Grigory Zinoviev, *History of the Bolshevik Party* (London: New Park Publications, 1973)[국역: 《볼셰비끼 당사 강의》, 신평론, 1989]도 참조.

29 Lenin, *Collected Works*, vol 31, p 258.

30 같은 책, p 263.

31 Tom Bell, *The British Communist Party* (London: Lawrence and Wishart, 1937), pp 67~68.

32 Lenin, *Collected Works*, vol 31, p 72.

33 John M Cammett, *Antonio Gramsci and the Origins of Italian Communism* (Stanford, CA: Stanford University Press, 1967), p 132에서 인용.

34 Institute of Marxism-Leninism, Central Committee of the CPSU, *Outline History of the Communist International* (Moscow: Progress Publishers, 1971), p 61.

35 Lenin, *Collected Works*, vol 31, pp 149~150.

36 Degras, *Communist International*, vol 1, p 160에서 인용.

37 Lenin, *Collected Works*, vol 31, pp 140~141.

38 Marx and Engels, *Selected Correspondence* (London: Lawrence and Wishart, 1934), p 351.

39 Lenin, *Collected Works*, vol 22, p 278.

40 Degras, *Communist International*, vol 1, p 141에서 인용.

41 Lenin, *Collected Works*, vol 31, pp 241~242.

42 Degras, *Communist International*, vol 1, pp 143~144.

43 E H Carr, *The Bolshevik Revolution*, vol 3 (London: Pelican Books, 1966), p 263.

44 Degras, *Communist International*, vol 1, p 230.

45 Adler, *Theses, Resolutions and Manifestos of the First Four Congresses of the Third International* (London: Ink Links, 1980), pp 214~215.

46 같은 책, p 216.

3장 썰물

1 Degras, *Communist International*, vol 1, p 230

2 Lenin, *Collected Works*, vol 33, p 63.

3 Degras, *Communist International*, vol 1, p 243에서 인용.

4 같은 책, pp 249~250.

5 Lenin, *Collected Works*, vol 33, p 208.

6 Gwyn Williams, *Proletarian Order* (London: Pluto Press, 1975), p 68.

7 Degras, *Communist International*, vol 1, p 188에서 인용.

8 Paolo Spriano, *The Occupation of the Factories* (London: Pluto Press, 1975), p 65.

9 Trotsky, *First Five Years*, vol 1, p 262.

10 Degras, *Communist International*, vol 1, p 190에서 인용.

11 같은 책, p 193.

12 Cammett, *Antonio Gramsci and Origins*, p 121.

13 Fischer, *Stalin and German Communism*, p 176.

14 같은 책, pp 174~175.

15 Helmut Gruber, *International Communism in the Era of Lenin* (New York: Anchor Books, 1972), p 306에서 인용.

16 Borkenau, *World Communism*, p 214.

17 Fischer, *Stalin and German Communism*, p 175.

18 Borkenau, *World Communism*, p 216에서 인용.

19 Degras, vol 1, p 225에서 인용.

20 *Decisions of the Third Congress of the Communist International* (London: Communist Party of Great Britain, 1921), p 18.

21 Degras, *Communist International*, vol 1, p 311에서 인용.

22 같은 책, pp 317~319.

23 Trotsky, *First Five Years*, vol 2, pp 91~95. 강조는 원문대로다.

24 Lenin, *Collected Works*, vol 33, p 430.

25 같은 책, pp 65~66.

26 Degras, *Communist International*, vol 1, p 425. 그 구호가 정확히 무엇을 의미하는지는 여전히 코민테른 내부의 좌파와 우파 사이에서 논쟁 거리였다. 트로츠키는 "노동자 정부"를 "일종의 프롤레타리아 독재"라고 생각했다. 그렇지만 4차 대회에서 채택된 [전술에 관한] 테제"는 공산당이 "발칸반도·체코슬로바키아·폴란드 등지에서 가능한 … 노동자와 빈농의 정부"에 참여하는 것과, 명확히 규정하기 힘들고 극도로 신축성 있는 범주인 "공산주의자들이 참가한 노동자 정부"에 참여하는 것을 분명히 지지했다. 그러나 이런 정부들이 "공산주의자들로 이뤄진 … 진정한 노동자 정부"와 다르다면, 그 정부들을 과연 무엇이라고 얘기해야 할까?*

---

* "테제"는 노동자 정부를 "겉치레뿐인 노동자 정부"와 "진정한 노동자 정부"로 나눌 수 있다고 주장했다. 전자의 경우로는 호주와 영국의 "자유주의적 노동자 정부"와 독일의 "사회민주주의적 노동자 정부"가 있고, 후자의 경우로는 "노동자와 빈농의 정부", "공산주의자가 참가한 노동자 정부", "공산주의자로 이뤄진 진정한 노동자 정부 [프롤레타리아 독재]"가 가능하다는 것이었다.

27 Degras, *Communist International*, vol 1, p 427.

28 같은 책, pp 425~426에서 인용.

29 같은 책, p 426.

30 Trotsky, *First Five Years*, vol 2, pp 127~128. 〈주르날 뒤 푀플〉은 프랑스 공산당원인 앙리 파브르가 개인 사업으로 운영한 중간주의 노선의 신문이었는데, 프로사르 등은 파브르가 당에서 제명당하지 않도록 보호하려 했다.

31 Carr, *Bolshevik Revolution*, vol 3, p 416.

32 Borkenau, *World Communism*, p 228.

33 A F Upton, *The Communist Parties of Scandinavia and Finland* (London: Weidenfeld and Nicolson, 1973), p 481.

34 Braunthal, *History of International*, vol 2, p 156.

35 같은 책, p 241.

36 같은 책, pp 246~247.

37 같은 책, p 175, 각주.

38 Degras, *Communist International*, vol 1, p 171에서 인용.

39 Carr, *Bolshevik Revolution*, vol 3, p 397.

40 E H Carr, *Socialism in One Country* (London: Penguin Books, 1972), vol 3, p 575에서 인용.

41 같은 책, p 545.

42 같은 책, p 554.

43 Degras, *Communist International*, vol 1, pp 415~416에서 인용.

44 Degras, *Communist International*, vol 1, p 412.

4장 1923년: 결정적인 해

1 E H Carr, *The Interregnum 1923-24* (London: Penguin Books, 1969), p 5.

2 Lenin, *Collected Works*, vol 33, p 279.

3 Leon Trotsky, *The Challenge of the Left Opposition (1928-29)* (New York: Pathfinder Press, 1981), pp 202~203.

4 Carr, *Interregnum*, p 198.

5   같은 책, p 198에서 인용.

6   같은 책, p 199.

7   Lenin, *Collected Works*, vol 25, pp 286~289. 강조는 원문대로다.

8   Carr, *Interregnum*, p 200에서 인용.

9   Helmut Gruber, *International Communism in the Era of Lenin: A Documentary History* (Greenwich, Conn: Fawcett Publications, 1967), p 169에서 인용.

10 Evelyn Anderson, *Hammer or Anvil* (London: Victor Gollancz, 1945), p 87.

11 Borkenau, *World Communism*, p 236에서 인용.

12 Harman, *Lost Revolution*, p 223. 독일의 10월을 알고 싶으면 11~13장을 반드시 읽어 봐야 한다.

13 Robert Wohl, *French Communism in the Making* (Stanford CA: Stanford University Press, 1966), pp 319~320.

14 이것이 이른바 "슐라게터 선동"이다. Harman, *Lost Revolution*, pp 252~254 참조.

15 Harman, *Lost Revolution*, p 260에서 인용.

16 Carr, *Interregnum*, p 195에서 인용.

17 Carr, *Interregnum*, p 209.

18 Harman, *Lost Revolution*, p 292에 인용된 프랑스 공산주의자 알베르의 말이다.

19 같은 책, p 284에 인용된 "탈하이머에게 보낸 편지".

20 Trotsky, "Through what stage are we passing?" in *Challenge of the Left Opposition (1923-1925)* (New York: Pathfinder Press, 1975).

21 Lenin, *Collected Works*, vol 33, pp 288~289.

22 같은 책, p 288.

23 Carr, *Interregnum*, p 365에서 인용.

24 Trotsky, *The Revolution Betrayed* (London: New Park Publications, 1967), p 212[국역: 《배반당한 혁명》, 갈무리, 2018].

5장 좌우로 오락가락 1924~1928년

1   Degras, *Communist International*, vol 2, pp 77~78.

2   Trotsky, *The Third International after Lenin* (New York: Pioneer Publishers,

1936), p 100[국역: 《레닌 이후의 제3인터내셔널》, 풀무질, 2009].

3   Isaac Deutscher, "The Tragedy of the Polish Communist Party" in *Marxism in Our Time* (London: Cape, 1972), p 123.

4   Lenin, *Collected Works*, vol 25, p 385. 강조는 원문대로다.

5   Degras, *Communist International*, vol 2, pp 151~152 참조.

6   Carr, *Socialism in One Country*, vol 3, p 85에서 인용.

7   같은 책, p 85.

8   같은 책, p 305. 강조는 원문대로다.

9   Borkenau, *World Communism*, p 263.

10 Carr, *Socialism in One Country*, vol 3, p 410.

11 같은 책, p 296에서 인용.

12 Trotsky, *Third International after Lenin*, p 125.

13 Carr, *Socialism in One Country*, vol 1, p 194.

14 Carr, *Interregnum*, p 267에서 인용.

15 Carr, *Socialism in One Country*, vol 3, pp 215~216.

16 Trotsky, *Third International after Lenin*, p 120.

17 같은 책, pp 120~121에서 인용.

18 Theodore Draper, *American Communism and Soviet Russia* (New York: Viking Press, 1960), pp 43~44.

19 같은 책, p 48.

20 Deutscher, "Tragedy of Polish Communist," pp 125~126.

21 같은 글, pp 135~136.

22 1926년 영국 총파업에 관한 간략한 설명은 Duncan Hallas and Chris Harman, *Days of Hope: the General Strike of 1926* (London: Socialists Unlimited, 1981) 참조.

23 Degras, *Communist International*, vol 2, pp 260~261.

24 Brian Pearce, "Early Years of the CPGB" in Michael Wood-house and Brian Pearce, *History of Communism in Britain* (London: New Park Publications, 1975), p 165.

25 Carr, *Socialism in One Country*, vol 3, p 597.

26 Nigel Harris, *The Mandate of Heaven: Marx and Mao in Modern China* (London: Quartet Books, 1978), p 5.

27 Degras, *Communist International*, vol 2, p 9.

28 Harold Isaacs, *The Tragedy of the Chinese Revolution* (New York: Octagon Books, 1968), p 70[국역: 《중국 혁명의 비극》, 숨쉬는책공장, 2016].

29 Harris, *Mandate of Heaven*, p 9에서 인용.

30 K Tilak, *The Rise and Fall of the Comintern* (Bombay: Spark Syndicate, 1947), p 33에서 인용.

31 Isaacs, *Tragedy of Chinese Revolution*, p 117에서 인용.

6장 제3기 1928~1934년

1 E H Carr, *The Russian Revolution from Lenin to Stalin* (London: Macmillan, 1980), p 124[국역: 《러시아 혁명》, 이데아, 2017].

2 이하의 수치들은 Alec Nove, *An Economic History of the USSR* (London: Pelican Books, 1972)[국역: 《소련 경제사》, 창비, 1998]에서 인용했다. 수치들은 소수점 둘째 자리에서 반올림했다.

3 Degras, *Communist International*, vol 2, p 456에서 인용.

4 같은 책, vol 3, p 44.

5 E H Carr, *Foundations of a Planned Economy*, vol 3, part 2 (London: Macmillan, 1976), p 415.

6 Carr, *The Twilight of the Comintern* (London: Macmillan, 1982), pp 178, 67.

7 Alastair Davidson, *The Communist Party of Australia* (Stanford, CA: Stanford University Press, 1969), pp 53, 61.

8 Carr, *Twilight of Comintern*, p 51.

9 Anderson, *Hammer or Anvil*, p 131.

10 같은 책, pp 135~136.

11 Trotsky, *The Struggle against Fascism in Germany* (New York: Citadel Press, 1971), pp 155~156[일부 국역: 《파시즘, 스탈린주의, 공동전선》, 책갈피, 2019](강조

는 추가한 것이다).

12 Carr, *Twilight of Comintern*, p 25에서 인용.

13 같은 책, p 26.

14 Trotsky, *Struggle against Fascism*, p 59 이하.

15 Anderson, *Hammer or Anvil*, pp 147~148.

16 Degras, *Communist International*, vol 3, p 213.

17 Borkenau, *World Communism*, p 364.

18 Carr, *Socialism in One Country*, vol 3, p 86에서 인용.

19 Trotsky, *Struggle against Fascism*, p 157.

20 Carr, *Twilight of Comintern*, p 29에서 인용.

21 Trotsky, *Struggle against Fascism*, p 342.

7장 공포정치와 민중전선

1 Central Committee of the CPSU, *History of the Communist Party of the Soviet Union (Bolshevik)* (New York: International Publishers, 1939), p 319.

2 Nikita Khrushchev, *The Secret Speech* (Nottingham: Spokesman Books, 1976), p 33[국역: 《개인숭배와 그 결과들에 대하여》, 책세상, 2006].

3 Degras, *Communist International*, vol 3, p 375에서 인용.

4 Tom Kemp, *Stalinism in France*, vol 1 (London: New Park Publications, 1983), p 118에서 인용.

5 Degras, *Communist International*, vol 3, p 384.

6 E H Carr, *The Comintern and the Spanish Civil War* (London: Macmillan, 1984), p 3.

7 Felix Morrow, *Revolution and Counterrevolution in Spain* (London: New Park Publications, 1963), p 34에서 인용.

8 Pierre Broué and Emile Témime, *The Revolution and Civil War in Spain* (London: Faber, 1972), p 127.

9 Hugh Thomas, *The Civil War in Spain* (London: Penguin Books, 1965), p 796.

10 Burnett Bolloten, *The Grand Camouflage* (London: Hollis and Carter, 1961),

pp 81~86.

11 이것은 필릭스 모로의 책에 자세히 서술돼 있다.

12 Degras, *Communist International*, vol 3, p 439에서 인용.

13 같은 책, pp 443~444(강조는 추가한 것이다).

14 같은 책, 472.

15 Fernando Claudin, *The Communist Movement* (London: Penguin Books, 1975), p 45.

16 Vladimir Dedijer, *Tito Speaks* (London: Weidenfeld and Nicolson, 1953), p 391[국역: "티토는 말한다", 《세계의 대회고록 전집 6》, 한림출판사, 1980].

8장 코민테른의 유산

1 토니 클리프가 지은 《레닌 평전》, 특히 1~2권은 이 점을 설득력 있게 입증한다.

2 Claudin, *Communist Movement*, pp 107~108.

3 Lenin, *Collected Works*, vol 21, p 31.

4 Trotsky, *My Life*, p 249.

5 Ian Birchall, *Workers Against the Monolith* (London: Pluto Press, 1974)[국역: 《전후 유럽 공산당의 배신》, 책갈피, 근간] 참조.

연표

1889년

파리 대회에서 제2인터내셔널 창립.

1907년

제2인터내셔널 슈투트가르트 대회에서 만장일치로 반전 결의안 채택.

1914년

8월 　제1차세계대전 발발. 독일사회민주당, 오스트리아 사회민주당, 프랑스 사회당, 영국 노동당, 벨기에노동당이 모두 전쟁에서 자국 정부를 지지하는 찬성표를 던짐.

11월 　레닌, "제2인터내셔널은 죽었다. … 제3인터내셔널 만세!"라고 씀.

1915년

9월 　치머발트에서 국제 사회주의 반전 회의 열림.

1916년

4월 　키엔탈에서 국제 사회주의 반전 회의 열림. 더블린에서 '부활절 봉기'가 일어남.

6월 　카를 리프크네히트 반전 시위 조직 혐의로 기소, 베를린 노동자 5만 명 파업 벌임.

1917년

2월 　러시아에서 차르가 타도됨.

4월 　독일 금속 노동자 20만 명 빵 배급 둘러싸고 파업 벌임. 독일독립사회민주당 창당.

| 9월 | 스톡홀름에서 국제 사회주의 반전 회의 열림. |
| 10월 | 러시아에서 볼셰비키 혁명이 일어남. |

1918년

1월	오스트리아·헝가리제국과 독일에서 반전 파업이 일어남.
11월	독일에서 해군 반란과 혁명이 일어나 전쟁이 끝나고 사회민주당·독립사회민주당의 [대표로 구성된] 인민위원협의회에게 정부를 넘겨줌.
12월	독일공산당 창당.

1919년

1월	베를린에서 스파르타쿠스단의 봉기가 일어났고, 로자 룩셈부르크와 카를 리프크네히트가 살해됨. 모스크바에서 공산주의인터내셔널 1차 대회 소집을 발표함.
2월	제2인터내셔널 소속 정당들 베른 회의 개최.
3월	모스크바에서 코민테른 창립(1차) 대회 열림.
4월	바이에른소비에트공화국 수립.
5월	바이에른소비에트공화국 붕괴.
6~7월	이탈리아에서 식료품 가격을 둘러싸고 봉기에 가까운 소요가 일어남.
8월	헝가리소비에트공화국 붕괴.
9월	이탈리아사회당 볼로냐 대회에서 당 집행부의 코민테른 가입 결정이 다수의 지지로 통과됨.
10월	독일공산당 하이델베르크 대회에서 초좌파가 제명됨.
11월	이탈리아 총선에서 사회당이 거의 3분의 1을 득표함.

1920년

3월	독일에서 카프 쿠데타가 일어남.
4월	이탈리아 토리노에서 공장 평의회를 방어하기 위한 총파업이 일어남.
7월	적색 노동조합 국제 대회 조직을 위해 모스크바에서 국제노동조합협의회 결성.
7~8월	코민테른 2차 대회. 제2인터내셔널 제네바 대회.
9월	이탈리아에서 공장점거 일어남. 바쿠에서 동방민족대회 열림.
10월	독일독립사회민주당 할레 대회에서 코민테른 가입 결정.

| 12월 | 프랑스 사회당 투르 대회에서 코민테른 가입 결정. |

1921년

1월	이탈리아사회당 리보르노 대회에서 개혁주의자들을 제명하지 않기로 결정함. 좌파가 분리해 나와 이탈리아공산당 창당.
2월	제2인터내셔널을 탈퇴했으나 코민테른에는 가입하지 않은 정당들이 빈인터내셔널, 즉 2.5인터내셔널 결성.
3월	독일에서 '3월 행동'이 일어남. 러시아에서 신경제정책을 도입함.
6~7월	코민테른 3차 대회.
7월	모스크바에서 적색노동조합인터내셔널(프로핀테른) 1차 대회 열림.
12월	코민테른 집행위원회가 공동전선 방침 발표.

1922년

4월	베를린에서 제3인터내셔널, 제2인터내셔널, 2.5인터내셔널 대표들이 회의 개최.
10월	이탈리아에서 무솔리니가 '로마 진군'을 통해 권력을 장악함.
11~12월	코민테른 4차 대회.

1923년

1월	프랑스·벨기에 연합군 루르 점령.
5월	제2인터내셔널과 2.5인터내셔널이 함부르크 대회에서 노동자사회주의인터내셔널로 통합.
6월	불가리아에서 우익 쿠데타가 일어나 농민연합당 정부를 전복함.
9월	불가리아에서 공산당이 계획한 봉기가 실패함.
10월	독일공산당이 예정된 봉기를 취소함. 소련에서 트로츠키가 [당의 관료화에 맞서는] 공개편지를 써서 좌익반대파를 이끌기 시작함.
11월	폴란드에서 총파업이 벌어져 노동자들이 크라쿠프를 장악함.

1924년

| 1월 | 레닌 사망. |
| 5월 | 소련공산당 13차 당대회에서 지노비예프·카메네프·스탈린 '삼두 체제'가 [좌익반 |

대파를 물리치고] 권력을 장악함.

6~7월   코민테른 5차 대회.

12월   에스토니아 레발에서 공산당이 시도한 봉기가 실패함.

1925년

3월   코민테른 집행위원회 5차 총회가 "혁명적 고양기는 끝났다"고 선언함.

4월   불가리아공산당 군사 조직이 소피아 성당 폭파. 영·소노동조합위원회 결성.

5~6월   중국 상하이에서 총파업이 일어나 다른 지역으로 확산됨.

12월   소련공산당 14차 당대회에서 지노비예프와 카메네프가 패배함. 지노비예프의 코
          민테른 지배도 끝남.

1926년

3월   장제스가 광저우에서 중국공산당에 맞서 군사 쿠데타를 일으킴.

5월   폴란드에서 피우수트스키가 [군사] 쿠데타를 일으킴. 영국에서 총파업이 벌어짐.

7월   트로츠키·지노비예프·카메네프가 통합반대파 결성.

1927년

4월   중국국민당이 상하이에서 공산당원들을 학살함.

11월   트로츠키가 소련공산당에서 축출됨.

12월   중국 광저우에서 공산당이 감행한 봉기가 실패함.

1928년

7~8월   코민테른 6차 대회. '제3기'를 선포함. 부하린의 코민테른 지배 종식.

1929년

5월   소련에서 제1차 5개년계획 시작.

7월   코민테른 집행위원회 10차 총회. '사회파시즘' 이론 부활시킴.

10월   미국 월가에서 주가 폭락.

1930년

9월　　독일 총선에서 1928년 80만 표이던 나치 득표수가 640만 표로 급상승.

1933년

1월　　독일에서 히틀러 집권.

1934년

1월　　소련공산당 17차 당대회, 소련에서 "사회주의 승리" 선포.
2월　　프랑스에서 파시스트들이 국회의사당을 공격해 대규모 반파시스트 공동 시위가
　　　일어남. 오스트리아에서 [무솔리니 숭배자] 돌푸스가 사회주의자들을 탄압하고 군
　　　사독재를 수립함.

1935년

7~8월　코민테른 7차 대회.

1936년

6월　　프랑스 총선에서 민중전선이 승리[해 정부를 구성]함. 공장점거 물결이 분출함.
7월　　스페인에서 군사 쿠데타가 노동자 봉기로 저지당함. 스페인 내전이 시작됨.
8월　　모스크바 여론 조작용 재판이 시작됨.

1939년

8월　　히틀러·스탈린, [독소불가침]조약 체결.
9월　　제2차세계대전 발발.

1941년

6월　　독일이 소련을 침공함.

1943년

5월　　코민테른 해산.

찾아보기